ポスト・スポーツの時代

The Age of the Post-Sport

ポスト・スポーツの時代

山本敦久

Atsuhisa Yamamoto

岩 波 書 店

目次

目次

目次

序章　ポスト・スポーツとは何か？

1　身体の強化《エンハンスメント》とスポーツの窮状

いまスポーツは不可逆的な変容の渦中にある。

一九世紀に誕生した近代スポーツは、二〇二〇年の現在、かつて経験したことのない急激な変化の波に晒され、私たちが「スポーツ」と呼び慣れ親しんできたものは、完全にその姿と性質を変貌させつつある。本書は、こうしていま出現している移行のプロセスに「ポスト・スポーツ」という名前を与えている。

二〇一〇年代は、ポスト・スポーツへの移行が最も可視化された決定的な時期として記すことができる。二〇一二年のロンドン・オリンピックでは、南アフリカのスプリンターでカーボン繊維製の義足を装着したオスカー・ピストリウスが「ブレードランナー」と呼ばれ、「自然」な身体を持つアスリートたちと競い合った。二〇一八年、義足と一体化したサイボーグ・アスリートであるドイツのマルクス・レームは、走り幅跳びで北京とロンドン・オリンピックの優勝記録を超える八・四八メートルの記録を打ち立てた。だが、ピストリウス同様に健常者の大会への出場を望むレームの身体は、これまでスポーツがこだわってきた「生身の身体」「自然な身体」によって「公平性」が保たれるという神話を揺るがすため、彼が望む公式の舞台から排除されたままだ。

ロンドン・オリンピックと二〇一六年リオデジャネイロ・オリンピックの陸上女子八〇〇メートルで金メダルを獲得した南アフリカのキャスター・セメンヤは、テストステロン（男性ホルモン）を高める働きをするアンドロゲンの数値が高いという理由により、ＩＡＡＦ（国際陸上競技連盟）によって競技から締め出された。

セメンヤは、染色体や内性器、外性器、性ホルモン等、性に関する発達が生まれつき他の人とは異なる状態にあるとする「性分化疾患」と診断されている。ＩＡＡＦは、テストステロンの数値を基準にして競技上の男女を区分する方針をとるため、セメンヤは他の「自然」な身体を持つとされる女性から区別された。そのうえで、医学的な処置を通じて「不自然」な身体とさせられることによって、「公平性」の舞台に立つことができ、競技への参加を認められるのである。だが、それでもセメンヤは「ドーピング・アスリート」と呼ばれることはないのだ。

セメンヤに関するこうした事象は、テストステロンの数値によって競技の公平性をはかることが正しいのかという疑問を投げかけるだろう。セメンヤが二〇二〇年の東京オリンピックに出場できないということであれば、それはオリンピックが謳う性の多様性を受け入れるという方針に抵触することになる。つまり、性の多様性を包摂しようとする方針と、これまでスポーツ界が前提としてきた男性／女性の二分法にしたがって競技を行うことの矛盾を示してしまうのだ。このように、セメンヤの存在はスポーツで用いられてきた性やジェンダーに関する既存の二分法に疑義を突きつけている。

いくつもの錯綜する出来事を通じて、いま私たちが目撃しているのは、「生身の身体」や「自然な身体」に健全な「人間性」が宿るというスポーツが掲げてきた考え方や理想が抱える危機である。IOC(国際オリンピック委員会)などのスポーツを統括する国際組織が「自然」や「生身」に固執すればするほど、スポーツが謳う「人間性」という理想は危ういものになる。というのも「生身の身体」という神話を繰り広げるほど、多くの人間たちを競技から排除することになってしまうからだ。エリート・スポーツの世界では、すでにサイボーグ化、あるいは人工的に強化された身体や、ネットワークに常時接続された身体が競技を行っている。それにもかかわらず、スポーツをめぐる支配的な考え方は、いまだにどこかで「自然な身体」を公平性の原理に据え続けている。そのような理由から、いま紹介したようなアスリートたちは、公式記録として認められないという事実に突き当たるか、「健常者」から分離されたパラリンピックという世界に活躍の場を求めることになる。

一方で、公平性を突き詰める結果、パラリンピックの種目やクラスは、ひたすら細分化を繰り返していく。パラリンピアンたちの障害の程度は過度に細かく差異化されている。また障害者たちのスポーツは、健常者たちのスポーツからますます分離させられていく。健常者と障害者が同じフィールドで互いに競い合うことができるという、スポーツがもちうる可能性はことごとく矮小化されている。こうして見えてくるのは、公平性を求める動きがかえって過度な「競争原理」を競技のなかに取り込んでしまうという矛盾である。障害児学校で教鞭をとる北村小夜が鋭く指摘するように、公平性を求めるための細かなクラス分けは、障害の程度を詳細に判定することでもある。「障害の重さ」は競技にとって有利に働く。そのため、クラス分けの判定通過という時点から、障害者たちは競争原理に巻き込まれていくのだ(北村 2019)。

競争と公平性が表裏一体であることを端的に示すのはドーピングである。ロシアが「国家ぐるみ」のドーピングによってオリンピックから排除されるからといって、もはや私たちはそれほど大きな驚きを感じはしないだろう。一九八〇年代、カナダの黒人スプリンターであったベン・ジョンソンによって世界的な関心事となったドーピング問題は、以来、取り締まりとそれをすり抜ける科学的知識の競争を延々と繰り返している。私たちは、すでに公平性という理想が、まさに理想にすぎず、現実を映し出しはしないことを嫌というほど知らされてきた。現代のスポーツは「ドーピングとの闘い」というお馴染みの儀礼を通じてのみ、なんとか「生身の身体」「自然な身体」という神話を維持することができるかのようだ。ドーピングを根底的に禁止することよりも、「人間性」というスポーツの普遍的な理想を掲げるための根拠を積み上げるために、「ドーピングとの闘い」が延々と繰り返されている。

こうして私たちが目の当たりにしているのは、従来のスポーツの窮状である。私たちが「スポーツ」と呼んできたものは、その内側に矛盾を含みながら、ひとつの理想に収まることができずに分散を余儀なくさせられている。先端テクノロジーとの融合によって拡張する身体、医学的・化学的作用によって増強される身体、あるいはセメンヤのような弱体化させられる身体たちの過酷な競争は、「生身」「自然」といったこれまでのスポーツの理想を組み立ててきた概念を、いま深刻なかたちで脱中心化させようとしている。それは、「人間性」という概念と結びついてきたスポーツの終焉も予告しているだろう。スポーツは、いままで通りではいられないものになったのである。同時に、スポーツが作り出す理想の「人間性」なるものも、その姿形を変えることになる。このようなスポーツの変容は、危惧と新たな可能性の両面を示しながら、「ポスト・スポーツ」としか呼びようのない状況へと私たちを運んでいる。

2　ポスト・スポーツへの移行――規律から制御へ

物理的な身体の拡張や薬物による増強は、しかし、ポスト・スポーツへの移行のプレリュードにすぎない。むしろそれらは、かつて批評家の多木浩二が名著『スポーツを考える』のなかで論じた「超近代スポーツ」に属するものだろう（多木 1995）。多木は、フランスの哲学者ミシェル・フーコーが論じた「規律社会」のなかで生じる「従順な身体」を、近代スポーツの身体であるとした。特定のスポーツに要求される能力とフォームを身につけるために、選手たちは指導者のもとで理想化されたフォーム（型）に向けて自身の身体を特定の競技用に作り変えていく。また、フーコーが「規律訓練」と呼んだ身体へのこうした権力作用によって、チームや指導者やルールへの従順な態度も身につけていく。ここには効用＝従順という関係が成立し、身体を基盤とした主体化が同時に規範や支配への隷属化でもあることを多木は読み取ったのである。

このように多木は、近代社会に登場した規律訓練という権力テクノロジーによって作られていく勤勉な労働者や軍人と同じような仕組みを、近代スポーツの身体の成立に透かし見た。だが、やがてスポーツは、二〇世紀を通じてグローバルな資本主義と国家の威信をめぐる激しい競争のなかで、「超近代スポーツ」へと変貌していくことになる。スポーツの身体は、グローバル企業や国家の威信をかけた熾烈な競争の主戦場となり、各時代の先端を走る新しいテクノロジーによって強化されていった。

ところが、いまスポーツは、「超近代スポーツ」とも異なる方向への変化を遂げている。二〇一〇年代に生じた変容により、近代スポーツを基礎づけてきた「身体的主体性」さえもが失われかけているのだ。すでに多木は一九九五年の段階で、スポーツが規律訓練的身体から離脱しはじめていることを見抜いていた。この多木の慧眼には驚くばかりだが、私たちは規律訓練から遊離するばかりか、身体に宿るスポーツの主体性すら喪失されつつある現在にフォーカスしなければならない。そのために本書では、フランスの思想家であるジル・ドゥルーズが提起した「制御社会」という新しい社会の仕組みと権力のなかでスポーツを考えていくことになる(ドゥルーズがここで用いたcontroleは従来「管理」と訳されてきたが、本書では近年の研究を踏まえて「制御」とする)。

規律社会から制御社会への移行のただなかにスポーツがあるということを端的に表現したのは、シアトル・マリナーズのイチローが引退会見で語った言葉である。イチローが言葉を慎重に選びながらも暗に提起したのは、野球というスポーツの主人公は誰なのかという問いだった。プレーの主体性はもはや選手の身体に宿っていないのではないかという危機感の背後でイチローが想定しているのは、野球界のみならずスポーツ全体に大きな力を及ぼしている「データ革命」の波である。

デバイスに接続された身体から集められるデータ、高度なトラッキングシステムによって半自動的に集積されるパフォーマンスのデータは、プレーを実践する選手の「予測」を事前に規定し、個々人の判断を方向づけ、パフォーマンスを枠づけるようになっているのだ。

3　データ革命──「偶然性」の縮小と「予測」の競争

フランスの社会学者であるロジェ・カイヨワは、かつて「遊びの四類型」を提起した。「競争《アゴン》」「偶然《アレア》」「模倣《ミミクリー》」「眩暈《イリンクス》」という有名な四類型は、私たちがよく知っているスポーツのなかできわめて歪な形をとって現れてきた。近代スポーツは、「競争《アゴン》」をとりわけ突出させて巨大化していった。そして本書が論じる「ポスト・スポーツ」の時代は、「偶然《アレア》」を精密に制御することにその特徴を持つ。

競技がビッグデータの分析と強く結びつきはじめた現在、勝敗結果やプレー展開の「予測不可能性」がもたらすスリルは、可能な限り事前に取り除くべきリスクとなりつつある。ビッグデータ解析から導かれる身体パフォーマンスや戦術は、「偶然性」をあらかじめ「予測可能性」のなかで処理することにより、合理的かつ有利に競争を進めることができるという考え方に基づいている。

こうして「偶然性」の領野は縮小し、「予測」がスポーツ競技を支配しはじめている。近年、MLB（メジャーリーグ・ベースボール）を席巻している「フライボール革命」に代表される「データ革命」は、選手の経験や身体知に導かれる判断力よりも、ビッグデータからはじき出される分析による予測を重視する。「スタットキャスト（Statcast）」と呼ばれる新しいテクノロジーによって、選手たちの詳細な動きやパフォーマンス、ボールの回転数までもが精密に数値化され、データ化されるようになった。

選手の身体運動やプレーの判断は、データによって導かれた予測に左右されるようになりはじめている。

打者の打球傾向のデータは、極端な守備シフトを生み出した。一塁ベースと二塁ベースの間に四人の野手が守るというシフトも現れた。この予測された打球方向に備えた守備シフトを破るために生まれたのがフライボール革命であり、水平に対して一九度のアッパースイングでボールを打ち上げていく豪快なスイングが旋風を起こしている。特定の打球角度と打球速度でフライを打つことが長打の確率を高め、得点に直結するというデータは、長い野球の歴史のなかで常識化されてきたプレーのあり方を変えている。上から叩くというバッティングの基本は変わり、送りバントも影をひそめた。二番打者の役割は、バントや進塁打ではなく本塁打になった。ロサンゼルス・エンゼルスの大谷翔平の前の打順を打つ二番打者はチームでもっとも本塁打を打つマイク・トラウトであるし、巨人の二番打者は送りバントの名手ではなく、強打者の坂本勇人である。

こうした動きに対して、投手の側も本塁打に対抗しフライを打たせないようにデータを駆使する。ボールの球速や回転数、軌道、曲がり幅までもが詳細にデータ化され、再現されるようになると、「ピッチトンネル」という新しい考え方が生み出された。これはリリースされたボールが辿る軌道を表している。打者は、打席から七メートル先の地点までストレートと同じ軌道を辿ってやってくる変化球を高い確率でストレートだと「錯覚」を起こすため、投手たちはできる限り変化球の軌道をストレートに近づけるような投球を行うようになっている。

4　主体化を遂げるデータ／データが作る身体フォーム

このように近年のスポーツ界では、身体スキルを競い合うこと以上に、データに基づいた予測をめぐる競争が激化している。すると、プレーを生み出すフォームが変わりはじめる。フライボールを打つための打撃フォーム、ピッチトンネルを通すための投球フォームなどが登場する。これは理想の「型」に向けた身体の規律化という回路とはまったく異なる身体フォームの形成が起きていることを示している。つまり、プレーを実践する身体は、データによって導かれた予測を実践可能とするように調整されていくのだ。したがって、身体フォームは指導者の経験知や言葉やイメージの伝達、あるいは指導者が持つ権威による規律化によって形成されるものではなくなっていく。無際限に生成され続けるデータを身体化することによって、絶えず「変調」していくのが現代のスポーツにおける身体フォームとなりつつあるのだ。

新しいデジタルテクノロジーの出現は、しばしば「身体の消失」と「身体の復権」という相反する言説を合わせもつ傾向にあるが、ポスト・スポーツの文脈では、身体は消失するどころかますます重要視されている。選手の身体やパフォーマンスはデータを生み出す基体となり、膨大に生成されるデータを分析した結果に基づいて身体が調整され続ける。ビッグデータ時代のスポーツにおいては、主体性を宿す身体の型が実践を生み出すのではない。制御社会を論じるドゥルーズが「分割不可能だった個人は分割によってその性質を変化させる「可分性」になると指摘したことを手掛かりに類推するならば、スポーツを実践する個体的な身体に宿ってきた主体性は、ビッグデータとネットワークのなかに流入し、溶解していくことになるだろう(ドゥルーズ 1992)。

このように「データ革命」によってスポーツは著しく変容している。競技のあり方、チームの戦術、競技を実践する身体までもが、データによって支配されはじめているようだ。スポーツする身体は、安定したアイデンティティや個体性を絶えず分解し、データとなって溶解していく。集積されたデータは、データマイニングによって何らかの価値を付与され、新たな身体を形作っていく。だが、その身体も次の瞬間にはデータとなっていく。このように身体は、生成されるデータによってひたすら組み替えられ、変調されていくのだ。この絶え間ないフィードバックのプロセスのなかに、ポスト・スポーツの身体は置かれることになる。プレーの主体は、もはやデータの提供者／利用者である選手ではない。さらにはデータ分析官でもない。ポスト・スポーツの主体は、絶えず生成され、集積され、分析される「データ」そのものなのである。

それでもポスト・スポーツを特徴づける規律から制御への移行は、選手たちの規律化された身体の完全な終焉をもたらしはしない。二〇二〇年の東京オリンピックに向けて、スポーツ界への国家主導による「科学的客観性」の導入が進められている。たしかに指導者と選手の身体性を介する生々しい指導現場で繰り返されてきた暴力やハラスメントは、古い慣習として葬られようとしている。一九六四年の東京オリンピック以降、神話化されてきた「しごき」や「根性主義」は悪しき風習となり、それに代わって「科学的客観性」という新しい言説が蠢きはじめている。だがこのことは、必ずしも規律権力の消失を意味しないだろう。ポスト・スポーツ状況のなかでは、データによって絶えず調整・

制御され続ける身体が作り出される。そのため選手たちは、分析のための新しいテクノロジーによって、常時サーベイランスされるようになる。トレーニングを行うことだけが規律の時空間ではなく、選手たちは栄養や水分やアルコール摂取の量、睡眠の時間や質といった生活スタイルに関わることから、血圧・体温・心拍・尿酸値・血糖値といった生体データまでを管理される。もはや規律は、トレーニングルームやフィールドだけでなされるのではなく、選手たちの生活におけるすべての空間と時間に及びつつある。したがって、規律はなくなるどころか、全面的に環境化されていく。スポーツ界に渦巻く昨今のコンプライアンス強化は、こうした新しい環境型の権力によって作動しているのである。

5　前－個体性のスポーツ

新しいデジタルテクノロジーの登場によって、スポーツはいま急激に変貌しているが、しかしそれを単純な技術決定論として整理することはできない。例えば、ヤンキースの田中将大は、集められたデータと自身の身体の対話を試みている。データによるフィードバックと指先の微妙な感覚を組み合わせることでボールの回転数や曲がり幅、曲がりはじめの位置などをコントロールできるようになっているという。このように、感覚や感性といった意識化の手前にある領野がテクノロジーとの折衝を引き起こすという事例もある。

ところで、投手からリリースされたボールが捕手のミットにおさまるまでの時間は、〇・四秒から〇・五秒と言われている。このわずかな時間のなかでピッチトンネルが打者と投手の競い合いの場になっている。それは打者が錯覚を起こすギリギリの地点における競い合いである。このように多くの競技がスピード化し、状況の複雑さを深化させている。そこで競技の勝敗をめぐる能力の主要素になっているのが、感覚や知覚、認知や判断といった領野である。とりわけ、高速化する現代サッカーでは認知機能と判断力が勝敗の決め手になりはじめている。

ドイツ・ブンデスリーガのいくつかのクラブでは、認知機能や素早く正確な判断力を鍛え上げる先端テクノロジーがトレーニングに導入されている。例えば、「フットボナウト(Footbonaut)」は、一四メートル四方の立方体からなる巨大な練習装置である。各側面に八つのボール発射口があり、そのなかのひとつの発射口からランダムにボールが飛び出してくる。選手は、このボールを別の側面にある上下二段からなる七二の枠のうちひとつだけ発光する枠に素早く正確に蹴り返す、というトレーニングを反復する。これによって、選手は反応や判断の速度を高め、シュートやパスの精度をあげることができる仕組みになっている。こうしたトレーニングの特徴は、身体の増強や拡張を目的とするのではなく、前‐意識的領野に働きかけることを狙いとしている点にある。

二〇一〇年代に欧州のサッカー界を席巻したのは、「ゲーゲンプレス」や「ポジショナルプレー」だった。ゲーゲンプレスは、ボールが奪われたらすぐさま味方選手すべてが攻守を切り替え、連動してボールを奪い返すサッカースタイルである。守備と攻撃がフォーメーションによって分業されているのではなく、選手すべてが常時連動することを特徴とする。この戦術は、守備と攻撃の切り替えのスピードとポジショニング(状況に応じた位置取り)を重視する。欧州の主流クラブのスタイルに通底するのは、ピッチ上のすべての選手が、試合の状況や局面を同じように読み取り、その共通の意識や共有された感性に基づいて組織的に連動してプレーするという考え方だ。さらに、ポジショナルプレーという考え方においては、ボールを持っていないときのスキルがより重要となり、選手には絶え間なく状況が変化し続けるピッチのなかでの適切な判断、位置取り、動きが求められる。ボールを足元で扱うのは九〇分間のうちのごくわずかな時間であることから、ボールを持たない時の動きをより重視するという考えのもと、適切なタスクを遂行するための位置取りや判断、認知までもがプレーとして捉えられるようになっている。

このように現代サッカーでは、スキルや身体の能力以上に、判断や認知、脳機能や神経伝達がプレーを左右する。かつて哲学者のメルロ＝ポンティが「身体図式(body schema)」として提起したものが、より高速化し複雑性を深化させる現代サッカーのなかで可視化されはじめているかのようだ。メルロ＝ポンティの身体に関する議論では、感覚や知覚は前‐意識的なものとして論じられる。つまり、自分が感覚の主体であるという考え方をとらない。個々に宿る身体図式は、周囲の環境や状況や他者との往還関係のなかで共有されるものであり、その図式は主体という意識に先立つものなのである。したがって、フットボナウトのような先端テクノロジーは、身体図式に働きかけるトレーニングとも言えるだろう。

このようにポスト・スポーツにおいては、主体を持たない感覚、前‐意識的な認知や判断がプレーの主要な動因であり、競技の主戦場になりつつある。つまり、スポーツは前‐個体性の世界に競技のフィールドを移しはじめているのだ。

6　サイバスロンとeスポーツの登場

障害者が先端テクノロジーと協力する競技として誕生したのが「サイバスロン(Cybathlon)」である。二〇一六年にスイスで初めて世界大会が開催されたこの競技は、ロボット技術を使った義手や義足といった義体技術の導入による、いわゆる「サイバー義体」の日常生活での可能性を拡げることを狙いとしている。したがって、パラリンピックがオリンピックを踏襲して既存スポーツと同様に運動の能力競争を行うのに対して、サイバスロンでは身体に障害を持つ人が日常生活に対処するための助けとなることが重視される。「パワード義手レース」では、筋肉に埋め込まれた電極が信号を感知して人工の腕を動かすことを競う。その運動は、あくまで日常生活に必要な作業、例えば缶詰を開けたり、パンを切ったり、洗濯物を干すといった行為を速く正確に行う運動が目指される。また「脳コンピューター・インターフェースレース」には、首から下の運動機能が麻痺した選手(サイバスロンではテクノロジーを駆使する「パイロット」と呼ばれる)が参加する。脳の信号をキャッチする脳波計を用いて、コマンド(命令)を脳波で送り、モニター上のアバターを操縦して障害物をクリアしていく。

従来のスポーツが「生身の身体」にこだわってきたことに比して、サイバスロンの身体は、先端テクノロジーと協働することによってはじめて実践が可能となる。このサイバスロンの実践は、脳波や神経の電気信号といった身体の物質性によって促される。脳波や電気信号といった前 - 個体的なものが機械や他者(技術者)と協働することを通じて、義肢やモニター上のアバターの身体を構成する。

プレーや実践の現勢化へと向かっていく「前-個体的」な身体がもっとも可視化されている分野が、近年隆盛期を迎えている「eスポーツ」だろう。人間が、知覚や脳、神経伝達を動員してコントローラーを操作し、コンピューター画面上のアバターを競い合わせるこの新種のスポーツは、私たちがポスト・スポーツの新しい身体を考えていくための有効なフィールドとなる。

とはいえ、eスポーツは現在多くの論争の的ともなっている。ゲーム障害や物理的コミュニケーションの欠如を引き起こす、あるいは健康に悪いといったネガティヴなイメージによって、ある種の「モラルパニック」にもつながっている(ミア 2018)。もちろん、新しいスポーツの登場は常に既存の考え方や価値観との衝突を起こす。スノーボードはかつてスキー場の邪魔者であったが、いまではオリンピックの正式種目である。野球ですら、一〇〇年前の日本では「野球害毒論争」を巻き起こし、現在のeスポーツのように社会悪や不健康だと非難された。

「eスポーツはスポーツではない」という考え方は過去の害悪論と比べてもより根深く深刻なものである。この言説の構成は、eスポーツが身体性をともなわないということに起因する傾向がある。それに対して、コントローラーを操作する身体の心拍数や動きの回数、心理的ストレスなど、eスポーツは既存のスポーツ同様に激しい身体運動を要求するという考え方も出てきている。だが、eスポーツをポスト・スポーツという文脈のなかで捉えるならば、物理的(リアル)なスポーツとの類似性や差異は大きな問題とはならない。なぜなら、すでに述べたように、物理的なスポーツのポスト・スポーツへの移行においても、eスポーツに動員される力能と同様の「前-意識的」領域ないしは「前-個体性」が競技を左右するようになっているからだ。eスポーツでは、反応や反射的な領野、意識に先立つ世界が、視覚や指先を通じてアバターのパフォーマンスとして表現される。そこで競い合うのは、判断や認知の速度、正確性や戦略性であり、またアバターの身体運動の速度、正確性や戦略性である。他のプレイヤーとの緊密な協力関係が求められる競技もある。

このように実践という次元において、物理的世界のスポーツとeスポーツの境界線はすでに溶解している。しかしながら、eスポーツにおいては、コンピューターが媒介することでパフォーマンスが表現されるという特徴がある。ここには決定的な違いがあるだろう。しかし、その違いというのはあくまで個体性としての身体や身体的主体性を前提とした場合にのみ生じる。ポスト・スポーツは、個体性に宿る主体が身体から飛び出して脱主体化していくプロセスでもある。前－個体性としての身体、すなわちデータ、認知、感覚、神経伝達、判断、反応、情動といったものが、競技の実践主体＝ポスト・スポーツの力能となる。そうした実践の集積や結果が、サイバスロンであれば脳波や電気信号に接続された義体として現れ、eスポーツであれば主体なき感覚や知覚を動員するモニター上のアバター身体となる。また、リアルスポーツであれば、物理的な身体がパフォーマンスや運動として可視化されるのである。

7　「ポスト・スポーツ」論

ここまで序章では、近年新しく可視化されてきた現象を事例にして、ポスト・スポーツの特徴を概説してきた。この議論は、第1章、第2章でさらに深めていくことになるが、ここでは、ポスト・スポーツを論じることの意義や狙いについて若干ふれておきたい。

「ポスト・スポーツ」という概念を提起したのは本書が最初ではない。すでに一九九八年にスポーツ哲学者のブライアン・プロンガーが「ポスト・スポーツ――身体文化における境界侵犯」という興味深い論文を書いている(Pronger 1998)。彼は、ダナ・ハラウェイやドゥルーズの議論を手掛かりにして、ポスト近代におけるスポーツする身体を描き出そうとする。近代スポーツがジェンダー、セクシュアリティ、人種、そして機械／人間、動物／人間といった、同一性や差異を固定化する境界線を作り出し、それを維持していく社会・文化的な装置であることに対して、プロンガーが提起する「ポスト・スポーツ」は、そうした支配関係を構成する枠組みや境界を「汚染していく」試みである。プロンガーはスポーツの身体運動が生み出す喜びや欲望を「エクスタシー」という前‐個体性の作用として捉える。しかしそれは近代スポーツの競争原理のなかに埋め込まれる場合、「男らしさ」や「健康」や「経済的効率性」の言説に回収されてしまう。ポスト・スポーツは、そのような言説の構造からエクスタシーを解き放つための概念であり、支配的な境界線を侵犯し、組み替えていくための実践にプロンガーが与えた名前なのである。

本書では、プロンガーの議論を踏まえながら、支配的な社会関係を組み替えていくエージェンシーの実践として、ポスト・スポーツ論を提起したい。そのために、文化研究者の小笠原博毅が論じた、脱主体化による主体の転位とその契機に関する議論を導入する(小笠原 2019)。小笠原は、一九八九年の「ヒルズバラの悲劇」に象徴される英国サッカーの暗黒期を舞台に、黒人サッカー選手のジョン・バーンズをめぐる人種差別の言説と表象を詳細に論じる。バーンズの身体に張り巡らされていく複数の矛盾した意味を読み解きながら、この時代に民衆たちのサッカーが資本主義に飲み込まれ、規律化され、ゲットー化されていく過程を整理していく。そうして小笠原はサッカー選手やファンたちの多様な欲望が、人種化され、階級化され、過度に男性主義化され、「国民」へと包摂されていく複雑な文化政治的プロセスを描き出す。失業と人種差別とナショナリズムが吹き荒れ、イギリス病の温床とされた白人労働者階級の男性サッカーファンたちは、資本に見放され、人種差別主義者と名指されながらも、反人種差別をなんとか言葉にすることで、ステレオタイプにまみれた労働者階級という主体位置へと同一化されることから逃れるための実践空間をこじあけていく。それは支配的な環境のなかでしか創案できない矛盾含みの実践であり、既存の意味や言葉を組み替えながら作り出されるものなのである。小笠原はそこに別の主体位置への転位を読み取る。

小笠原は、既存の主体から解き放たれ、次の主体位置へと向かう実践の行為遂行性に着眼する。その時々に生まれる即興的な実践と、それまでの歴史的な意味の集積との間にあるリズムの違い、つまり両者の間に生じる隙間やインターバルこそ、エージェンシーの実践が入り込むことを可能にするのである。本書では、主体を持たない前－個体性をポスト・スポーツの特徴として捉える。つまり、認知、判断、感覚、反応、神経伝達、データ、情動といったものをポスト・スポーツの力能と考えるわけだが、プロンガーの考え方を敷衍するなら、既存のスポーツはこの力能を再び個体化させ、そこに同一性を与える支配的な装置ということになる。だが、小笠原が論じる主体の転位とその契機という考え方を採用するならば、ポスト・スポーツにおいては、個体化された身体から溶け出していく力能が、既存の権力関係を組み替える資源となる。黒人文化研究者のポール・ギルロイは、そのような契機について、「これまでとは異なるやり方」によってアスリートの身体を見ることだと表現する。「それは、行為、衝突、技術、そして身体化の人種化を認めない視座を作り上げるということである」(ギルロイ 2017: 18)。この思考は人種化の否定に限定されるものではないだろう。脱個体化された身体が、国民、ジェンダーといった同一性と個体化の構造へと回収されないような意味づけが要求されるのである。したがってポスト・スポーツとは、文化的な現象であり、批判的な視座の形成であり、新しい身体の構築に向けた実践でもあるのだ。

8　ポスト・スポーツの系譜学／社会を編みなおすエージェンシー

サイバスロンやeスポーツの出現、ビッグデータや先端テクノロジーによってスポーツする身体を変容させていくこと、あるいは近年の欧州サッカーにおけるポジショナルプレーのように認知や判断や感覚を動員していく新しい潮流を、本書では「前‐個体性のスポーツ」と呼んでいる。しかし、これは本当に新しい出来事なのだろうか。これが本書の後半部分の問いとなる。データ革命やテクノロジーに繋がれた身体によって可視化されてきたポスト・スポーツの潜在的な力能は、しかし最近になって「見える」ようになってきただけなのではないだろうか。あくまでデータによって分割され、個体性を喪失する身体が、可視化されるようになっただけであって、そもそもスポーツのなかには、既存の同一性や身体の個体化を溶解させ、別の主体性や個体化へと転位していく実践は常に含まれていたのではないだろうか。

本書の第3章以降を貫く主題は、現代と過去を往復し、さまざまな歴史的事象や現代に起きている出来事を精査しながら、ポスト・スポーツが出現する契機を摑まえ、再分節化することにある。それはモハメド・アリの身体運動のなかに、C・L・R・ジェームズの『境界を越えて』のなかに、一九六八年のメキシコ・オリンピックの表彰台で拳を掲げた黒人アスリートたちの実践のなかに、そしてギルロイが描きなおしたもうひとつの近代である「黒い大西洋」に潜んでいた黒人アスリートたちのネットワークのなかに発見していくことができる。あるいは、人種差別に抗して国歌の演奏中に膝をつき、アメリカン・フットボールの世界から追放されたNFL選手のコリン・キャパニックや、彼に触発されて登場した「ソーシャルなアスリート」のなかに、また米大統領ドナルド・トランプによる性差別や人種差別を徹底的に批判するアメリカのサッカー女子代表チームのミーガン・ラピノーの行為やスピーチのなかにも、ポスト・スポーツの契機を読み解くことができる。

脱個体化された身体が、再び個体として身体化される間のインターバルを摑まえ、そこに発生するエージェンシーに新たな意味や別の主体位置を与えることが、ポスト・スポーツ論の狙いとなる。したがって、ポスト・スポーツとは、競技であり、前−個体性の競い合いであり、身体のぶつかり合いでもあるが、同時に、規範的で支配的な意味を内包する同一性や個体化へと身体が組み込まれる手前で、既存の支配関係に揺らぎを与え、社会を編みなおすための実践でもあるのだ。

9　「ポスト」という接頭辞について

ポスト・メディア、ポスト・モダン、ポスト・ヒューマン、ポスト・コロニアルといったように、「ポスト」を冠する概念は、これまでにも数々生み出されてきた。そのような「ポスト」と重なりつつも、本書が扱うポスト・スポーツの「ポスト」には特別な意味が込められている。ここでの「ポスト」は、「〜の後」といった時期区分を指し示すものではない。ここで想定しているのは、黒人文化研究者であるスチュアート・ホールが、哲学者ジャック・デリダの理論に触発されて批判的に検証した「ポスト」である。それは古いものに代わって新しいものが生まれるという直線的な思考法ではない。ホールはこの思考について、「限界において思考すること」と表現した(ホール 2001; 2002)。それは新しい概念の出現までのインターバルを示す方法であり、既存の支配体制のなかには含まれようもない、含み込めないものの現れを指し示すための思考である。

すでに論じたように、近代スポーツにおける支配的な概念や理念は窮状に陥っている。理想としてきた身体(白人、男性、西洋中心主義的、異性愛主義的、健常者……)や、「自然な身体」にこそ人間性が宿るといった考えが失効した以上、スポーツも今までの状態ではいられない。しかし、それに替わる言葉や概念がいまのところ見当たらないために、従来の「スポーツ」という言葉や概念に部分的には頼らざるをえない。本書では、このような事象に「ポスト」という概念をあてている。

データ革命や先端テクノロジーと結びつくことでようやく可視化されるようになったポスト・スポーツの特性は、脱個体化された身体を転位の契機とする。そこに出現する新しい身体は、多様な人たちが多様なままに、複数性の身体が複数のまま分有されるような世界を創り出すことを目指す。したがってポスト・スポーツの身体は、何かを代理表象するのではなく、多様な身体が多様なままでいられるように社会を編みなおすエージェンシーとなるのだ。これが「ポスト・スポーツの時代」のアスリートの姿なのである。

第 I 部

競技者とは誰か

［写真］
2018 年のジャカルタ・アジア競技大会，
公開競技として開催された「ウイニングイレブン 2018」で，
インドネシア代表と対戦する日本代表．（時事）

第1章 ポスト・スポーツの時代
――ビッグデータと変容するスポーツ競技

1 ビッグデータと新しいスポーツ・パラダイム

1―1 イチローが表明する危機感

二〇〇一年にアメリカに来てから二〇一九年の野球は、まったく違う野球になりました。まあ、頭を使わなくてもできる野球になりつつあるような。これがどうやって変化していくのか。次の五年、一〇年、しばらくはこの流れは止まらないと思いますけど。本来は野球というのは……これダメだな。これ言うとなんか問題になりそうだな。問題になりそうだな。頭を使わなきゃできない競技なんですよ、本来は。でもそうじゃなくなってきているのが、どうも気持ち悪くて。ベースボール、野球の発祥はアメリカですから。その野球がそうなってきているということに危機感を持っている人って結構いると思うんですよね。(1)

二〇一九年三月、惜しまれつつもその偉大な選手生活に幕を下ろしたマリナーズのイチローは、試合後の深夜に急遽行われた引退会見のなかで、野球というスポーツが進もうとしている未来を危惧する姿勢を表明した。イチローが慎重に言葉を選びながら提起したのは、端的に言えば、「野球をやるのは誰なのか」「プレーの主人公は誰なのか」という問いであった。

イチローが訴える危機感の背後にあるものは、野球に限らず、昨今多くのスポーツ競技の現場を席巻する「データ革命」によってもたらされた変化である。事実、ＡＩ（人工知能）とビッグデータによって、野球の長い歴史がこれまで作り上げてきたゲーム戦略は大きく変わりはじめている。そして、選手個々の判断や経験や感性から生み出されるプレーの方法も深刻な変異を遂げつつある。

ネットワークと結びついた最先端テクノロジーやビッグデータによって日々「革命」がもたらされる昨今のスポーツをめぐる諸環境には、エンターテインメントとしての幅の広がりという観点から見るならば、スポーツ市場やファンを喜ばせる要素も多い。だがその一方で、イチローの投げかけた危惧は、近代以降のスポーツの歴史における決定的な過渡期の到来を指し示すものだろう。というのも、ひとつのプレーを導く判断や選択は、これまで通り選手の経験知や感性から生み出されるのか、それともＡＩとビッグデータによる「予測」に委ねられるのか、といった実践の「主体性」に関わる決定的な問いが生じるだろうからだ。つまりイチローの言葉は、スポーツ実践の主体性が喪失されることへの懸念として受けとめることができるのだ。

イチローが「野球は頭を使う競技だ」と言う時、そこには彼が擁護したいものが含まれているはずだ。それは実践の主体としての「人間」であり、経験や感性に基づいて予測し、判断し、選択し、プレーを実践する身体の「主体性」である。引退後に、アマチュア選手たちと草野球を真剣に楽しむイチローの姿を見ると、あの日の会見で世界中の野球好きたちに訴えたかったことの真意が見えてくる。「ＡＩやビッグデータが判断する野球に魅力なんてあるのか」。イチローはそう言いたかったのではないだろうか。イチローの発言は、私たちがこれまで前提としてきたスポーツの考え方や尺度が窮状に陥っていることを暗に示しているように思えてならない。

1―2　新しいスポーツ・パラダイムの登場

このように、いまスポーツはいくつもの問いや懸念を避けることができない地点にある。近代以降のスポーツが長く維持してきた、「人間性《ヒューマニティ》」と一対になった個体としての身体をリアリティとする認識の枠組みは、大きく揺らいでいる。私たちがこれまで「スポーツ」と呼んで慣れ親しんできたもの、スポーツが維持してきた支配的な考え方、そしてスポーツを実践する身体の理想といったものは、その内部に不安や矛盾を含みながら揺らいでいるのだ。

だからと言って本章は、こうしたスポーツの状況において、「生身の身体」や「自然な身体」がビッグデータによって疎外されているという見方を主張したいのではない。デバイスに接続された身体から集められるデータ、高度なトラッキングシステムによって半自動的に集積されるパフォーマンスのデータは、競技を行う選手の予測を規定し、判断を方向づけ、個々のパフォーマンスを枠づけるようになってきた。このような新しい潮流は、もはや不可逆的なものとしてスポーツ競技を根本的に変容させつつある。

私たちはここでイチローの提言を重く受けとめつつも、ネットワークに接続されたビッグデータやテクノロジーが、スポーツの基底にある構造に決定的な変化をもたらしていることに注目したい。トレーニングや育成、戦術、新しい技術、さらには球団やクラブの運営、ファンたちの視聴方法にいたるまで、スポーツはデジタル化され、ネットワーク化され、データ化されている。

本章は、こうして変容している現在の状況から目を逸らさず、近年登場してきた新しいスポーツ・パラダイムのなかで、ビッグデータと競技の結びつきや、そこに現れる「データ化される身体」と向き合っていく。そして「ビッグデータはスポーツをどう変えるのか」という問いに立脚しながら、データ化される身体を軸にして、競技が再編されている現状とスポーツ自体の存立を分析するための視座を探求していきたい。その際、これまでスポーツをする「主体」の位置に安定して収まっていた「人間」、「個体としての身体」、「生身の身体」といった考え方や概念は、深刻なかたちで脱中心化されることになるだろう。

1-3　規律化される身体から制御=調整される身体へ

かつて多木浩二が、ミシェル・フーコーの議論を手掛かりにして鮮やかに論じた規律訓練を基盤とするスポーツする身体は、近年になって、その存立の基盤を決定的に変えつつある。多木は、一八世紀から一九世紀にいたる間に近代スポーツが成立するためには、「身体が変化している必要があった」と述べている(多木 1995: 45)。フーコーが『監獄の誕生』のなかで論じたのは、学校、兵舎、工場といった閉じられた環境と制度のなかで、他者の「まなざし」を内面化していく規律訓練型の権力によって矯めなおされる、いわゆる「従順な身体」である。この従順な身体こそが、特定の戦術や規範を理解し、テクニックやスキルや持久力や筋力を身につけてスポーツを実践することができる身体なのである。

特定の規範、ルール、指導者の視線等を内面化して構成される従順な身体は、「規律訓練」という新しい政治的な技術によって、人工的に作り上げられるものでなければならなかった。それは身体の運動や動作、姿勢、動きの速さといった細部をスポーツに運用可能なものへと磨き上げていく。そこに発生するのが、フーコーが論じた微視《ミクロ》的な権力、「まなざし」の権力であり、その対象となった身体なのである。

指導者と選手との間の対面的な相互関係のなかでまなざしの権力は有効に働く。スポーツする身体は、パノプティコン的な監視の目を内面化していくことで、厳しい練習や非合理的な規範、高い目標に向けて内面と身体を作り変えていく。

フーコーは個々の自由と多様性こそ、管理の前提であると主張しているのである。しかもほとんどの競技者は強制以上に自由を感じているし、競争に勝ちたいと思って自発的に訓練に励んでいるのである。規律・訓練という概念はそこで十全に展開されるのである(多木 1995: 49)。

多木が述べるように、規律訓練によって身体に宿る自由を享受する主体性は、同時に管理への隷属化を意味する。こうしてスポーツの身体は、運動や体力を効果や結果への従順＝効用という服従関係のなかに埋め込まれていく。従来のスポーツ選手たちが指導者や監督に過度に従順であるのは、スポーツの身体が、規律化されて従順となった諸能力を他者への服従や経済的な効用、競争での勝利とその喜びの追求へと反転させる性質を持つからなのである。この身体には、産業資本主義における労働者や兵士の有効なモデルとして洗練されていった側面もあるのだ。

こうして規律社会や産業社会の進展と重なり合うように発展した近代スポーツが、ある特定の規範や型に埋め込まれた個別的な身体ヘクシス(無意識的な身のこなしや動作)を主体として実践されるものであるのに対し、情報ネットワークに接続された現代のスポーツの身体は、ジル・ドゥルーズが「制御社会」と呼んだものに対応するだろう(ドゥルーズ 1992)。ビッグデータ時代のスポーツにおいては、もはや身体ヘクシスは実践を生み出すものではなくなりつつある。むしろ実践の主体やアイデンティティは、絶えず分解され続けながらスポーツの身体を再構成していく。

ドゥルーズがかつて「分割不可能だった個人は分割によってその性質を変化させる「可分性」」になると指摘したことを手掛かりに類推するならば、スポーツを実践する個体的な身体という近代的な主体性は、ビッグデータとネットワークのなかに流入し、ひとつのアイデンティティや確固とした身体へクシスといった型を持つことなく、データや数字やサンプルと化していくことになる(ドゥルーズ 1992: 296)。規律社会の監視の標的が個別の身体であったのならば、この新しいスポーツ・パラダイムの基盤となる制御社会では、身体やパフォーマンスのデータが権力の新たな対象となるだろう。

1–4　「ポスト・スポーツ」の成立条件

こうしてスポーツの身体は、集積されたデータに応じて変化し、制御され、調整されるものになりつつある。言い換えるなら、絶え間ないデータの生成それ自体が、新しいスポーツする身体を生成し、それを常に調整＝制御していくのである。個体化された身体が無際限に生み出されるデータの海へと溶解していくという新しいパラダイムのなかで、実践の主体やプレーする身体の主体性までもが組み替えられはじめている。

これから紹介していくスポーツの変化は、「ポスト・スポーツ」としか呼びようのない状況へと私たちを運ぶだろう。このポスト・スポーツ状況は、ふたつの相対する考え方の激しい折衝のただなかにある。一方には、プレーを行うのは生身に宿る選手の人格と身体へクシスであり続けるという古い考え方があり、他方にはプレーする主体はネットワークに接続され、ビッグデータ、あるいはデータマイニングや分析システムによって調整され続ける「データ化された身体」に変容するべきだという新しい考え方がある。このふたつがぶつかり合う深刻な問いかけのなかで揺れ続けるもの、「移行」と「二重性」を同時に指し示す複雑な様相のなかに、私たちが直面しているポスト・スポーツ状況は出現しているのである。この状況の輪郭を摑むために、以下、本章ではいくつかの具体的な事例にふれながら、ビッグデータと身体の変容について論じていきたい。

2　野球とデータ革命

2-1　「スタットキャスト」と「フライボール革命」

ビッグデータという用語とその運用方法、またそれがもたらす効果は、ここ数年とりわけＭＬＢ（メジャーリーグ・ベースボール）で起きている「データ革命」を通じて広くスポーツ界に流通した。「トラッキングシステム」と呼ばれる新しい技術の開発によって、選手の動き、パフォーマンス、ボールの動きに関するデータを詳細に収集することが可能になり、ビッグデータの活用がさまざまな競技のなかで試行錯誤されるようになった。

ＭＬＢの試合では、二〇一五年から「スタットキャスト(Statcast)」というトラッキングシステムが導入され、打球や投球が細かく数値化されるようになった。このスタットキャストは、軍事技術を応用したものであり、高性能の追尾レーダーによって打球や投球、選手の動きを追尾・分析するデータ解析システムである。(2) ＭＬＢの三〇球団すべての球場で「トラックマン(TrackMan)」と呼ばれる高性能弾道測定器と、選手の動きを三次元的に撮影する「トラキャブ(TRACAB)」と呼ばれる画像解析システムが導入された。この半自動的にデータを収集するシステムを基盤にしてＭＬＢが独自に開発したものがスタットキャストである。(3) 打者であれば、打球速度、打球角度、打球の滞空時間、飛距離等がリアルタイムで解析される。投手の場合、投球されたボールの回転数、球速、軌道等が測定される。また野手の場合は、打球を追う選手の移動速度やボールの落下地点までのルートの効率性などが瞬時に明らかになる。

　スタットキャストによって起きたのが、昨今、野球界を席巻している「フライボール革命」である。フライボール革命は、その名の通り、フライを打ち上げることがより高い確率で得点に貢献し、その結果、勝利に結びつく確率を高めるという考え方に基づく打撃理論の変革を意味する。スタットキャストによって詳細に計測されるデータのなかで、近年注目されているのが「打球速度」と「打球角度」である。打球速度が時速一五八キロ以上で、打球角度が二六度から三〇度の範囲に打ち出されたボールは八割以上の確率でヒットになり、その多くがホームランになることが統計的に明らかになっている。事実、二〇一七年シーズンのMLBでは、過去最多となる六一〇五本もの本塁打が飛び出した。

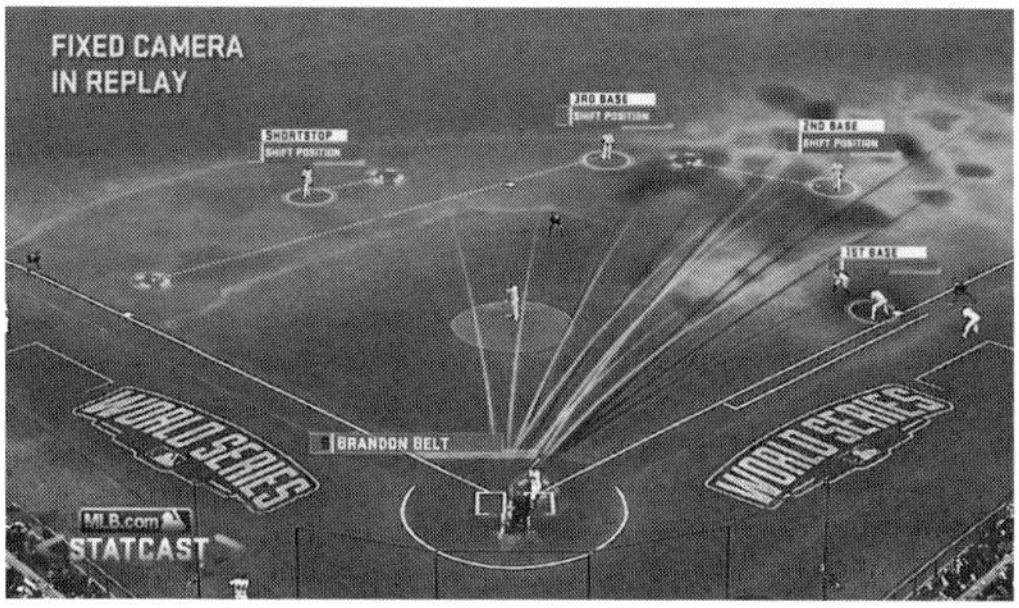

スタットキャスト（出典：MLB.com）

　したがってフライボール革命は、ただ闇雲にフライを打ち上げることを目標とするものではない。スタットキャストは、どの角度で、どのような打球を打ち上げることがより有効に長打につながるのかを数値として示してくれる。そうやって集積された膨大な打球データから導き出されたのが、フライの有効性を示す新しい指標である「バレルゾーン」である。打球速度が速いほど、このバレルゾーンの範囲は広がる。例えば、時速一八七キロの打球速度であれば、理論上、八度から五〇度の範囲がバレルゾーンとなる[4]。バレルゾーンでボールを打ち上げるために、打者のスイングは、水平に対して一九度のアッパー軌道が有効であり、ボールの中心部の六ミリ下をインパクトすると最も飛距離が出るということがデータから明らかになっている(Baseball Geeks 編集部 2019)。

Baseball Geeks という野球データに詳しいWebサイトによれば、バレルの最低条件である打球速度一五八キロを生み出すためには、スイング速度が時速約一二八キロ必要となる。また、そのスイングを実現するために必要な打者の体格については、脂肪を除いた体重で約六五キロとされるため、仮に体脂肪率が一五パーセントだとした場合、体重約七五キロの体格でバレルが可能となる(Baseball Geeks 編集部 2019)。このデータに従えば、体が小さいという理由で長距離打者になれないとされてきた野球界の常識は覆される。実際のところ、ヒューストン・アストロズに所属するベネズエラ出身のホセ・アルトゥーベは、身長が一六七センチと現在MLBで最も低い選手であるが、屈指の強打者として注目されている。日本のプロ野球界でも二〇一四年に楽天が導入したのを皮切りに、各球団がトラックマンを設置するようになっている。二〇一八年には、ヤクルトが神宮球場にトラックマンを導入したことで、やはり山田哲人の本塁打数が伸びた。山田哲人の体重は七六キロであるから、強打者にしては小柄だと思われがちだが、十分にバレルを可能にする条件を持っていることになる。

こうして打者のスイングは、データによって有効だと示された特定のバット軌道に対してある程度適応するように形作られはじめている。スイングの習得は、指導者の主観的な経験が反映された考え方を選手の身体に刷り込んでいくという、これまでのプロセスとは違ってきているようだ。つまり、指導者と選手の双方の身体性を介在させた直接的な相互行為による指導は、もはや支配的な方法ではなくなりつつあるのだ。

かつて社会学者のピエール・ブルデューがスポーツの身体について論じたように、これまで身体へクシスは、指導者から学習者へ、つまり身体から身体へと非言語的な次元で伝達され構築されてきた(ブルデュー 1988)。だが昨今のフォームの習得過程は、ブルデューが論じた学びの過程とは異なるものになっている。あるいは、文化人類学者のマルセル・モースが、「身体技法」や「型」の習得過程について論じたものとも異なる次元にある。モースは、指導者が教える身体技法を学習者が有効だと認識することによって触発される模倣を「威光模倣」と呼んだわけだが(モース 1973)、現在の潮流において模倣を触発するのは、威光ではなく、学ぶ選手自身のデータになりつつある。このように、理想とされる型に向けて鋳造されてきた身体は、データや数値が導き出した統計的な確率に適応して絶えず調整され続ける身体へと変貌しているのだ。

どのようなスポーツでもありえることだが、選手自身の感性や感覚と、それを外在化した身体運動との間には、「ズレ」や「ギャップ」が少なからず生じる。野球の場合、例えば強打者たちは自身のスイングを言葉にする際、「バットを最短距離でボールの軌道に向けて出していく」というイメージで表現することが多い。しかし、データ分析に基づく近年のバイオメカニクスの諸研究によれば、打球を飛ばすためにはスイング速度を高める必要があるため、多くの強打者たちのスイングは最短距離でバットを出すという個人的な感性とは異なっている。むしろ、バットのヘッド(先端)の運動量はかなり大きいということがわかっている(Baseball Geeks 編集部 2019)。

このように選手自身の内的な感覚と実際のスイングとの間のズレを埋めていくために、新しいデバイスも開発されている。例えば、ミズノが開発した「スイングトレーサー」は、バットのグリップエンドに装着するセンサーとスマートフォンのアプリケーションを用い、打者のスイングを測定しデータ化する。スイングの速度、インパクト時の加速度、スイングの回転半径、ヘッドの角度等が瞬時に計測され、自身のスイングはすぐさまアニメーションによってスマートフォンの画面に再現される。他の選手や自分の過去データとの比較もできる(5)。もちろん、このようなデジタル・デバイスによってあらゆる打者が成功するとは限らないが、打撃の身体運動の構築にとって、デジタル化されたデータの役割がますます大きくなっていることは確かだろう。

また、蓄積されたデータによって、野球指導の現場でこれまで打撃の基本とされてきた「上から叩きつけるバッティング」という「常識」も揺らぎはじめている。ゴロやライナーの打球こそが「正しい」とされ、フライを打ち上げることは打ち損じであるという悪評を得てきたが、これまで疑うことのなかったこうした常識は、フライボール革命のなかで完全に打ち砕かれつつある。いまでは、強豪校の高校球児たちも積極的にフライを打ち上げる打撃理論を取り入れている。二〇一七年に広陵高校(広島県)の強打者だった中村奨成(現広島)が、清原和博(PL学園)が持っていた夏の甲子園でのホームラン記録を破った背景にもこのフライボール革命があったとされる(6)。

2-2 「セイバーメトリクス」と「マネーボール」

野球というスポーツではこれまでも打率や防御率といったように、選手のパフォーマンスとその結果を数値として集め、可視化し、分析し、チーム戦略に組み込むことが伝統的に行われてきた。野球ファンたちも数字をもとに選手を評価したり、勝敗や試合の展開を予想したりして楽しむことに馴染んできたことは言うまでもない。

しかし近年の「データ革命」は、既存の「データ野球」とは異なるものであることは述べておかなければならないだろう。後述するように、「３Ｖ」としてビッグデータの独自性を示すもの、すなわち「規模(Volume)」「速度(Velocity)」「多様性(Variety)」という三つの指標において、従来の野球のデータとビッグデータはパラダイムを決定的に異にするものなのである(Spaaiji, Thiel 2017; 大黒 2014)。

現在起きている「データ革命」への入り口を準備したのは、映画『マネーボール』(二〇一一年)で有名になったオークランド・アスレチックスの躍進である。二〇〇〇年前後、ＭＬＢでは資金力の格差がそのままチーム成績を左右する現象が問題になっていた。ベースボールはもはや「マネーボール」だと揶揄する意見も散見された。ニューヨーク・ヤンキースやボストン・レッドソックス、ロサンゼルス・ドジャースのような大都市部の人気球団は、高額なテレビ放映権収入で莫大な富を蓄え、巨額の資金で優れた選手をかき集める。こうして資本力がそのままチーム成績を決定するマネーボールの時代が到来していた。

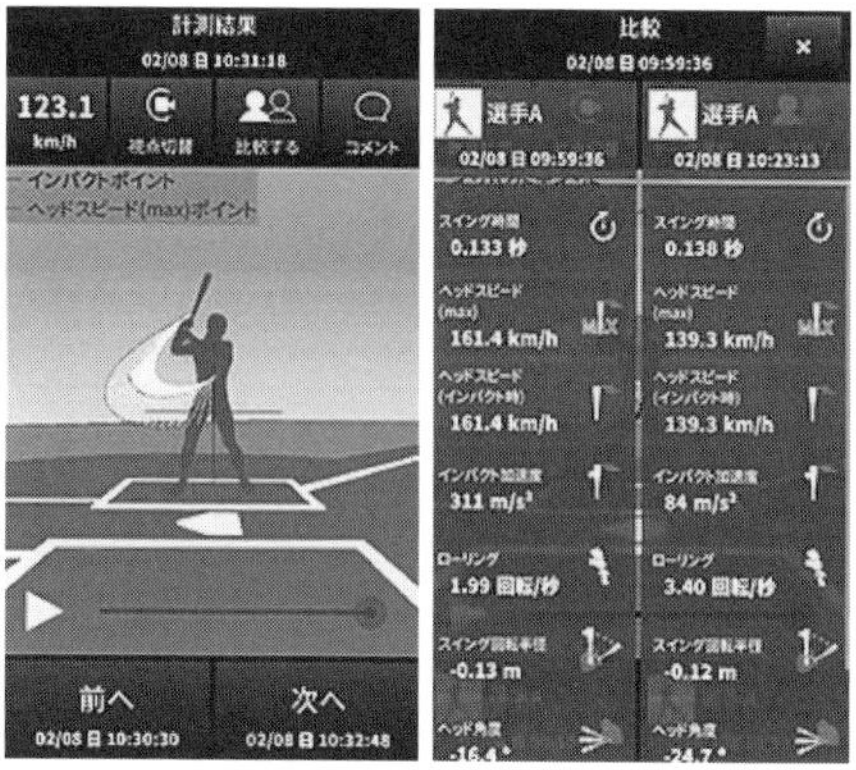

スイングトレーサー(出典：ミズノ公式HP)

そんな潮流のなか、弱小球団アスレチックスは、選手年俸の総額がヤンキースの三分の一程度でありながら、二〇〇二年シーズンには全球団のなかで最も高い勝率と勝利数をあげた。その立役者は、選手ではなくＧＭ(ゼネラルマネージャー)のビリー・ビーンである(映画ではブラッド・ピットがビーンを演じた)。一躍有名になったこのGMが徹底的にこだわったのが選手たちのデータだった。

野球の記録や選手の成績を独自の手法でデータ化して楽しむファンは昔からいた。そんな野球ファンのひとりであり、野球の歴史家であったビル・ジェームズが一九七七年に提唱したのが、いまや野球ファンであれば誰もが知るところとなった「セイバーメトリクス(SABRmetrics)」だ。これは球団や選手個々人のパフォーマンス、成績を数値から統計的に分析し、試合中のゲーム戦略、選手の能力とその評価、球団経営等に役立てる手法や考え方の総称である(Albert 2013)。このセイバーメトリクスの目的は、あくまで勝利数を増やすことや効率的な球団経営にある。したがって勝利という目標に収斂するこのデータ分析は、選手のプレーを長いシーズンにおける「得失点」から評価し、勝率を高めるという観点を重要な柱に据えることになる。

ビリー・ビーンは、少ない資金で強いチームを作るためにセイバーメトリクスを徹底的に用いて成功した最初の人物である。彼は、それまでの選手評価方法とは違って、打率や打点を評価するよりも「長打率」と「出塁率」にこだわった。というのも、高打率を維持する選手がチーム内にいたとしても、そのことは必ずしも得点や勝利に結びつかないからだ。慎重にボールを選ぶことができ、フォアボールでも出塁する能力が高い選手と長打率が高い選手を集めていくのがビーンの手法だ。近年の野球では、この長打率と出塁率を足した数値が「OPS」と呼ばれ、選手を評価する指標として重要視されている。またビーンは、投手の勝利数やセーブ数、防御率や被安打数をさほど評価せず、与四球が少なくて被本塁打や被長打率が低い投手を積極的に選んだ。長いシーズンを通じて「総得点」と

「総失点」に効果的に結びつく数値が重要となるため、それまで脚光を浴びなかった選手たちがビーンに重宝されることにもなった。

　こうして選手たちは、セイバーメトリクスがはじきだすデータや数値と化していくことになる。選手のプレーは、球団経営と勝利に貢献するか否かによって評価される。生きた人間のパフォーマンスは、勝利に効果的に結びつく特定の条件を満たす数字に変換され、これが他球団との間のトレード条件となっていく。いわば選手は、ひとつの個性や人間的主体として見られることはなく、あくまでビジネス的な観点に基づいて数値やデータサンプルとして売り買いされることになりつつあるのだ。

　アスレチックスの奇跡的な成功は、データ革命を加速させた。野球経験のない分析官たちがチームの運営やチーム戦略に加わることに懐疑的な声もあがったが、ビッグデータの活用がそれまで一五〇年以上にわたって野球界で「常識」だと思い込まれていたことを次々に打ち砕いていったことも事実だ。打者の傾向に合わせた守備位置の変更がその代表例だろう。ＭＬＢを観ると、従来の守備位置通りに守ることが少なくなっていることに気がつく。センター前に抜けるはずの大谷翔平（エンゼルス）の鋭い打球が、遊撃手にあっさりと処理される場面がよくあるが、それは遊撃手が二塁ベースの真後ろで守っているからだ。一塁ベースと二塁ベースの間に内野手が四人並ぶという極端な守備シフトも登場した。その結果、守備シフトを超える打球の有効性が認められ、打者はゴロやライナーを打つよりも積極的に打ち上げていく、つまりフライボールを打つことが得点になるというフライボール革命に繋がる観点が生み出されていったわけだ。

　また、長い間野球界で頻繁に用いられてきた「送りバント」は、データ革命を経て、対戦チームにアウトを無条件で与えるプレーとしてそれほど用いられなくなってきた。データ分析は、送りバントによって進塁させることがそれほど得点に結びつかないことを発見していった。そのため二番打者の役割は大きく変わりはじめている。進塁打や送りバントの名手だった二番打者は、いまでは三番大谷の前を打つマイク・トラウトやアーロン・ジャッジ(ヤンキース)といったチーム最強の打者たちだ。この傾向は、日本のプロ野球にもあてはまる。巨人の二番打者は、川相昌弘のような送りバントの名手ではなく、チームでもっとも本塁打を打つ坂本勇人である。

トラッキングシステムとセイバーメトリクスに基づくデータ革命は、野球界に長く存在してきた強力な「ドクサ(思い込み)」を次々に打ち砕きつつあるようだ。このことは、データが競技のあり方やプレーの仕方、スポーツの身体をなんらかの形で支配しはじめていることのひとつの証拠ともなるだろう。

3　リアルタイム分析とデータ化される身体

3-1　数値化される身体とフィードバック・ループ

スポーツ選手の多種多様なパフォーマンスは、リアルタイムで数値に置き換え可能となりつつある。選手に接続されたGPS端末は、練習中の選手たちの運動や身体(生体)の変化を詳細にデータにしていく。ひとつひとつのプレーやパフォーマンスは、データ取得とフィードバックの往還に組み込まれ、解読可能な事実と統計的な数字として認識されていく。

これはトップアスリートに限った話ではない。例えば、多くの市民ランナーたちもまた日々のランの距離、速度、ペース、ラップタイム、歩数、歩幅、移動経路、心拍変動、VO2max（最大酸素摂取量）、消費カロリーなどを時計型デバイスで測定している。デバイスは、生理学的データやエネルギー変動等の情報を取得しながら、トレーニングの状況を常時追跡してくれる。自動的に最近の運動履歴が評価され、目的別にどのようなトレーニングが必要なのか、効果的なのか、トレーニングの負荷やピークといったパフォーマンスに関する指標を教えてくれる。現状におけるマラソンの予測タイムや次回のランまでに必要な休息時間までもが指示される。リアルタイムで取得されたデータは、専用のアプリケーションによって世界中のランナーたちのデータと共有され、集積されていく。個々人のランは、数値化され、グラフとして可視化される。トレーニング効果は、スマートフォンでいつでも見ることができ、次に走るためのモチベーションを高めるように作用する。

このように、デジタル・デバイスを用いた「自己の数値化」はスポーツの多くの場面で日常的なものとなっている。確かに数値はいろいろなことを教えてくれる。いつもと同じように走っているつもりでも、なかなかペースが上がらない。しばらくしても息苦しさがおさまらない。走り終わったときに、データ化された自己の数値を見ると、走りはじめの段階からずっと心拍数が高かったことに気がつく。なるほど、疲労が蓄積されていたんだということが数値を見ることで後から理解できることもある。

だが、こうしたデバイスを利用した数値化によって失われるものもある。走るという行為それ自体の爽快感や満足感は、ときに数値とのコミュニケーションに収斂していく。身体が感じる気持ち良さは、やがて数値の向上と記録された数値の蓄積や履歴をスマホ画面で眺めることで得られる満足や快楽へと転じていき、それを走るためのモチベーションだと感じさせられてしまうことさえある。走るという人間の行為が、まるで単なるデータ取得とフィードバックの絶え間ないループと化していくかのようだ。

私のような素人ランナーのデータでさえ、インターネットを介してリアルタイムに、そしてグローバルに蓄積され、共有される。ひとつの身体から生み出されたパフォーマンスは、数値化され、ＡＩによって評価され、世界中の無数のランナーの数値と比較・分析される。こうして無数の身体から集積された履歴やサンプルは、個々の身体パフォーマンスの分析や予測として再び戻ってゆく。ひとつの身体は、同時にグローバルに接続され、データ化された身体となっているのである。

3‐2　サッカーとデータ革命

近年、バレーボールの国際大会のテレビ中継では、選手のアタック時の最高到達点がリアルタイムで表示されるようになった。視聴者は、ゲームの進行を楽しむのみならず、選手のひとつひとつのプレーをスパイク決定率等の数値を通じて楽しむためのアイテムを新たに手にしている。競技の現場では、コートの周辺にいる分析官によってリアルタイムに分析されたプレーのデータが、監督のタブレット端末に随時送られる。こうした分析されたデータをもとにコート内の選手への指示が出されるシーンを、私たちはよく目にするようになった。サーブはどこが狙い目なのか、誰が狙われているのか、敵のブロックはストレート側を閉めているのか、クロス側に的を絞っているのかがリアルタイムで解析され、コートのプレーに反映される。セッターの配球パターンという競技の醍醐味のひとつですら、過去のデータサンプルを活用したＡＩによる予測の方が、選手の経験や直感、監督の判断よりも優先される場面が多くなってきているようだ。

だが、バレーボールのように「セット」によって時間が止まるスポーツとは違って、サッカーのデータ分析はやや複雑な進展を見せている。サッカーは「現在進行形、「ing」であり続けること、時間が流れ続けることが好まれる。サッカーは時間が止まることがないため、圧倒的に「試合中に何かを行う」「プレーを止めて何かをする」というアイディアに乏しく、……それが、サッカーの面白さや醍醐味、ダイナミックさやエキサイティングな展開の大きな要因」となっている(林 2019: 11)。

このようにサッカーの醍醐味を支えてきたものが障壁となって、例えばビデオ判定(ＶＡＲ)の導入には多くの議論と長い時間が必要となった。事実、導入までに約一〇年もの歳月がかかっている。止まることのない時間の流れと、敵味方が混在する空間で複数の身体が複雑に動き続けるという競技特性によって、サッカーというスポーツは競技のアイデンティティを保ち続けてきたとも言えるだろう。この競技特性は、リアルタイム分析の導入にも大きな障壁となっている。

「複雑系のスポーツ」であるサッカーは、バレーボール、野球、バスケットボール、アメリカンフットボールのように、プレーをひとつひとつの区切りで分けて、そこで起きた現象をパターン化することが難しい。二二人が同時に動き続けるこのゲームは、敵味方の陣形が絶えず変化し続けるため、同様のシチュエーションの再現性が低い。したがって、バレーボールや野球のような「パターン解析型」のリアルタイム分析がサッカーのピッチ上のプレーに影響を与えることは、現状のルールの範囲内では困難だとも言われてきた(林 2019)。

しかし近年、オフ・ザ・ボールでの選手の動きやシチュエーションの分析がほぼ不可能だと言われてきたサッカーにも、トラッキングシステムの導入によるデータ革命の波は確実に押し寄せている。W杯では、二〇一〇年の南アフリカ大会以降、トラッキングシステムが導入され、選手が走った距離の情報が視聴者にも提供されるようになった。Jリーグでも、二〇一五年からトラッキングシステムによって選手の運動、走行距離、スプリント(時速二四キロ以上でのダッシュ)の回数等がデータ化されるようになった。こうしてすべての選手の位置情報や運動量がリアルタイムで入手可能となり、選手の日常のトレーニングや試合への準備、チーム戦術へのフィードバックが行われはじめている。

サッカーの戦術・パフォーマンス分析の専門家であり、欧州の名門クラブのテクニカルスタッフを歴任してきたレナート・バルディによれば、「データそのものだけに頼って試合の本質を読み解くことは、少なくとも現時点では不可能」である(バルディ、片野 2018: 208)。バルディは、試合の文脈や状況から切り離されたデータそのものには価値がないことを指摘している。詳細なフィジカルデータが取れたとしても、総走行距離それ自体には意味がない。無駄な動きが多くて単に体力を消耗しているだけの可能性もある。「戦術的な文脈の中で、どれだけ有効に機能したか、そのために必要な走りをしたかという質的な部分がずっと重要」となるとバルディは述べている(バルディ、片野 2018: 209)。「パス成功率がいくら高くとも、それが横や後ろへのイージーな、局面を前に進める上で何の役にも立たないパスばかりであれば、ポジティヴな数字だとは言えません。パス成功率が最も高い選手がチームで最も貢献度が低い選手だった可能性」もある(バルディ、片野 2018: 209)。このようにバルディは、量的なデータや統計的なデータはそれほどサッカーに役立たないと指摘している。「サッカーというのはダイナミックなゲームであり、一つのプレーを規定する変数があまりにも多いので、それを単純化して分類し量的な統計を取るというアプローチを突き詰めても、そこから得られるものは」限定的なのである(バルディ、片野 2018: 216)。つまりサッカー界では、文脈に埋め込まれたデータの活用が求められているようだ。

リアルタイム分析の動向に詳しい林舞輝によれば、データには二種類の分析手法がある。「定量分析」と「定性分析」である。定量分析は、選手のパフォーマンスを徹底的に数値化し、シュート数、パス数、ドリブル成功率、ボール保有率などの数値から客観的にゲームを分析する手法だ。それに対して、定性分析は数値に現れにくいもの、例えばフォーメーションで攻守が凌ぎ合う際の選手間の噛み合わせ、有効な守備ラインの高さなどを分析官が状況を見ながら見解を出していくというものである(林 2019)。バルディは、試合中の「縦の長さ」(ディフェンスラインから最前線の選手までの距離)や、個々の選手の配置と距離感、ボール周辺の選手たちの密度といったデータが、チームのゲームプランや戦術といった文脈のなかで解釈される必要性を強調している(バルディ、片野 2018: 208–209)。

しかしながら定量分析それ自体の精度も、トラッキングシステム等のテクノロジーの進化によって格段にあがっている。例えば、単なる「パス成功率」ではなく、そのパスが得点や試合運びに有効なパスなのかどうかが「パッキングレート(Packing Rate)」と呼ばれる指標で評価できるようになっている。この指標においては、ひとつのパスが何人の相手を通過したのかがポイント化されるのだが、守備時と攻撃時ではポイントの加算率が変わる。さらにパスの出し手と受け手にポイントが加算される仕組みになっているため、パスの意図や効果がわかりやすくなる。

このように、サッカーという競技の特性からすれば、ビッグデータそのものにはさほど価値がないということになるだろう。むしろ、その膨大な集積データを解釈して、有効にシチュエーションの文脈に落とし込むことによって、ビッグデータははじめて意味のあるデータになっていく。

3-3　ビッグデータの特性

スポーツに限らず、多くの分野で研究者や専門家やジャーナリストが、私たちはいまビッグデータの時代を生きていると主張している。ビッグデータという用語は、多様に定義されているが、概ね「膨大なデータ」「データの処理速度」「データソースの多様性」を指し示す用語として使われている(Spaaij & Thiel 2017)。これはいわゆる「３Ｖ」と呼ばれるもので、「規模(Volume)」「速度(Velocity)」「多様性(Variety)」がビッグデータの特性を表す指標とされている。

ここでの「規模」とは、単にデータのサンプル数の圧倒的な総量を意味しない。哲学者の大黒岳彦によれば、ビッグデータにおける「規模」は、「無際限性」という観点から捉えるべきものである(大黒 2014: 135)。データは半ば自動的に、そして無際限に生成されるのだから、分析のための母集団を確定する枠組みを設定できない。したがってビッグデータの特性は、情報量やサンプル数の「多さ」にはないということになる。ビッグデータは「絶え間なく生成され続ける」というところにその根本的な特性を持つ。

次に「速度」とは、取得と更新の頻度が従来のデータよりも高いことを意味するが、とりわけビッグデータにおける重要な特性は、この「頻度」そのものにあるのではなく、頻度として動き続けることにある。ビッグデータにとっては、そもそもデータの数値自体はまったく意味を持たない。数値が「生成し続けること」、つまり「動的な運動性をその本質」とするのがビッグデータなのである（大黒2014: 136）。

最後に「多様性」であるが、これはデータ内容の種類と範囲が広範であることを示す。YouTubeの動画やTwitter等の画像やテクストといったものは、非構造的なデータである。この非構造的であるということが、ビッグデータを特徴づける要素となる。大黒によれば、非構造的であるというのは「ビッグデータの使い途が事前には決まっていないことを意味」している。「内容を問わずに手あたり次第に集められた（若しくは、集まってしまった）」ものがビッグデータなのである（大黒2014: 137）。ここではデータを集める「目的」は事前にはなく、あくまで事後的に「発見」される。特定の目的のためにデータを集め、それをデータベースに構造化して格納するという従来のあり方と決定的に異なるのは、使用の目的がデータに従属するという点にある。

したがってこの「多様性」とは、データの「無差別性」と「無目的性」を含み込むことになる（大黒2014: 137）。このように輪郭を持たずに無目的に動き続けるという特性に対して、近年、「正確さ（Veracity）」や「価値（Value）」といった指標を加えようとする動向もあるが、大黒はそうした態度はかえってビッグデータの特性を見失うと指摘し、次のように定義する。

ビッグデータにとって個々のデータ値は、それ自体としては本質的に「無価値」である。データが

〈生成〉されたその瞬間に「無価値」化され、次のデータが〈生成される〉。こうして次々に生じる「無価値」化されたデータの集積、しかも留まることを知らぬその増殖の〈運動〉こそがビッグデータの本質である（大黒 2014: 137–138）。

3–4　サッカーとリアルタイム分析の（不）可能性

不正確で目的を持たず、それ自体には価値がないもの、そうしたいわばデータの「ゴミ」と化したものに事後的に価値を加えていく作業を「データマイニング」と呼ぶ。スポーツ界においては、ひたすら生成され続けるそれ自体には価値のないデータの塊をマイニングする、専門的な企業やチーム内の専門スタッフが存在する。

例えばイタリア・セリエＡのＡＣミランは、データ会社の Prozone と共同して、絶え間なく生成され続けるデータに意味と価値を発見し、それを競技の文脈に落とし込むためにデータ項目のタグ付けやパラメーターを設定している。ミランでは、例えば「ドリブル突破」のデータを無際限に収集して、その成功事例にタグ付けするのではなく、「相手を抜き去らなくともボールを動かしてマークを外し、局面を前に進めるパスを出すためのスペースを作り出した場合には「成功」とカウント」する（バルディ、片野 2018: 209–210）。このように、ゲームの状況や文脈のなかで具体的に意味を持つようにデータをカスタマイズすることで、はじめて価値が生み出されるのである。

しかし、すでに述べたように、サッカーは時間が流れ続けるスポーツである。プレーが止まらないことに競技の特性がある。ここにビッグデータとサッカーの困難な関係性が生じることになる。リアルタイムで集積されたデータが、どうやってピッチに反映されるのかという問題が残る。二〇一八年にロシアで行われたＷ杯は、ＶＡＲの導入ばかりが目立つ大会だったが、実はこの大会からタブレット端末をベンチに持ち込むことが許され、リアルタイムで映像やデータを参照することが可能となった。しかし、それでも他のスポーツのようにはデータ分析がうまく機能しない。分析された情報やデータを選手に伝える時間と頻度が圧倒的に少ないことがその理由だ。

データ分析が選手たちのプレーに反映されるのは、ハーフタイムの時間帯に限られる。試合中にリアルタイムで入手された映像やデータを編集し、重要なシーンを切り取ったクリップを端末にダウンロードしてハーフタイムでのミーティングに活かすという試みもある。だが、「リアルタイム分析で得られたデータのほとんどは試合中まったく使われないまま終わる。試合を通して得られるデータに比べ、それを伝え、生かす時間と機会があまりにも少なすぎる」と林は指摘している(林 2019: 11)。

しかし、二〇一四年のブラジルＷ杯における「クーリングブレイク」という給水タイムの導入は、サッカーの今後を部分的に映し出した。給水タイムによってゲームの時間が止まり、そこでデータ分析がピッチに反映されることによってゲーム展開が大きく動くという事例が散見されたのだ。決勝トーナメント一回戦のオランダ対メキシコ戦は、その典型的な試合となった。メキシコがリードしていた後半に給水タイムがとられ、そこでオランダの監督ファン・ハールが選手たちにデータ分析をもとに戦術システムの変更を伝え、大逆転に繋げたことはサッカーファンたちの間でも語り草になっている。リアルタイム分析の導入は、今後のレギュレーション等に左右されるだろうが、世界的なＩＴ企業であるＳＡＰとタイアップしていたドイツ代表チームの大躍進、そしてブラジルがドイツに一対七で大敗した「ミネイロンの惨劇」としてサッカーファンたちに語られる試合は、ビッグデータとリアルタイム分析が、徐々にサッカーを変えはじめたことを証明しているだろう。

また、リアルタイム分析は、選手や専門家だけのものではなく、市井のファンや分析好きたちの間で、戦術の学習や予測の楽しみを生み出すグローバルなコミュニケーション・ツールにもなっている。昨今起きているのは、サッカーの大きな試合を、視聴者に提供されたデータをもとにリアルタイムで分析し、それをTwitterで共有していくというものだ。月刊誌『footballista』が主催するオンライン・コミュニティ「フットボリスタ・ラボ」のサッカーファンたちが「Twitterリアルタイム分析」と呼ぶのは、世界中のサッカーファンや指導者、専門家たちが同じ試合を観ながら、タイムライン上に攻撃システムや守備システム、攻守のシステム上で対面する選手間の噛み合わせ、チーム戦略、個々の技術、選手のフィジカルやコンディションなどを独自に分析してつぶやくというものだ。フットボリスタ・ラボのライターであるジェイは、ここに「集合知」の可能性を見ている。誰かが誰かの仮説をさらに分析しながら、情報と分析が補完され、共有されていくことで「気づきの連鎖と蓄積」が生じ、タイムラインがそのまま分析のアーカイブやパッケージになっていく(ジェイ 2019)。リアルタイム分析は、それ自体がサッカーにおける消費や学習の新たな現場にもなりはじめているようだ。

4　新しいスポーツ資本主義――表象からビッグデータへ

4-1　SAPとドイツ代表

ブラジル代表がドイツ代表に大敗を喫した「ミネイロンの惨劇」の背景に、データ分析能力と最先端テクノロジーをめぐる圧倒的な国家間格差があったということがしばしば指摘されている。ドイツ代表が二〇〇六年のW杯自国開催で優勝を逃して以降、ドイツサッカー連盟は世界的なソフトウェア企業であるSAPと共同して、いわば「国家ぐるみ」で代表チームの強化を積極的に推し進めてきた。代表監督のヨアヒム・レーヴは、就任以来徹底して、選手個々のボールの保有時間の短縮を目指した。

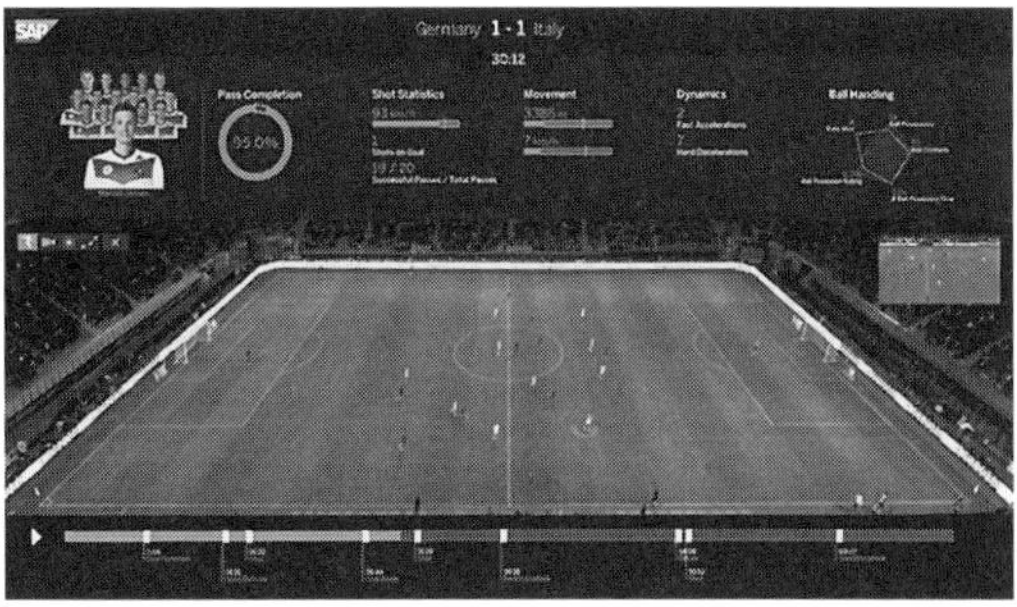

マッチ・インサイツ(出典：SAP ジャパン公式 HP)

そこで活用されたのが、ビッグデータの分析ツールである「SAPマッチ・インサイツ(Match Insights)」だった。

マッチ・インサイツは、試合中の選手とボールの動きやスピードを高精細カメラでトラッキングすることで、各選手の走行距離、選手間の位置関係や選手同士の距離、プレーの際の体の向き、パス成功率などを絶えずデータ化し、それをリアルタイムに解析していく。解析された結果は動画編集されて、監督や選手のスマートフォン等に配信されるという仕組みになっている。この分析システムの導入によって、ドイツ代表の各選手のボールの保有時間は、二〇〇六年に平均「二・八秒」だったものが、優勝した二〇一四年には平均「一・一秒」にまで短縮された。

従来のデータシステムでは、一試合あたり二〇〇〇件程度と言われていたデータ量であるが、このマッチ・インサイツでは、約四〇〇〇万件のデータの取得が可能となったという[7]。ボール保有時間の短縮は、各選手が単にボールをはやく離すということでは実現しえない。各選手のボールを受ける際の体の向き、ボールをもらうための位置取り、選手間の距離、移動の経路とスピード、パスコースなど、ピッチ上の二二人すべての選手の瞬間瞬間の絶え間ない運動と判断の複雑な連続性のなかで各選手のボール保有時間は決まる。ＳＡＰとドイツサッカーの関係に詳しい野口学は、ビッグデータが可能にした分析について次のように述べている。「ある選手がボールを受けてからパスするまでに時間がかかっていた場合、選手同士の距離感やポジショニングの良し悪しを指導者の主観に頼るのではなく、約四〇〇〇万件の膨大なデータを掛け合わせることによって、パスコースはあったのにパスを出さなかったのか、それともパスコースをつくるように周りの選手が動けていなかったのかなど、客観的なデータのもとでパスを出せなかった真の原因を分析することが可能になった(8)」。

このように、ドイツ代表の躍進を支えたＳＡＰのテクノロジーは、サッカーという複雑系のスポーツにおけるデータ分析の新しい可能性を切り開いたと言えるだろう。また、この成果は、スポーツとグローバル企業との新しい関係性を可視化する出来事でもあった。ＳＡＰにとってスポーツへの参入は、自社の「リブランド化」を目指したマーケティング戦略の一環だった。次々と誕生するクラウドサービスの隆盛のなかで、従来のソフトウェア販売に危機感を抱くＳＡＰによって新たに開発されたのが、超高速で大量のデータを処理する新型のデータベースだったのだ。そこでＳＡＰは「超高速性」を売りとするデータ処理技術とスポーツにおける「リアルタイム性」には大きな親和性があると踏んだ。ただしこの親和性は、従来のグローバル企業がやってきたように、商品イメージとスポーツイメージの親和性を重ねるＣＭ戦略へは向かわなかった。ＳＡＰは、実際に競技の現場で、新しいテ

クノロジーをリアルタイムに適応させていくことが、自らのブランド力と技術力を証明すると考えたのである。(9)

もちろん、これまでも多くのグローバル企業が自社のブランディングのためにスポーツ業界に参入し、投資してきた。その莫大な資金が、スポーツ資本主義のグローバル化を推し進めてきたことは事実だ。だがＳＡＰにとってのスポーツへの投資は、従来のマーケティングとは決定的に異なる。特定の大会やチーム、選手の身体運動をスポンサードする、つまりスポーツや選手の持つイメージやブランド力を利用して企業イメージを売っていくという手法ではなく、クラブの運営やマーケティング、ファンエンゲージメント、大会の組織化やスタジアムのオペレーション、さらには選手の育成やコンディショニング、そして試合での戦術強化に直接関わっていく。ＳＡＰはビッグデータによる分析システムを通じて、運営や育成や選手のコンディショニング、怪我の予防、チーム内のコミュニケーションやチームマネージメント、試合でのチーム戦術、対戦相手のスカウティング等において浮かび上がる課題を発見し、解決するという「ソリューション・ビジネス」として、スポーツ資本主義をその内部から動かしはじめているのだ。

近年のスポーツ界におけるＳＡＰの躍進は、スポーツ資本主義のパラダイムシフトを部分的に可視化しているだろう。一九九〇年代以降、例えばナイキのようなグローバル企業は、アスリートの身体運動イメージやスポーツの競争性が持つ躍動的なイメージといった、スポーツが形作る「表象の力」によって自社のロゴやブランドを有名にし、自社製品の市場を拡大していった。一方、ＳＡＰは「データ」とその高速処理技術によって、スポーツ自体の構造の深部やアスリートの身体そのものに深く関わっていく。このように、「表象」から「データ」へと、スポーツ資本主義を突き動かす力はシフトしているのである。

4-2　ナイキの「厚底シューズ」とビッグデータ

二〇二〇年の箱根駅伝で大きな話題となったのが、ナイキのいわゆる「厚底シューズ」だったことは記憶に新しい。各区間で好タイムが続出しただけでなく、これまでアディダスを履いてきた青山学院大学の選手たちがナイキのシューズを履いて大会記録を更新し、総合優勝を飾ったことによって、このシューズはさらに注目を集めることになった。出場選手二一〇人のうち一七七人がナイキを履いて走り、その割合は実に八四・三パーセントに上った。選手たちから圧倒的な支持を得ているこの厚底シューズは、「ズームXヴェイパーフライネクスト%」という商品である。青山学院大学陸上部の原晋監督は、このシューズによって記録が伸びていることに関して「ノーコメント」としているが、競技力の人工的な強化の効果が出ていることは否定できないだろう。

スポーツ界に長く蔓延してきたドーピングや新しいテクノロジーによる身体の強化は、これまでも常に論争の的であり続けた。したがってシューズが記録を伸ばしたにすぎないことをいまさら批判しても意味はない。規律化や科学トレーニングによる強化を含め、スポーツする身体はそもそも「自然」なものではありえない。競争原理を過度に肥大化させてきたスポーツは、資本主義における企業や国家の競争と見分けがつかないほど、その力に飲み込まれている。事実、グローバル企業がもたらす「イノベーション」とスポーツ競技の変革、そしてスポーツする身体の人工的な強化は、なかば一体となって進行している。とはいえ、このナイキの「ヴェイパー」にはいくつか興味深い議論のポイントが潜んでもいる。なぜなら、このシューズはポスト・スポーツへの移行を実によく示す題材でもあるからだ。

第一のポイントは、黒人アフリカ人ランナーの「神話」に関するものである。長い間、ケニア人ランナーやエチオピア人ランナーのマラソンでの大活躍は、「高い身体能力」の発現として陸上界、スポーツ科学、スポーツメディア等で語られてきた。その圧倒的な能力には、ＤＮＡや筋肉の組成といった遺伝的・先天的な身体的要因や、高地での生活という環境要因が探られ、次第に「神話」と化していった。この神話は、先天的な要因に回収される身体的な人種差別と生活風土に回収される文化本質主義的な人種差別とを織り交ぜながら、「黒人アフリカ人＝高い身体能力＝マラソンに向いている」というある種のステレオタイプ化された普遍的な構図を構成してきた。だが医学や遺伝学、さまざまなスポーツ科学が解明できずに、ひたすら人種差別に結びつく神話を無批判に再生産してきた仕組みが、近年になって解体されはじめている。アフリカ人ランナーの速さの要因は、「走り方」「フォーム」といった「身体技法」（モース）に関わるものだったというのだ。

ズームＸヴェイパーフライネクスト％（提供：NIKE）

日本では大迫傑のフォームによって有名になった、いわゆる「フォアフット走法」によって、黒人アフリカ人ランナーたちの「走り方」や「フォーム」に注目が集まるようになった。多くのケニア人ランナーたちは、踵から着地して爪先で蹴っていく従来の走り方ではなく、短距離走者のように前傾姿勢を維持しながら爪先着地によって推進力を得ていることが明らかになってきたのである。この走法は、日々の厳しい練習の積み重ねのなかで後天的に身につけた身体技法であり、あくまで構築されたものなのである。だからといって、それが人種化の回路を完全に免れるものではない。「裸足で走っているからだ」「非整地を走っているからだ」といったように、何らかの要因を発見して、黒人性を本質化したい欲望は、専門家や解説者たちの思考を支配し続けている。だが実際に裸足で走るランナーはいないし、非整地を走るのはフォアフット走法を鍛え上げるための戦略的な工夫と考えても良いはずだ。さらに言えば、ケニア人のトップランナーたちは世界各地を拠点にトレーニングを重ねているのだから、非整地という環境に閉じ込められているわけではない。

実は、ナイキの「ヴェイパー」は、このケニア人ランナーの走法を人工的に再現するテクノロジーとして開発されたものでもある。数年前まで、トップランナーのみならず市民ランナーたちの世界においても、薄い靴底のシューズが流行していた。薄くて固いソールでアスファルトを強く蹴り上げる、つまりアスファルトの地面からの反発力を推進力に変えながら走ることが当たり前だった。それに対してナイキの「ヴェイパー」は、ソールにカーボンプレートを内蔵しており、その反発力を利用して推進力を得るという仕組みだ。カーボンと厚底によって路面からの衝撃が抑えられるために、疲労感が大きく軽減され、レースの終盤まで脚が維持できる。

二〇一七年くらいまでの「ヴェイパー」は、接地時の跳ね上がる感覚によって走るということは実現していたが、靴底の接地面の「スイートスポット」が小さいという弱点を抱えていた。そのため、ヴェイパーの反発性を実現できるような走り方を身につける必要があった。この二年間で、「ヴェイパー」はトップアスリートだけでなく、多くの市民ランナーに愛用されるようになった。「ヴェイパーフライネクスト％」という新型シューズで、スイートスポットが広く設計され、以前のシューズよりもはるかに履きこなしやすくなるように改良されたからだ[10]。

ここに第二のポイントがある。ケニア人ランナーの走り方をテクノロジーによって汎用性の高いものへと応用していくために、ナイキはビッグデータを活用している。いわゆる職人技によって各選手の足に適応するシューズをそれぞれオリジナルに作るのではなく、ナイキを履く世界各地のランナーたちの走り方に関するデータを徹底的に集積し、それをＡＩによって解析していく。つまりグローバルなデータから理想の走り方がはじき出される仕組みになっている[11]。その結果、ケニア人ランナーのように、前傾して坂道を下るように前進していく走り方の具現化のために、理想のソールの角度やクッション性が開発されていく。このようにナイキは、集合知、いや「グローバルな身体知」をデータとして集積して、理想の走りを実現するテクノロジーへと落とし込んでいるのだ。

かつてナイキは、黒人アスリートの身体イメージに投資して企業のロゴ(スウッシュ)をグローバルに浸透させることによって、シューズの市場を拡大させてきた。つまりモノの有用性に基づいてプロダクトを生産するというよりも、イメージを作り、それを売るために黒人身体の表象を利用してきた。だが、近年のナイキは、イメージや表象を商品にするのではなく、データを集積し、そこから理想的なスポーツの身体を生み出すというビジネスに変貌しつつあるようだ。

二〇一九年、ケニアのエリウド・キプチョゲは、ナイキ主催の非公式レースで人類初のフルマラソン「二時間切り」（一時間五九分四〇秒）を達成して大きな話題になった。一九九〇年代のマイケル・ジョーダンや二〇〇〇年代のロナウジーニョの、黒人特有の身体能力という神話や魔法がイメージとなって売り買いされていたことに比して、キプチョゲはその身体表象ではなく、走り方のデータがナイキの商品開発に組み込まれ、マーケット拡大に利用されている。このように、スポーツ界はビッグデータから導かれた分析結果によって競技の身体を組み替えなおすという次元に入った。さらに言えば、スポーツする身体は、「データ化された身体」へと確実に変貌したのである。

5　主体はどこへ？

本章で述べてきたように、いまスポーツはデータ革命によって大きく変容している。競技のあり方、チームの戦術、競技を実践する身体までもが、データによって支配されはじめている。スポーツを実践する身体的な主体性は、もはや身体へクシスのような型に宿ることなく、生成されるデータによってひたすら組み替えられ、変調を促す動因となる。スポーツする身体は、安定したアイデンティティや個体性を絶えず分解し、データとなって溶解していく。集積されたビッグデータは、データマイニングによって何らかの価値を付与され、新たな身体を形作っていく。だが、その身体も次の瞬間にはデータとなっていく。

こうした絶え間ないフィードバックの往還プロセスのなかに、ポスト・スポーツの身体はある。身体に宿る主体性は、もはやデータの利用者である選手や監督にはなく、さらにはデータ分析官や提供者にもない。ポスト・スポーツの主体は、絶えず生成され、集積され、分析される「データ」そのものなのである。

本章の冒頭で紹介したイチローの危機感はここに起因しているのではないだろうか。多くのアスリートや市民ランナーたちは、データを利用して自分のパフォーマンスを高めようと日々努力している。データを排出し、データを取得するというループは、あくまで個々人の主体的な意思決定によって遂行されていると感じられている。だが、イチローであれば、「そんなスポーツの何が楽しいのか」と言うだろう。スポーツ実践の主体(だと感じられているもの)は、生成され続けるデータの運動の起点と終点にすぎず、主体化を遂げているのはデータの方であって、個体としての身体に宿るものではなくなりつつあるからだ。常にデータへと解体される運命にあるスポーツの身体は、データによって制御され、調整され続ける「身体らしきもの」となる。この「身体らしきもの」として変調し続けることが、ポスト・スポーツの身体の特性なのである。

データの方が主体化を遂げ、スポーツ実践は主人公であるデータ予測を証明する素材にすぎないと考えたくなる事例はすでに散見される。実際に、現在のMLBの試合は、かつての観点からすればとても大味なものになっている。本塁打も多いが三振も多い。いくつかの試合をアメリカ現地で観てみると、驚くほど簡単にフライを打ち上げて凡打する打者が多いことに気づく。だが、選手たちはさほど悪びれる様子も見せない。得点圏にランナーを置いて、初球をあっさりと打ち上げ、ファールフライでアウトになる。投手との駆け引き、ファールで粘ってプレッシャーをかけるといったような野球特有の機微に欠ける試合が多い。イチローが「野球は頭を使わないとできない競技」というのは、選手個々が試合の文脈を読み、相手の動きやベンチの作戦をその試合の空気感のなかで感じ取り、緊張感あるシチュエーションで工夫したプレーを創発していく能力を競い合うということだ。であるならば、そうした野球が過去のものとなった感は否めない。

選手は、創意工夫しながらプレーする存在ではなく、データによって予測される結果に対応してリスクマネージメントに従属するエージェントであるかのようだ。フライを打ち上げることがデータ的に勝利に結びつく確率が高いなら、チャンスであっさりとファールフライを打ち上げてしまっても、それは選手の評価を落とすものにはならないのだ。

イチローは現役時代にしばしば「選球眼」ならぬ「選球体」という言葉を口にしていた。投球に対して、「このボールは手を出してはいけない」と視覚と脳が判断しても、身体が動き出し、身体が「打てる」と判断したらそのまま身体の反応に委ねるというものだ。この選球体にこそ、ワンバウンドしそうなボールに片手で喰らいついてヒットにするイチローの真骨頂があった。ポスト・スポーツには、選球体という身体的な主体が存在しない。あくまで身体は、データによる予測に従属する。だが、データという主体同士が予測し合うだけの野球が面白いのか？　というのがイチローの言いたいことなのだろう。

本書では、「ポスト・スポーツ」という概念をさまざまに提起する。しかし、この「ポスト」という接頭辞は、「〜の次」という時期区分を単に表すものではない。そうではなく、かつて哲学者のジャック・デリダや黒人文化研究者のスチュアート・ホールが用いた意味での「ポスト」として使いたい（デリダ 1992; ホール 2002）。消えてしまったもののように思われても、刻印がうっすらと残り続け、光の当たり具合によっては姿を現すような記憶のあり方、とでも言うべきだろうか。消しゴムで消された文字のような抹消記号の下に透かし出る残滓をとどめながら、それでもいままでのようではいられない新たな現象の台頭を表現するのが、ここでの「ポスト」である。ポスト・スポーツ状況とは、急激なパラダイムの変化によって、いままでのスポーツとは決定的に異なる事象や概念へと移行せざるをえないが、それでも「スポーツ」という古い概念を使わずにはいられないような、二重性を帯びた状況を指し示すものである。そのような意味で、イチローが「選球体」と呼んだものは、「データ革命」のただなかで抹消されつつあるものの下に刻印されている「身体」の残滓とも言えるだろう。

このようにポスト・スポーツ状況は、昔と今、規律と制御、身体的な主体性と主体としてのデータといった二重性を抱えて進展する。さまざまなスポーツの現場で「生身の身体を取り戻せ」といった掛け声も今後は大きくなるだろう。だが、データと融合する新しい身体性を模索するアスリートも登場してきている。ヤンキースの田中将大によるデータと自己の対話はとても興味深い。田中は、自分を含めたさまざまな投手の変化球データを積極的に分析しながら、そのデータと指先の身体感覚を対話させている。その結果、指先の微妙な感覚によってスピン量の調節が可能になったという。曲がり幅のデータを身体感覚として操ることができれば、逆にデータを裏切ることができる。スピン量が大きければスライダーはより曲がるが、あえてスピン量を抑えることで、ストレートなのかスライダーなのかを打者の手元ギリギリまで判断できないようにする。そうやって打者に錯覚を起こさせることもできるというのだ。こうしてデータを身体的感性に節合する新しいジェネレーションも登場している。(12)

これもまた主体としてのデータのエージェントにすぎないのか。データによって制御される「身体らしきもの」の残滓なのか。それとも、主体を包含した身体へと回帰することのない「データ化された身体」という前‐個体的な身体――私という身体に先立つ「無数のデータ＝無数の他なるもの」からなる複数性――によるスポーツ実践なのか。それは現段階では判断できないが、田中将大がまぎれもなくポスト・スポーツ時代のアスリートであることは確かだろう。

（1）著者による書き起こし。
（2）「スタットキャストとは？メジャーの最先端技術を紹介！」Baseball Geeks(二〇一八年六月七日)https://www.baseballgeeks.jp/mlb/%E3%82%B9%E3%82%BF%E3%83%83%E3%83%88%E3%82%AD%E3%83%A3%E3%82%B9%E3%83%88%E3%81%A8%E3%81%AF%E4%BD%95%EF%BC%9F/(二〇一九年一二月一日確認)
（3）「アナリストレポート第二回「ＭＬＢのデータ分析」」データスタジアム(二〇一八年七月二四日)https://www.datastadium.co.jp/analyst/reports/4013(二〇一九年一二月一日確認)
（4）「注目の指標バレルとは？　打球速度と打球角度の重要性」Baseball Geeks(二〇一九年五月二二日)https://www.baseballgeeks.jp/batting/%E3%80%90%E6%89%93%E6%92%83%E3%83%87%E3%83%BC%E3%82%BF%E3%80%91/(二〇一九年一二月四日確認)
（5）Swing Tracer 公式ホームページ https://www.mizuno.jp/baseball/swingtracer/(二〇一九年一二月一五日確認)
（6）ＮＨＫクローズアップ現代「高校野球の〝怪物〟たち　最多本塁打はなぜ生まれた？」(二〇一七年八月二八日放送)
（7）野口学「ドイツをＷ杯王者に導いたＩＴ界の巨人「ＳＡＰ」は、なぜスポーツ産業へと参入したのか？(前編)」Victory(二〇一八年一月四日)https://victorysportsnews.com/articles/6007/original(二〇一九年一二月一七日確認)
（8）同右。

（９）同右。
（10）泉美木蘭「箱根駅伝を席巻「進化した厚底シューズ」の衝撃――「靴」に注目すると、観戦はもっと楽しくなる」東洋経済オンライン(二〇二〇年一月二日)https://toyokeizai.net/articles/-/321510(二〇二〇年一月三日確認)
（11）同右。
（12）水次祥子「マー君は自分の感覚を数字で再確認――データ活用事情」日刊スポーツ(二〇一九年九月七日)https://www.nikkansports.com/baseball/mlb/column/mizutsugi/(二〇一九年九月二〇日確認)

第2章　前－個体性のスポーツ
──制御される偶発性とテクノロジーに繋がった「身体図式」

1　「ポスト・スポーツ」への移行

1-1　規律訓練を離脱するスポーツ

「ポスト・スポーツ」と呼びうる状況が、私たちの目の前に姿を現している。第1章で論じたように、ビッグデータはいまやスポーツの実践を遂行する主体の位置を獲得しつつある。あるいは「ブレードランナー」と呼ばれた南アフリカのスプリンター、オスカー・ピストリウスのように、最先端テクノロジーに接続されたアスリートの身体は、長い間スポーツが維持し続けてきた「人間性」や「生身の身体」という理想を突き破りはじめている。これまでスポーツを規定し、スポーツを再生産してきた「物語」や「神話」が解体されつつあるようだ。

また、二〇二〇年の東京オリンピックをひとつの契機として、最先端テクノロジーやビッグデータによって既存のスポーツ界に「科学的合理性」を取り込もうとする国家の取り組みが進んでいる。スポーツする身体が作られてきた方法や仕組みは、これまでとは大きく変わりはじめている。とりわけ指導者と選手の関係は、互いの身体性が深く関与する指導から、テクノロジーやデータによる指導法や身体の訓練へとその重点を移しつつある。旧来の指導法は、ハラスメントや暴力の温床として糾弾され、そこに新たな様式を持った力が介入しはじめている。

これまで企業は、アスリートの身体やチームが持つイメージに投資することによって、そのブランド力を高めてきた。だが「ポスト・スポーツ」の時代においては、企業が積極的なかたちで競技する身体や戦略それ自体に影響を及ぼしはじめている。企業が開発する新しいテクノロジーや集積し分析するビッグデータが、選手やチームの競技力に直結し、従来の競技のあり方を変えている。

こうしていま私たちが目の当たりにしているのは、国家や企業によってスポーツにもたらされる新しい論理や構造である。ここに出現する「ポスト・スポーツ」とは、ビッグデータと先端テクノロジーによってアスリートの身体を制御し、調整する権力であり、スポーツを革新し続けていく資本の不可逆的なムーヴメントである。それは、長い間この世界に君臨してきた既存のスポーツの終焉を示すような、決定的に新しい形を持ったスポーツの主体の出現を意味している。

一九九〇年代中頃、多木浩二は『スポーツを考える』のなかで、近代スポーツを枠づけてきた規律訓練的な身体を遊離して、スポーツがポスト・スポーツへと移行していく兆候をすでに「超近代スポーツ」への変容として捉えていた。

厳密な言い方ではないが、現在のスポーツのゲームに現れている身体は、すでに、テクノロジーを組み込んだ一種の幻想の領域に入り込んでいるのではないのか。どんなに筋肉美を誇ろうと、それはかえって幻覚的になり、すでに身体は明瞭な輪郭を失っているのである。身体のこのような状態は、フーコー流の従順な規律・訓練の身体を少なくともイデオロギー的にはもっとも人間的であると見做してきた近代スポーツが、巨大な力に押されて超近代スポーツに発展することのなかで生じてきた。もちろん個々の競技者がそんな身体の変容を促す力を意識しているわけではない。個々の競技者を超えたスポーツという領域が辿る運命であり、それが個々の身体の上に現れているのである（多木 1995: 149–150）。

多木が摑み取った兆候は、次の三つの点において予見的であった。一つ目は、一九九〇年代にはすでにスポーツの身体はテクノロジーを組み込みながら変容し、「幻想の領域」のなかに浮かびはじめたという点だ。二つ目は、身体が明確な輪郭を失っているという点である。三つ目は、規律訓練を離脱する身体の出現が「超近代スポーツ」への変容のなかに現れるという点である。多木の分析をなぞるようにして、その後のスポーツは、あるところまではこの三つの方向性を辿っていった。しかし、途中からはその軌道をはずれて、スポーツは次第に「超近代スポーツ」とは違った道程を進んでいくことになる。スポーツは近代スポーツの延長上で膨張するのではなく、そのパラダイム自体を決定的に変質させていったのである。ここに「超近代スポーツ」とは異なる性質を持つ、ポスト・スポーツが浮かび上がってくる。

テクノロジーを組み込んだ身体は、「幻想の領域」として当時の多木の目に映ったのだろう。だがポスト・スポーツの時代においては、その幻想だと思われた身体が確固とした「リアル」なものとして可視化されている。デバイスを身体に装着したアスリートが登場し、身体運動やボールの動きはカメラに常時トラッキングされる。人工的なテクノロジーによって強化されたアスリートがスタジアムのなかを躍動することは、もはや日常的になっている。

そして、多木が指摘した「明確な輪郭を失った身体」は、「幻覚」ではなく、ポスト・スポーツの主体となりつつある。スポーツの身体やパフォーマンスは、ビッグデータへと分解される。それは確固とした輪郭を持つ身体へと同一化されるのではなく、個体化の手前で、データとして集積され、解析されるのである。もはやスポーツの実践は、身体的主体性を動因とする構造を失いはじめ、データを主体化するためのフィードバック・ループ、あるいは絶え間ないプロセスと化している。そもそも、輪郭を持たないということが、ポスト・スポーツの身体を特徴づけているのだ。

多木は、規律訓練された身体を離脱していく変容の先に「超近代スポーツ」の発生を捉えた。その「超近代スポーツ」へと身体を変容させる力を、多木は「個々の競技者を超えたスポーツという領域が辿る運命であり、それが個々の身体の上に現れている」と述べたが、ポスト・スポーツはその変容を身体の上に描くことはない(多木 1995: 150)。スポーツを変容させる力、あるいは規律訓練を遊離する仕組みは、もはや個々の身体に現れるのではなく、絶えず生成されるデータによって調整され、変調していく前−個体的な現象に現れるのである。

1−2 「自然な身体」の窮状

とはいえ、フーコーの規律権力に関する議論を敷衍しながらスポーツする身体を論じることが世界各地のスポーツ社会学のなかで共有されはじめた一九九〇年代に、「どうやらわれわれの時代のスポーツの身体は、フーコーの規律・訓練の身体からも遊離し、そこから先に一歩踏み出しているように思える」と述べた多木の慧眼には驚きを禁じ得ない(多木 1995: 148)。その結果が「超近代スポーツ」への変容ではなく、ポスト・スポーツへの移行であったとしても、多木が読み解いたものは注目に値する。「一歩踏み出す」と述べた多木の言葉は、スポーツが抱いてきた究極の理想の限界を指摘しているように思えるからだ。

スポーツはスポーツとして存在するためには、人間性というすでに不確かになってしまった神話を、自らの核心におかざるをえない。スポーツなるゲームを無償の身体の活動に基礎づける人間学的な思考そのものが、完全な危機的状態において維持されているのである(多木 1995: 150)。

多木が「超近代スポーツ」と呼んだものは、「無償の身体」などすでに存在していないにもかかわらず、それがあると仮定しない限りスポーツはスポーツとして存在しえないという状況を指し示していた。しかし、本書が主張する「ポスト・スポーツ」への移行という文脈においては、もはや人間性という神話も、無償の身体という幻想も必要とせずに、スポーツがスポーツとして存在しうる状況が、現実として生み出されている。事実、エリート・スポーツやパラリンピックの世界では、義体技術が導入された身体や高度なテクノロジーによって強化された身体が活躍している。また、GPS端末を介してネットワークに常時接続された選手たちの身体運動や生体のデータは、AIによって精密に分析され、リアルタイムで選手のプレーに反映されている。このように、スポーツが理想とする人間性を保証してきた「自然な身体」は、著しく人工的なものに加工されている。もはや機械やインターネットと融合した身体こそが、現代のスポーツを特徴づけるものとなっていることは誰の目にも明らかだ。そして無償の活動を生み出す身体自体も、高度なテクノロジーによって作り出された人工物と化している。

このようにして、ポスト・スポーツという新しいパラダイムにおいては、多木が指摘した、無償の身体、人間性、自然な身体等に基礎づいた「人間学的な思考」を介さずとも、スポーツは成立している。ところがＩＯＣなどの国際的なスポーツ統括組織は、いまもなお「人間性」という神話を維持しようと躍起になっている。だが、こうしたスポーツ組織は、従来のスポーツに根差す人間性を理想に掲げ続けることで、かえって多くの人々を競技から締め出すという矛盾に突き当たることになる。すでにサイボーグ化された身体や人工的に強化された人間たちが新しいアスリート像を可視化しているにもかかわらず、旧来のスポーツの考え方は、「自然な身体」を公平性の原理として召喚し、人間性を理想化し続けているのだ。

現代のスポーツは「ドーピングとの闘い」というお馴染みの儀礼を通じてのみ、なんとか「自然な身体」という理想を掲げることができる。もはやドーピングを禁止することが目的ではなく、「人間性」というスポーツの神話を維持するために、ドーピングとの闘いが延々繰り返されているかのようだ。したがって、ロシアが国家ぐるみのドーピングによってオリンピックから締め出されたところで、私たちはそれほど大きな驚きをおぼえはしない。競争原理を肥大化させたスポーツが、国家の威信とグローバル企業の市場拡大に飲み込まれて以降、ドーピングという現象はスポーツに必然的に内在するものとなった。

文化人類学者の今福龍太は「ドーピングを取り締まるということは、ある意味で近代スポーツの矛盾そのものを露呈する」と論じる。近代スポーツは「自ら内在する原理によって自らを規制せざるを得なくなるようなシステム」の上で成り立っているのである(今福 1995: 56)。このようにパラドクスが織り込まれて発展してきたスポーツは、だからこそ神話による粉飾を過剰に続けなければならない。もはやドーピングそれ自体が、医学や化学、あるいはスポーツ科学における知とテクノロジーをめぐる競争の舞台となっている。私たちはもう何十年もの間、「発見するテクノロジー」と「すり抜けるテクノロジー」が延々と競い合う儀礼を見せられてきたのだ。

ポスト・スポーツの時代にあって、人間性という神話は、テクノロジー競争を突き進む資本主義によってさらなる窮状へと陥ることになる。ピストリウスが参加資格をめぐる難しい議論を経て、カーボン繊維製の義足を両足に装着して二〇一二年のロンドン・オリンピックの舞台で走ったことは記憶に新しい。機械《マシーン》に接続されて強化した身体は、二足を生まれた時から持つ「自然な身体」と見事に競り合った。ピストリウスが実現した機械と協働するスポーツの身体は、身体がなしうることの新しい状況を作り上げ、現代社会を生きる多種多様な人々の可能世界を提示した。

ところが、ピストリウスとは違ってドイツの陸上選手マルクス・レームは、右脚の膝下に装着されたカーボン繊維製の機械が、スポーツの「公平性」に抵触するとして国際大会から排除された。また、南アフリカの黒人女性スプリンターのキャスター・セメンヤは、自身の「自然」な「女性」の身体が、テストステロン(男性ホルモン)を高める働きをするアンドロゲンの数値が高いという理由から「女性ではない」と判断され、人工的な治療を施してテストステロンの数値を下げることを強いられた。このように彼女は「不自然」な身体となることによって「公平性」を認められ、競技への参加を許されるのである。

このように私たちが「スポーツ」と呼んできた概念は、その内側に矛盾を含みながら、ひとつの理想に収まることができずに分散させられている。人工物との直接的な接続によって強化された身体の競い合いが今後スポーツの主流になるにせよ、セメンヤのように化学的・医学的に弱体化されるにせよ、これまでスポーツをスポーツたらしめてきた「身体」「生身」「自然」「人間」といった概念は深刻に脱中心化され、いままで通りではいられないものになっている。このようなスポーツの変化は、危惧と歓喜の両面を示しながら、ポスト・スポーツとしか呼びようのない状況へと私たちを運んでいく。

ポスト・スポーツという状況は、競技における「競争」をはるかに逸脱し、情報、知識、テクノロジー、データ、市場、企業のブランド、国家の威信の覇権を競い合うことで邁進する資本主義の熾烈な「競争」によって突き動かされているのだ。

1-3　消滅するデュオニソス

スポーツが「遊び」から発展したものだということを論じる学者たちでさえ、現在のスポーツは「遊び」の範疇をはるかに飛び越えていることは認めている。「楽しみ」を膨らます文化的な「仕掛け」であるはずの「競争」は、スポーツのなかでも特別な肥大化を遂げ、資本主義のスポーツを成長させる主要な原理となった。スポーツを突き動かす、かけがえのない欲望の「力《デュミナス》」──「コナトゥス」(スピノザ)や「ルードゥス」(カイヨワ)、あるいは「イリュジオ」(ブルデュー)──は、資本主義における熾烈な「競争」とその勝利や記録の向上がもたらす消費的な快楽へと転化している。文明化の過程と近代社会の発展のなかで抑圧されたものがスポーツを通じて予想外に枠の外部へと飛び出していくような「力」は、競争を加速する資本の増殖運動のなかに吸い込まれてしまったかのようだ。

ディエゴ・マラドーナからリオネル・メッシへ、モハメド・アリからフロイド・メイウェザーへといった時代を彩るアスリートが表現するものの変化は、マルクスの言葉を借りれば、スポーツの欲望や力が資本主義に実質的に「包摂」されたことを意味している。アリが世界各地のマイノリティやディアスポラの複数性を示す身体であったように、あるいはマラドーナが世界中の「南部」という貧困と街路の欲望の化身であったように、国家権力や資本主義を跳ね除けてグローバルな民衆たちの欲望をつないでいたデュオニソス的スポーツは、競争主義と勝敗主義に向けた技術の進化と数量的な客観化に還元されてしまったかのようだ。多くのアスリートやスポーツ関係者たちは、こうした資本主義的な規律や欲望を疑うことなく、むしろそれを自明のこととして受け入れ、資本主義が与えるモチベーションと快楽によって「満ち足りた」スポーツの世界を生きるようになっている。

アリやマラドーナが体現したような、いわば資本にとって不都合な要素、競争の勝利や利益に直接結びつかないような制御不能性や予測不可能性は、あらかじめ「リスク」として排除される。このような時代にあって、アスリートは幼少期から精巧にマネージメントされる傾向にある。それは近年、日本の若いオリンピアンたちの多くが、その両親にスポーツ・エリートを持ち、家庭のなかで丹念にスキルを磨き上げられていく様子によく表れている。メイウェザーもボクシングのエリート家庭で育ち、その身体資本を莫大なマネーに無駄なく変換するマネージメントに長けている。メッシの桁違いのスキルも、街路やローカル・クラブで野放しに磨き上げられたものではなく、トップ・クラブであるバルセロナの「育成」というマネージメント・システムの内部で創り上げられたものだ。アスリートの身体運動は、一部の例外を除けば、競争と利益の論理のなかで家庭や育成システムを通じて幼少期から注意深く計算され、リスクや無駄を可能な限り排除され、成績やキャリアや利益に結びつくように管理・制御されているのである。

Netflixが配信するドキュメンタリー『マラドーナ・イン・メキシコ』では、資本から取り残された無力な民衆と弱小クラブの無名選手たちが、監督としてサッカーの現場に復帰したマラドーナとともに、笑い、泣き、大酒を飲み、歌い、踊り、大声を上げ、陶酔する。それはデュオニソスの住処が、資本主義に包摂された世界の片隅にまだあることを教えてくれる。しかし同時に、ドキュメンタリーは絶望的なグローバル格差社会を鮮明に映し出すことで、スポーツのデュオニソスが燃え滾るような世界が、苛烈なまでに縮小してしまった現実をも私たちに突きつけるのだ。

ポスト・スポーツの時代におけるスポーツの競争は、資本の競争、国家間の競争、ネオリベラリズムが浸透した社会の競争といったものと見分けがつかなくなっている。世界を貫徹する競争による支配は、スポーツを通じて人々に理解され、実現され、実感されているかのようだ。オリンピックやエリート・スポーツの世界は、競技会の役割を超えて、ビッグデータや最新テクノロジーと人間の融合を目指す企業と国家の見本市となり、競争をうまく勝ち抜くためのリアルな実験場と化している。

こうしてスポーツからデュオニソス的な放埒さが失われていくと、予測不可能性の領域が抑圧されていくことになる。そのことは同時に、スポーツというゲームに魅力を与える要素である「偶然性」の制御を意味することになるだろう。

2　制御される「偶然性」と「再現性」のテクノロジー

2-1　飼いならされる「偶然《アレア》」

知られるように、オランダの歴史家であるヨハン・ホイジンガは著書『ホモ・ルーデンス』のなかで、「遊び」という視座から文化や社会を見つめなおした。ホイジンガが「遊び」の中心に置いているもの、それはエクスタシーや陶酔といった溢れ出るエネルギーである(ホイジンガ 1973)。また、秀逸なサッカー文化論を書く今福龍太は、近代社会のなかで蔑視されてきた「遊び」こそが人間の文化的想像力の源泉だと論じる。今福は、ブラジルのサッカーから溢れ出す身体的快楽のなかにこそ、サッカーという身体運動の美が映し出されるという(今福 2001)。それは近代スポーツという範疇から外れる異例の身体であるがゆえに、資本主義に支配されたスポーツへの批評的洞察を可能にする。ホイジンガは遊びの根源にあるエネルギーを「ルードゥス」と呼んだが、今福はそうした「遊び」のエネルギーをサッカーのなかに透かし見ながら、近代スポーツが抑圧してきた「ルードゥス」が宿るブラジルサッカーをひとつのユートピアとして、資本主義に支配された現代のスポーツに突きつけるのである。

　ホイジンガの問題設定を引き継いだフランスの社会学者であるロジェ・カイヨワは、名著『遊びと人間』のなかで、「遊び」をより理論的に精緻化した。それでも、このカイヨワの「遊び」論を読むと、ルードゥスのなかに潜在する隠しがたい欲望の現れをルールや規範に枠づけることで、人間はさらに「遊び」のエネルギーを増幅していったと解釈することもできる。したがってカイヨワが提起した有名な類型は、「遊び」の楽しみを膨らますための仕掛けとも言えるだろう。しかしながら、「競争《アゴン》」「偶然《アレア》」「模倣《ミミクリー》」「眩暈《イリンクス》」という四類型は、私たちがよく知っている現代のスポーツのなかできわめて歪な形をとることになった（カイヨワ 1990）。

　「競争」が突出していくのが、近代スポーツの大きな特徴であったわけだが、ポスト・スポーツ時代には、「偶然」が過剰に制御されることになる。勝敗の結果がわからないという「予測不可能性」を帯びたスリルがもたらす楽しさは、現代のスポーツ資本主義の文脈においては、可能な限り事前に取り除くべきリスクとしてカウントされるからだ。ビッグデータによって解析される身体パフォーマンスや戦術は、まさに「偶然性」をあらかじめ「予測可能性」のなかで処理することによって、合理的かつ有利に競技を進めることができるという考え方に基づいている。

　近年、スポーツの現場で、指導者や専門家が「再現性」という言葉をよく使うようになった。だが、この「再現性」は、カイヨワが「模倣」として分類したものとは異なる。つまり、他者性を取り込むという意味での模倣＝再現性ではない。それは文字通り、過去の出来事の反復可能性に依拠している。ビッグデータは、起きた出来事を現在進行形で絶えずデータ生成していく。そのデータをもとに、身体パフォーマンスやボールの動きはパターン化されたり、分類されたりする。つまり、ビッグデータの「データ」とは、常にすでに「過去」の数値やデータの集積にすぎないのだ。その過去を精緻に分析していくのが、スポーツのデータ分析であり、同時にその分析は次のプレーに起きうる可能性の「予測」と結びつくようにシステム化されている。

したがって、スポーツの現場で起きているデータ革命とは、プレーに起きうる失敗を事前にリスク化することであり、同時に成功の要因をデータから導き出し、その傾向性を事前に選手のプレーに埋め込むことを意味する。第1章で述べた、データがスポーツ実践の主体と化しているという現象は、これから起きる一瞬先の未来の出来事が、あらかじめ再現性によって注意深く制御されているということでもある。身体パフォーマンスやゲーム戦略の不確実性によって、未知のものとして未来に投げ出される勝敗の結果というスポーツの最大の楽しみ、つまり「偶然性」は、ポスト・スポーツの時代においては、資本主義の競争原理のなかで制御され、管理され、飼いならされる対象となっているのだ。

「予測」と「再現性」の追求は、一方ではスポーツが固執する「公平性」や「平等性」を蝕むことになりかねない。それでも資本主義下の社会のなかで固定化される日常の格差や不平等は、スポーツという限られた時空間のなかでは裏切られていくことがあるだろう。今福龍太がブラジルのサッカーのなかに祝祭性を感じるのは、固定化された社会の階層をサッカーがしばしば覆すからだ。日常を支配する競争原理を裏切る瞬間がスポーツにはある。それこそカイヨワが「遊び」のなかに見出した「偶然」が持つ力である。しかし、資本主義はこの「偶然性」すらも飼いならし、それを予測し、再現する能力を資本の競争に組み込もうとしているのだ。

2-2 「予測」と「再現性」のテクノロジー

「予測」のテクノロジーは資本力に直結する傾向がある。近年、急速に打撃力を増加させ、甲子園を沸かしている高校野球のいくつかの強豪校は、ＡＩを搭載したバッティングマシーンを練習に導入している。あらかじめ対戦チームの投手データを学習したＡＩが、その投手の投球に近いボールの速度や回転数や変化球の曲がり幅、さらには配球パターンまでをも再現する。より実戦に近い形式での練習ができるだけでなく、これまでであれば打者は初見で相手投手の投球に対処しなければならなかったのだが、再現されたボールを事前に打つことができると、知覚や反射のレベルでの対応が可能となる。このマシーンを購入するためには数百万円の費用がかかるため、それなりの資金力を持つ高校に圧倒的に有利な状況が生まれている。高校野球では、公立と私立、資金力の有無、練習施設の充実度、都市部と山間部、推薦枠を多く持つか持たないかといった、いくつもの条件によってすでに公平性は保たれていないのだが、さらにそこに企業が開発する先端テクノロジーを導入できるかどうかという条件が加わることになったのだ。

また、近年ＭＬＢで躍進を続けるヒューストン・アストロズは、ワールド・シリーズを制覇した二〇一七年に高性能カメラによってキャッチャーのサインを盗んだのではないかという疑惑から窮地に陥っている。報道によれば、ＡＩによって解析されたサインがベンチに伝えられる仕組みになっていたようだ。ＭＬＢの強打者であれば、速球であるのか変化球であるのかといった、ある程度の球種が事前に予測できれば確実に好成績につながる。プレー以前の予測にもテクノロジーやデータが活用されることで、「偶然性」の領域は縮小していく。このようにして、従来のスポーツが維持してきた「公平性」という理念は傷つけられることになる。

他方で「再現性」のテクノロジーは、デジタル技術とビッグデータによってスポーツのエンターテインメントに新たな歓喜をもたらす魅惑的な装置ともなっている。ファンや視聴者にとってみれば、これまで見えなかったものが可視化され、数値やグラフィックとして視覚的に表現されることで、スポーツを観る際の楽しみ方は格段に増えていると言うこともできる。

ゴルフ中継では、「トラックマン(TrackMan)」という高性能弾道測定器によって打球の飛距離やボールの回転数、打ち出し角度等が数字で示され、弾道は鮮やかなグラフィックによって再現されるようになった。もともとは弾道ミサイルの追尾と分析のために開発された軍事用レーダー技術であるトラックマンは、いまではアマチュアの日常的なゴルフ練習のなかにすら浸透している。また、バレーボールの国際大会のテレビ中継では、選手のアタック時の最高到達点がリアルタイムで表示されるようになった。私たちはゲームの進行や駆け引きを楽しむのみならず、スパイク決定率等、選手のひとつひとつのプレーを数値を通じて楽しむためのアイテムを手にしている。

二〇一九年の世界フィギュアスケート選手権では、選手のジャンプの高さ、飛距離、速度がリアルタイムで計測され、その数値とともに再現映像がテレビ画面に映し出された。「アイスコープ(Ice Scope)」と呼ばれる新技術は、ジャンプの踏切り直前から着氷までの動きを数値化し、ジャンプ中の動きの軌跡をグラフィックによって再現することを可能にした(1)。それによって視聴者は、羽生結弦と宇野昌磨のトリプルアクセルの高さや飛距離の数値、空中の姿勢やジャンプの軌跡を可視化されたグラフィックによって比較して楽しむことができるようになったのである。ちなみにこの大会のショートプログラムにおける羽生のトリプルアクセルの高さは七〇センチ、宇野は五一センチ、ネイサン・チエンは五八センチだった(2)。

また、テニスやバドミントンの国際試合などで使用されはじめた審判補助システム「ホークアイ(Hawk Eye)」は、打ち出されたボールの軌道や接地地点を、集積された過去のデータをもとに予測・分析して、審判の肉眼が捉えきれなかったインとアウトの判定を補助するものとして近年注目を集めている。「チャレンジ」した選手と視聴者たちにとって、審判の判定よりもホークアイの判断が正しいという認識は、すでに共有されているようだ。だが実際のところは、コンピューターのグラフィック技術によって再構成された仮想の現実、つまり結果のシミュラークルを現実の再現として受け入れているにすぎない。

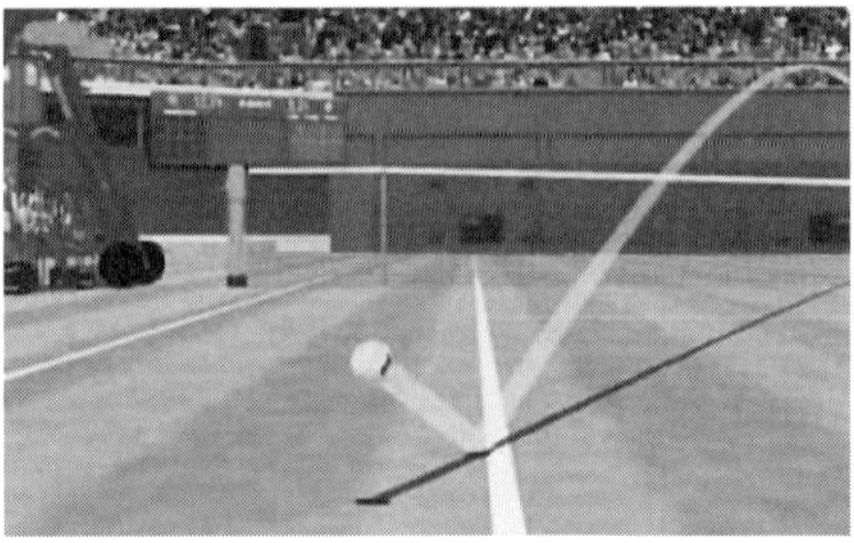

ホークアイ

このように私たちは、目の前のリアルな一回性の出来事としてのスポーツを観ながらも、テクノロジーによって再現されたシミュラークルを本物以上に本物として受け入れる傾向にある。プレーの判断や選択のみならず、結果の判定もまたテクノロジーに委ねられはじめているようだ。

2-3 「スポーツ2・0」とデジタル化への抵抗感

スポーツとデジタルテクノロジーの融合について、近年、興味深い論考を発表しているアンディ・ミアは、新しいテクノロジーによって、人間の身体性に価値を置いてきたスポーツが非人間化していくのではないかという「恐れ」が生じていると指摘する(ミア 2018)。審判の判定やアスリートの才能発掘、そして選手の指導や学習といった、人間の専門的な知識や経験に基づいてなされる「判断」の役割が損なわれるという批判も出てきている(Colins 2010)。スポーツにおける「判断」をデジタル化した知のシステムへと置き換えるという流れは、人間特有の知性や知識の体系、その複雑さを無視したディストピア的世界観と結びつくという考え方もある(ミア 2018)。

こうした批判の多くは、プロやスポーツ・エリートの身体に刻まれた経験や身体化された知を重視してきたスポーツ界の危機を訴えるものであるだろう。人間の判断をデジタル化されたアルゴリズムに譲り渡すことへの抵抗感は、「新しいテクノロジーがスポーツに内在する価値を汚す」という懸念から生じている(ミア 2018: 111)。ミアは、「すでに確立され、体系化、制度化されたものを脅かすのではないかという懸念が、テクノロジーへの抵抗の要因」だと主張している(ミア 2018: 111)。

一方、日本のスポーツ界では、二〇二〇年の東京オリンピック開催をひとつの契機として、デジタル技術の積極的な導入が肯定されはじめている。日本の文脈では、オリンピック開催という機運のなかで、最先端テクノロジーとスポーツの融合が「国家主導」という名目で促進されているため、デジタル化への否定的な意見はそれほど顕在化していない。むしろ、一九六四年に開催された東京オリンピック以降に神話化されてきた「しごき」や「根性主義」といった、身体的な暴力性を内在させた既存の支配的な指導体制を「古い体質」として一掃するために、スポーツ庁は「科学的合理性」という名目のもと、デジタル技術の積極的導入を促し、スポーツ界へのコンプライアンス強化を強く推し進めている(小笠原、山本 2019)。

オリンピックは、その時代を映し出す新しいテクノロジーの見本市でもある。そしてスポーツのデジタル化は、人間の身体、感性、知覚、脳と融合する新しいテクノロジーという次世代型の商品が目指すものの最も可視化されたモデルケースを提示する。したがって、IT技術や新しいテクノロジーを開発・販売する企業にとって、オリンピックは絶好の市場拡大の機会となる。オリンピックの資本主義に突き動かされる現在の日本には、旧来のスポーツ体制や価値観がデジタル化によって損なわれると批判する余地は与えられていないようだ。

ミアは、デジタルテクノロジーとスポーツの融合を「スポーツ2・0」と呼び、それを積極的に肯定する学者のひとりだ(ミア 2018)。テクノロジーによって、選手は動きを改善でき、スキルを上達することができる。やがて時間が経って成果が出れば、デジタル化への抵抗はできなくなるというのがミアの主張である。「身体で覚えたからこそ理解できる」というスポーツの世界は、ある意味で優れた個人のなかに閉ざされたものでもあるだろう。「他の人間にはわからない、独自のひらめき」を秘めたアスリートの身体知こそを保持すべきだという旧来の「思い込み」が、スポーツの神話を形作ってきたとミアは厳しく指摘している。

デジタルテクノロジーは、アスリートの直観や才能などと言われてきたものの一部を、見える形で示すことができる。そうであれば、デジタルテクノロジーはパフォーマーを取り巻く神話を取り去ることができ、プロアスリートのレベルでプレーするのに必要なことについても、その秘密を暴くことができる。だからこそ、テクノロジーが議論の的になるのだ。つまり、テクノロジーはそのような謎を単なるテクニカルな話に貶めてしまうという感覚があり、それが果たして、私たちの人生を豊かにするのかがわからないのだ(ミア 2018: 112–113)。

このようにミアは、「スポーツ２・０」へのヴァージョンアップによって、スポーツの神話を解体できると考えている。確かに、なぜメッシにだけ見えているドリブルのコースがあるのかという疑問は、多くのスポーツ関係者たちにとって神秘の対象であるだろう。特定のアスリートだけがわかっている身体の動かし方や「独自のひらめき」――まさに特定の選手に宿る「予測」や「判断」の能力――としか言いようのないパフォーマンスの謎は、テクノロジーと融合することによって解明される可能性がある。このようにミアが主張する「スポーツ２・０」とは、生身の身体的経験が形作る身体知に導かれた実践に代わって、デジタルテクノロジーによって拡張された身体による実践がスポーツの世界を動かしていくような変容のプロセスなのである。ただし、ミアが唱える「スポーツ２・０」が現在のスポーツに起きている決定的なパラダイムシフトを捉え損なっている点については、あとで論じていきたい。

3　テクノロジーに繋がれる「身体図式」

3–1　「認知」や「判断」を鍛えるテクノロジー

予測や判断は、競技する選手にとってきわめて重要な能力である。観ている者からすれば、独自のひらめきとしか言いようのない即興的な判断と身体運動を発現させるアスリートたちは天才のように映るだろう。

だが近年、独自のひらめきだと考えられてきたアスリートの内的世界を、テクノロジーによって人工的に開発していくという発想がスポーツ界に生まれている。ここ数年のサッカー界では、育成力という観点から注目を集めるドイツのブンデスリーガのいくつかのクラブが新しい取り組みを促進している。優れた若い選手を次々に輩出しているドルトムントやホッフェンハイムのようなサッカークラブは、「フットボナウト(Footbonaut)」と呼ばれる独自のテクノロジーを導入して選手の育成に活かしているのだ。

現代サッカーにおいては、「トレーニング」という言葉が示すものの領域が拡大している。というのも、身体の部位を実際に鍛えたり、特定のスキルを実行することだけがトレーニングではなくなってきているからだ。ブンデスリーガで大旋風を巻き起こしたホッフェンハイムの監督ユリアン・ナーゲルスマン(二〇一六—一九年)をはじめとするチームスタッフたちは、「認知」の領域を開発していくことに大きな可能性があると考えた。そこで導入されたのが、ベルリンCゴール社が開発した「フットボナウト」である。これは一四メートル四方の立方体からなる巨大な練習装置だ。各側面に八つのボール発射口があり、そのなかのひとつの発射口からランダムにボールが飛び出してくる。選手は、このボールを別の側面にある上下二段からなる七二の枠のうち、ひとつだけ発光する枠に素早く正確に蹴り返すというトレーニングを繰り返す。時速七〇キロで飛び出してくるボールを正確にトラップしたうえで、二秒以内に光る枠にボールを蹴り入れなければならない。しかもこの装置のなかでは、ノイズが鳴り響き、集中力が削がれる状況が意図的に作られている。こうした状況下で、選手は反応や判断の速度を高めることで、シュートやパスの精度をあげるという仕組みになっている。[3]

フットボナウト(© TSG 1988 HOFFENHEIM)

またホッフェンハイムでは、第1章にも登場したドイツの巨大ＩＴ企業ＳＡＰと共同開発した「ヘリックス(Helix)」と呼ばれる装置も活用されている。選手たちは、一八〇度に展開される半円形の巨大スクリーンのなかを高速で動くヴァーチャルな選手たちの動きを見極め、周辺視野、認知、短期記憶を鍛える。[4] 自分の近くや隣にいる選手、サイドに開いている選手を状況のなかで認知し、記憶し、その時々の数的優位・数的不利を判断していく。これは絶えず動き続ける試合状況に適応した認知能力を高めるための装置である。さらには、いわゆる「脳トレ」も活用されている。同じくＳＡＰとの共同で開発した「Less or More」というスマートフォンアプリは、画面上にオレンジ

ヘリックス(© TSG 1988 HOFFENHEIM)

とブルーのユニフォームを着た選手が現われ、どちらの色が多いのかを即答させることで、瞬時の認知機能を鍛えるものだ(5)。

二〇一〇年代のサッカーを牽引したとも言われているドルトムントの監督ユルゲン・クロップ(二〇〇八―一五年)が打ち出し、世界的に有名になった「ゲーゲンプレス」は、ボールが奪われたらすぐさま味方選手すべてが攻守を切り替え、連動してボールを奪い返すサッカースタイルだ。守備と攻撃がフォーメーションによって分業されるのではなく、選手すべてが常時連動するこのサッカーは、守備と攻撃の切り替えのスピードとポジショニング(状況に応じた位置取り)を重視する。現在のヨーロッパの主流クラブのスタイルに通底するのは、このようにピッチ上のすべての選手が、試合の状況や局面を同じように読み取り、その共通の意識や共有された感性に基づいて組織的に連動してプレーするという考え方だ。

その最先端のサッカーを生み出してきたのは、バルセロナの監督(二〇〇八―一二年)として一世を風靡したジョゼップ・グアルディオラだろう。グアルディオラは、サッカーを徹底的に状況と文脈に応じた流動的なものとして捉えることで、サッカー界の共通概念であった「システム」や「ポジション」を使い物にならないものにした。システム概念は「状況」概念へと変化し、ポジション概念は、絶えず変化していく局面や文脈に応じてすべての選手が感性を連動させる「タスク」概念へと変わったと言えるだろう(バルディ 2018)。

こうした新しいサッカーをもっとも的確に表現するのが、近年注目を集める「ポジショナルプレー」という考え方である。選手にとって、ボールを保持している時の身体スキルだけが重要ではなくなっている。絶え間なく状況が変化し続けるピッチのなかでの適切な判断、位置取り、動きが求められる。ボールを扱うのは九〇分間のうちのごくわずかな時間であるために、ボールを持たない時の動きがより重視され、適切なタスクを遂行するための位置取り自体がひとつのプレーとして考えられるようになった。

このような時代のサッカーは、絶えず刻々と変化していくピッチ状況の瞬時の「読み取り」と「判断」を、反応や反射といった意識の手前の次元で実現していくような個々の能力――同時にそれは常に他者との連動や位置関係でもあるために、集団的な能力でもある――として捉え返している。ナーゲルスマンは、『キッカー』誌のインタビューのなかで次のように述べている。「サッカーには認知や判断のスピードに大きな成長の余地がある。いかに情報処理の能力を上げ、正しい判断を下すかだ」(6)。つまり、ボールを保持していない時の位置取りや状況の「認知」が、情報の量と質、情報処理の速度とその精度に大きく関わってくるのだ。だからこそ、新しく取り入れたトレーニングが「脳」への刺激に関わるものだとしても不思議ではないだろう。クロップの成功によって日本でも有名になった「ライフキネティック(Life Kinetik)」のようなトレーニングでは、脳の機能と神経の伝達機能を強化する目的のもと、例えば、ふたつ以上の異なる運動を同時に行うことで脳への刺激が与えられる。

いまサッカー界では、プレーのなかへ、あるいはトレーニングのなかへ、「認知」の要素、脳や神経伝達の要素が深く関わりはじめている。「フットボナウト」や「ヘリックス」といった新しいテクノロジーは、選手の身体と融合することによって身体機能や身体の能力を拡張することを目的とするのではなく、「前‐個体的」な身体の能力と繋がることによって、判断や認知といった作用に働きかけているのである。

3‐2　ポスト・スポーツにおける「身体図式」

認知や瞬時の情報処理といった「前‐意識的」「前‐個体的」な運動の諸要素は、身体パフォーマンスや身体アクションという形を与えられて可視化されることで、スポーツ実践として現勢化される。ここで私たちは、哲学者のメルロ＝ポンティの「身体図式(body schema)」に関する議論にふれておく必要があるだろう。メルロ＝ポンティの身体に関する議論には、個々に宿る「身体図式」は同時に周囲の環境や状況や他者との往還関係のなかで共有されるものであり、その図式は主体という意識に先立つものだという考え方がある。これは、いま私たちが直面しているポスト・スポーツの身体を考えていく際にも有効な視座を与えてくれるだろう。

例えば、『知覚の現象学』のなかでメルロ＝ポンティは、「私は、自分の出生または死の意識以上に、私の感覚の真の主体であるという意識をもつことはない」と述べている(メルロ＝ポンティ 1967：21)。身体の物質性に関わるもの、例えば視覚、聴覚、触覚は、人格的な生活に対して先立つものなのである。すでに述べたように、ポスト・スポーツの時代のサッカーは、ますます前‐意識的な要素を取り込みはじめている。他者との「連動」や周囲の「状況判断」、そして絶え間ない「位置取り」をもプレーしている瞬間だとみなすようになった現代のサッカーでは、脳や神経、感覚や諸器官に関わる次元の認知は、絶えず個々の身体を飛び出して、他者や周囲の状況に応じて変奏され続けることになる。そのため、プレーは個体的な「私」に先立つという考え方をとる必要がある。

ここで、もう少し詳しく身体図式について確認しておきたい。一定のスポーツ経験がある人であれば、ボールを捕球、あるいはトラップするという身体運動は、意識することなく実現できるだろう。近づいてくるボールに対して、いまどのような姿勢や体勢にあるのか、腕や脚はどのような位置にあり、どのくらい動かすのかといったことを私たちは意識することはなく、むしろ直感的に動作を行うだろう。社会学者のピエール・ブルデューは、「スポーツ社会学の計画表」のなかで、こうした運動のあり方を「意識の手前で産出」されるものだと表現している。スポーツ実践とは「特異な理解の仕方、身体で理解するという理解の仕方」に基づき、「意識の手前で、言い表わす言葉さえ持たず、ただ自分の身体だけで理解する」ものなのである(ブルデュー 1988: 288)。

ブルデューがこのように言うとき、明示されてはいないが、そこにはメルロ＝ポンティが論じた身体図式が想定されているだろう。この前－意識的な働きは、暗黙の次元や潜在的な次元にある身体図式を参照枠とすることで、考えずとも身体各部を動かし、適切な運動の方向や量を導き出す。私たちのひとつひとつのプレーは、身体に沈殿し習慣化されていくが、その集積庫から、目の前の状況に応じて適切なプレーが引き出されるのだ。したがって身体図式は、行動の潜在的な産出の基体であり、その行動を記憶に留める集積の基体でもある。

この身体図式は、周囲の状況や他者との位置関係に対応しながら、特定のプレーに向けて各部を動員しつつ、それを身体全体で取りまとめる働きをする。メルロ＝ポンティは次のように述べている。

「身体図式は、身体の諸部分を、有機体の行動計画に対するそれらの価値の比率にしたがって、能動的に己の中に統合する」のであり、「私の身体が現勢的または可能的なある仕事[プレー]に向かって取る姿勢として私に現れる」(メルロ＝ポンティ 1967; 田中 2009: 9より引用、[ ]内は引用者の加筆)。

このように刻々と変化する状況のなかで、直感的にプレーの動作を行うための潜在的な基準や枠組みを私たちは身体図式と呼んでいるわけだが、本章の文脈においてとりわけ重要となるのは、繰り返しになるが、身体図式という潜在性が個体の内部に閉じてはいないという考え方である。メルロ＝ポンティの身体図式は、実践の産出の基体だとはいえ、絶えず個別の身体や人称に先立って外部に向かっている。現勢的、可能的なプレーの実現に向かって、感覚の主体という意識を持たずに、脳や神経や感覚や身体の各部位が状況によって触発される。こうした暗黙の機能こそが、ポスト・スポーツの時代における「力能」となっているのである。この力能は、現勢化される手前にあるもの、いわば現在的ではないものの産出に関わる。私たちは、ここにポスト・スポーツの身体――「前‐意識的」で「前‐個体的」な身体――を見出さなければならない。

ポスト・スポーツは、こうした潜在性の領野、暗黙の次元の働きを重視する傾向にある。つまり、身体図式という力能にデジタルテクノロジーが繋がる状態が生み出されているのだ。これはマーシャル・マクルーハンが述べたような意味での「身体の拡張」の論理とは異なる。デジタルテクノロジーと身体の融合を礼賛するアンディ・ミアの「スポーツ2・0」という発想の限界もここにある。現在起きているスポーツの変容は、あらかじめ措定された身体的主体がテクノロジーと融合することで拡張されるものではない。プレーの現勢化へと向かっていく「前‐意識的」「前‐個体的」な身体の力能――非人称的で非自己同一的な身体図式――という、他者や環境や状況に開かれ、またそれらを絶えず内包していく共有性が、デジタルテクノロジーによって制御可能になっていることを意味しているのだ。

そして、「予測」という確率論的世界の拡大と偶然性の制御によって競争を邁進させるスポーツの資本主義は、意識の手前や暗黙の領野という個体化以前の潜在的な身体に働きかけ、その力能を資本へと有効に転化することを目指している。これが現在起きているスポーツの変容過程である。それは「２・０」へのヴァージョンアップではなく、ポスト・スポーツへの移行過程なのである。

4　前－個体性のスポーツ――サイバスロンとeスポーツの登場

4-1　サイバスロンの可能世界

ポスト・スポーツの時代を特徴づけるいくつかの競技が誕生している。ひとつは「サイバスロン(Cybathlon)」と呼ばれる、障害者と先端テクノロジーが協働して生み出した競技である。もうひとつは、スポーツという概念自体を揺るがし、世界中にその競技者を急速に拡大している「eスポーツ」と呼ばれる競技である。私たちは、このふたつの新しい競技を通じて、ポスト・スポーツが提示する可能世界を探求することができる。

サイバスロンは、二〇一六年にスイスのチューリッヒで初めての国際大会が開催された。この大会には、世界二五か国から六六人の選手と技術チームの総勢四〇〇人が参加した。「サイバー」とギリシャ語の競技を意味する「アスロン」を組み合わせた造語からなるこの競技では、文字通り、障害者が先端のロボット技術や補助デバイスを用いて、技術者たちと協働して競技に取り組む。競技者は、選手やアスリートではなく、テクノロジーを操作する「パイロット」と呼ばれる。チューリッヒ工科大学のロバート・ライナー教授の提案で行われたこの大会は、「サイバー義体」の日常生活での可能性を拡げることを主要な狙いとしていた。したがって、サイバスロンは生体工学やロボット工学のスポーツとも言えるだろう。

大会は、以下の六つの競技から構成されている。

[1]BCI（脳コンピューター・インターフェース）によるレース
[2]FES（機能的電気刺激）による筋肉運動で麻痺脚を動かす自転車レース
[3]パワード義手（動力義手）による制御競技
[4]パワード義足（動力義足）による障害物競争
[5]パワード車椅子（電動椅子）による障害物競技
[6]エクゾスケルトン（動力外骨格）による障害物競争

サイバスロンで行われる競技の最大の特徴は、既存のスポーツ種目の応用ではないというところにある。パラリンピックがオリンピックを踏襲して、既存スポーツと同様の競争を行うのに対して、サイバスロンは「日常生活」の行動に根差している。それは、パラリンピックが運動の能力を競い合うことに比して、サイバスロンが身体に障害を持つ人が日常生活に対処するための助けとなることを狙いとするためである。ライナーは、「勝ち負けを決めたり、順位を決めたりすることはあまり重視していない」と述べている[7]。例えば、パワード義手の競技では、筋肉に埋め込まれた電極が信号を感知して人工の腕を動かすわけだが、あくまで日常生活に必要な作業を速く正確に行うことを目指すようにレースが設計されている。ボールやモノを義手で摑みあげ、日用品をトレーに載せたまま落とさないように運ぶことを競い合う。あるいは、フランスパンを切る、缶詰を開ける、洗濯物を干す、電球を交換することなどがレースに組み込まれている。あるいは、パワード義足の競技では、ソファーに座るといったごく日常的な行為が競われる。坂道を上り、そこに置かれたドアを開け閉めして、坂道を下るといったレースもある。

ＢＣＩによるレースには、首から下の運動機能が麻痺したパイロットが参加する。頭部に取り付けられた脳波計で脳の信号をキャッチして、コマンド(命令)を脳波で送ることによって、モニター上のアバターを操縦して障害物をクリアしていくというレースだ。

サイバスロンを主催するチューリッヒ工科大学の研究所は、さまざまな競技を通じて、生体信号処理による入力、運動制御システム、アシストやリハビリのためのロボットや義肢義手のハードウェアと制御ソフトウェアの製作など、総合的なトレーニングのシステム環境を作り出そうとしている(栗田、石原、稲見 2018)。このようにサイバスロンは、障害のアシストと日常生活への応用を目指して、テクノロジーと人間の協働を競技化しているのである。従来のスポーツが、非日常的な世界へと人間を導くものであったとするならば、サイバスロンは「日常」を目指す競技だと言えるだろう。

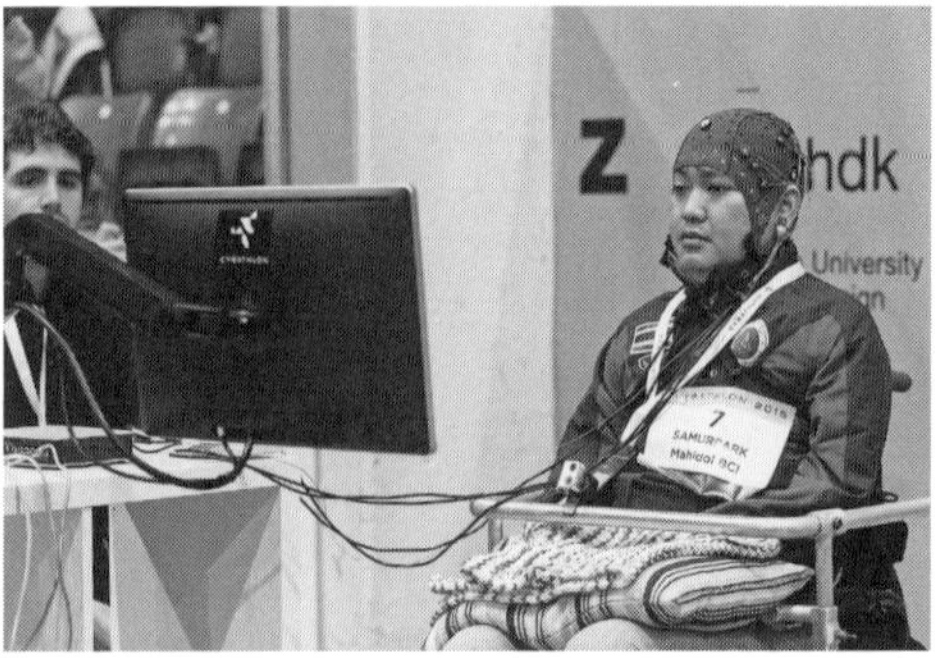

サイバスロン 2016（photo: ETH Zurich / Nicola Pitaro）

もちろん、知識とテクノロジーをめぐる資本主義の過当競争のなかに障害者たちが巻き込まれないという保証はないが、それでもこの新しい競技は、確実に新しい身体のありようを私たちに開示している。従来のスポーツがこだわってきた「生身の身体」「ありのままの身体」に代わって、サイバスロンの身体は、先端的なテクノロジーやマシーンと協働することによってはじめて実践を可能とする。そのとき、実践の主体は、あらかじめ自己同一化された身体に宿るのではなく、個体化以前の脳波や神経の電気信号となる。こうした前-個体的な力能は、脳波や電気信号といった身体の物質的次元で、マシーンや他者（技術者）と協働することで、義肢やモニターを通じて形を成すことができる。私たちは、このようにして実践として現勢化されたものを「新しい身体」と呼びなおすことができるだろう。ここに現れているポスト・スポーツの身体とは、「個体＝個人」という自己同一性を規定する境界線に枠づけられた「ありのままの身体」ではなく、その境界線を越えて、他者やテクノロジーや環境と繋がり、それらとコミュニケートするような、絶えず外部へと開かれた実践のプロセスに与えられた名前なのである。

4-2 eスポーツとその身体性

プレーの現勢化へと向かっていく「前-個体的」な身体の力能がいまもっとも可視化されている分

野が、「eスポーツ」だろう。人間が知覚や脳、神経伝達を動員してコントローラーを操作し、コンピューター画面上のアバターが競い合うこの新種のスポーツは、私たちがポスト・スポーツにおける新しい身体を考えていくための有効なフィールドとなる。まずはeスポーツについて簡単に説明をしておきたい。

二〇一八年が「eスポーツ元年」と呼ばれたように、近年、その爆発的な競技人口の増加、世界規模での広がり、市場での期待の高まり、メディアでの注目度など、この新しいスポーツに関する話題は事欠かない。二〇一八年九月に幕張メッセで開催された東京ゲームショウにおいても、eスポーツは話題の中心となった。アジア競技大会では公開競技となり、やがてオリンピック種目になるのではないかとも囁かれている。

「eスポーツ」とは、「エレクトロニック・スポーツ」を略した名称であり、コンピューターやスマートフォンでプレーするオンラインゲームを競技として捉える際の総称である。シューティングゲームや格闘ゲーム、複数人で敵陣を攻め落とす戦略ゲーム、サッカーや野球といったスポーツのゲームなど、ジャンルは多種多様だ。その競技人口は二億人以上と推定され、FIFA（国際サッカー連盟）が発表するサッカーの競技人口、約二億六五〇〇万人に迫る勢いで増加している。世界各地で開催されるeスポーツの大きな競技会の賞金総額は二〇億円以上と言われているが、この金額は、二〇一九年にタイガー・ウッズが来日し、優勝したことで注目されたゴルフトーナメント（ZOZOチャンピオンシップ）の賞金総額の約二倍にあたる。年収数億円を稼ぐプロ選手も現れている。二〇一八年の日本におけるeスポーツの市場規模は、四八億三〇〇〇万円であり、前年比一三倍となったが、二〇二二年には、一〇〇億円にまで拡大されると見込まれている。この市場拡大を推し進めているのは、大会に協賛するスポンサーであり、実に市場規模の割合の八割を占める。(8) eスポーツ先進国と言われる韓国では、四万人の観衆を集める大会も開催されている。有力な配信サイトには一か月に一億人以上の視聴者がいる。

一九世紀に英国で誕生した近代スポーツの多様な競技種目が、それぞれ独自のルールを発明し、協会を作り、瞬く間にオリンピックやW杯、世界大会を次々に開催していったように、二〇世紀末に誕生したeスポーツも世界各地の人々を虜にし、連盟や団体を作り、国家や産業界、市場の関心を集めているのだ。

ところが、日本におけるeスポーツ普及の第一人者と目される筧誠一郎によれば、ゲーム開発先進国の日本は、意外にもeスポーツ分野においては後進国であるという。その理由として筧が指摘するのは、日本では一九八〇年代から高性能の家庭用ゲーム機が普及したため、オンラインでゲームをする流れが起きなかったという点だ。韓国では、九七年に発生したアジア通貨危機の影響で高学歴の若者たちが就職できずにいた。若者たちの居場所となったのが、インターネットカフェだった。彼らはそこで世界各地の若者たちと早い時期からオンラインで繋がっていたのだ(筧 2018)。

とはいえ、日本でのeスポーツのプレゼンスは次第に高まっている。二〇一九年秋には、国民体育大会の併設イベントとして「全国都道府県対抗eスポーツ選手権2019 IBARAKI」が開催され、四七都道府県で予選が開催される初めてのeスポーツ大会となった。この大会では、「ウイニングイレブン」「ぷよぷよ」「グランツーリスモ」が種目として採用された。また、筧によれば、eスポーツを通じて地方活性化につなげようとする試みも広がっている。二〇一八年に企画された「岡山駅前商店街×eスポーツ」では、岡山駅前商店街のアーケードで、プロ選手がエキシビジョンマッチを行い、体験会や観戦イベントも開催された。勝浦中央商店会主催の「勝浦eスポーツチャレンジ第一弾・勝浦ウイイレチャンピオンシップ」では、小学生から会社員までが参加して競技を楽しんだ。富山県では二〇一六年に「富山県eスポーツ協会」が設立されている。二〇一八年に魚津市で行われたイベントには八〇〇人が集まった。さらには「TSURUGI TOYAMA」というプロのeスポーツチームも結成され、八社がスポンサーに付いているという(筧 2019)。

また、二〇一九年の夏には、世田谷区の主催でeスポーツに関するシンポジウムが開催された。私と筧、注目されているプロのeスポーツ選手やeスポーツキャスターが参加したこのシンポジウムでは、事前の打ち合わせから当日の対話までを含め、eスポーツに関する現在の課題や問題点、可能性が活発に議論された。筧との議論のなかで浮かび上がったのは、「そもそもeスポーツはスポーツなのか」という論点である。事実、スポーツは「生身の身体」によって行われるものだという「リアルスポーツ」の側からの反発は強い。eスポーツには身体が介在しないという理由によってスポーツではないとする考え方もあるようだ。スポーツ哲学者のジム・パリーは「eスポーツはスポーツではない」というタイトルの論文を発表し、やはり身体性について論じている。そこでパリーは、eスポーツには「直接的な身体性が欠けている」、「身体全体を使った制御と全身を使ったスキルを用いない」と指摘している(Parry 2018)。

他方、ドイツ体育大学ケルンでは、eスポーツが激しい身体運動をともなうということを証明する研究が発表されている。(9) これは選手のプレー中の身体への負荷を測定したもので、キーボードを絶えず操作するために一分間に四〇〇もの動作を行っているという。常に両手が動き続け、脳のさまざまな部分も同時に使われている。「カウンターストライク」のような戦略ゲームでは、高度な身体運動と同時に、高水準の戦術的な理解も求められるとしている。プレー中の心拍数は、一分間あたり一六〇から一八〇に達しており、これはマラソンの心肺負荷と同レベルである。事実、大会の様子を見ると、選手たちの汗や試合後の疲労や衰弱ぶりは既存のスポーツとそれほど変わらない。

このようにeスポーツに関する言説空間のなかでは、物理的世界におけるスポーツの身体性と同様に、ヴァーチャルな世界を競技のフィールドとするeスポーツにも身体性があるという主張がしばしば展開されている。他方で、本章で論じてきたように、物理的世界のスポーツは積極的にデジタルテクノロジーを取り込み選手のトレーニングを行っている。ミアが論じるように、デジタル世界はより物理的な身体性との融合を促進し、物理的世界はよりデジタルとの融合を目指しているように見える(ミア 2018)。

実際に、仮想空間の身体と物理的空間の身体が融合したスポーツも生み出されている。例えば、近年NTTドコモが開発している「VRフェンシング」「VRサイクリング」「VRバドミントン」は、新しいスポーツ体験を生み出すシステムである。これは大容量・低遅延の5G通信とVR(Virtual Reality)技術が融合することによって、疑似体験型のスポーツをもはや超え、リアルタイムでの「遠隔対戦」や「遠隔トレーニング」をも可能にすると予測されている(望月 2019)。

VRフェンシングは、二〇一七年から開発が進んでおり、5G時代の新しいスポーツとしてデジタル技術業界のみならずスポーツ界からも期待されている。「観戦」と「対戦」のふたつのモードがあり、それぞれ高度な没入感によってフェンシングの試合を楽しむことができる。「観戦」モードでは、一流選手の試合を選手たちのすぐ近くで観戦することだけでなく、自由な角度から対戦の臨場感が味わえる。「対戦」モードでは、実際に一流選手と対戦ができる仕組みになっている。高度な映像再現による視覚効果、サーベルの音による聴覚効果、突く突かれるといった感覚をバイブレーションで再現する触覚効果によって、一流選手たちの圧倒的なスピードやテクニックを体験できるのだ。一方で、一流選手もまた、ＶＲ内の自分と対戦することで、気づかない癖や無意識に行っている動作を確認できることから、新しいトレーニングとしても注目されている(望月 2019)。これは疑似的な体験というよりも、デジタルテクノロジーと身体が融合した世界において、ひとつの現実を構成していると言えるだろう。

ヴァーチャル世界と物理的世界が横断的な関係を持つという事例は、例えば、サッカーの「プレーヤーマネージャー・ゲーム」のなかによく現れている。このＦＩＦＡ公認のゲームでは、現実の選手のキャリアや成績、プレーに関するデータが、ゲーム内の選手の能力設定に組み込まれている。ミアは次のように述べている。「コンピュータゲームを通じて、プロアスリートのキャリアが新たな世界に取り込まれ、それにより、スポーツ空間がこれまで進出していなかった娯楽の領域に拡大していく。ゲームにアップロードされたアスリートのデータが、現実のアスリートについての分析やスカウトにも取り込まれていくということも行われる」(ミア 2018：163)。

事実、サッカーのシミュレーションゲームのいくつかは、ゲーム環境でのデータをもとにして、実際の選手のスカウトに活用されている(ミア 2018)。また、元サッカー日本代表の秋田豊のように「ウイニングイレブン」の選手指導を行っている元Jリーガーも出てきている。[10] 戦術理解やピッチ上の周辺視野などの身体知は、eスポーツにおけるサッカーゲームの世界とも親和性を持つようだ。

このように、eスポーツと物理的なスポーツの境界は溶解しはじめている。eスポーツでは、反応や反射的な領野、意識に先立つ世界が、視覚や指先を通じてアバターのパフォーマンスとして表現される。そこで競い合うのは、判断や認知の速度と正確性、そして身体運動の速度や正確性や戦略性である。さらに他者との協力関係が求められる競技もある。このように実践というレベルにおいて、物理的スポーツとeスポーツの共通点は多い。だが同時に、eスポーツには操作デバイスとモニターの前にいる身体の「操作の現場」が一方にあり、他方にはアバターによる「競技の現場」が存在する。モニター上で表現されるパフォーマンスは、コンピューターによって媒介されることで実現するという特徴を持つ。ここには決定的な違いが横たわるだろう。身体性の欠如という言説は、この特徴によるところが大きいように思われる。

4–3　ポスト・スポーツが現勢化する身体

しかしながら、既存のスポーツとeスポーツとの間の類似性と差異は、本章で展開してきた視座からすれば、それほど重要なものではない。むしろ、ここで考えなければならないのは、テクノロジーやコンピューターと個体としての身体が協働することで生み出されるものが、ひとつの社会的現実となっているということだ。

本章で論じたように、メルロ＝ポンティの身体図式は、個々の身体に宿りつつも、環境や他者との関係を通じて共有可能なものとなって外に開かれていくものである。主体性を持たない感覚や脳や知覚、そして身体各部が、実践へと現勢化されることに向けて状況や他者によって触発されることで、「前－意識的」で「前－個体的」な身体となる。それはテクノロジーとともに生起するプロセスでもある。個体であった身体は、テクノロジーと協働することによって、「前－個体的」な潜勢力をもって個体を飛び出していくことができる。ここにポスト・スポーツの条件が潜んでいるのだ。

しかし、認知や判断、反射や反応といった次元は、資本主義の価値増殖に捕縛されもする。デジタルテクノロジーやデバイスに接続されたアスリートは、規律社会を離脱したとしても、常時かつ全面的に身体や生活を制御され、データ分析やアルゴリズムによる支配のなかに環境化されるだろう。また、スポーツという競技を魅惑的なものにする「偶発性」も、「予測」によってリスクとして管理されることになる。ポスト・スポーツでは、こうして前－個体性が持つ力能や潜勢力が奪われたり、妨げられたりするのだ。

それでもポスト・スポーツは、新たな個体＝身体を生じさせる可能性の磁場でもある。主体性を持たない感覚、脳、神経伝達、あるいは情動といった前－個体的なものに実践やパフォーマンスという形を与えるのは、サッカーであれば生身の身体であり、サイバスロンであれば義体であり、eスポーツであればモニター上のアバターの身体である。それらは再び個体としての身体となりつつも、同時に集団性や他者性を織り込んだ新たな身体に変容していく力動的なプロセスなのである。

したがって、私たちはポスト・スポーツのなかに、すなわち、状況や文脈に応じた認知や判断力を重視する現代サッカーのなかに、脳波や電気信号に接続された義体を持つサイバスロンのなかに、そして主体なき感覚を動員してモニター上のアバターを動かすeスポーツのなかに、前-個体的な身体を、スポーツ資本主義によるデータ支配やアルゴリズム統治から再領有化し続ける政治とその兆候を、絶えず見出していくことが求められる。それが「ポスト・スポーツ」論のはじまりなのである。

(1)「羽生の3回転半、アイスコープで大解剖！　フジ最新技術で「状態100%」裏付け／フィギュア」SANSPO.COM(二〇一九年三月二一日)https://www.sanspo.com/sports/news/20190321/fgr19032105050007-n3.html(二〇一九年一二月一〇日確認)
(2)「フィギュア、ジャンプ測定に新技術　採点で導入は可能か?」NEWSポストセブン(二〇一九年六月五日)https://www.news-postseven.com/archives/20190605_1384855.html(二〇一九年一二月一〇日確認)
(3) 高橋泰裕「【現地特派レポート】多くの逸材を生んだドルトムント・アカデミーの最新育成メソッド」サッカーダイジェストウェブ(二〇一五年一二月三日)https://www.soccerdigestweb.com/news/detail2/id=12889(二〇一九年一二月一六日確認)
(4) ローラント・ツォルン／鈴木達朗[訳]「メンタルトレーニングの最先端。テクノロジーで鍛錬する認知・判断」footballista(二〇一七年一一月二八日)https://www.footballista.jp/column/40124(二〇一九年一二月一七日確認)
(5) 木崎伸也「好調ホッフェンハイムを支える「脳トレ」——二九歳ナーゲルスマン監督の目指すスタイル」Sportsnavi(二〇一七年四月六日)https://sports.yahoo.co.jp/column/detail/201704060002-spnavi?p=2&from=other(二〇一九年一二月二〇日確認)
(6) 同右。
(7)「最先端の生体工学を活用したスポーツ競技大会が一〇月八日、スイスで開催」lifehacker(二〇一六年九月二六日)https://www.lifehacker.jp/2016/09/160926cybathlon_sport.html(二〇一九年一二月二五日確認)

（８）　行正和義「ｅスポーツ市場は二〇二二年にはおよそ一〇〇億円規模に、Ｇｚブレイン調べ」Sports Business on ASCII(二〇一八年一二月一七日)https://ascii.jp/elem/000/001/786/1786594/(二〇二〇年一月三日確認)

（９）「ｅスポーツのプロも本物のアスリートであると科学が示す」(二〇一七年九月二〇日)http://ilovebulleta.blogspot.com/2017/09/e.html(二〇二〇年一月六日確認)

（10）　吉崎エイジーニョ「元Ｗ杯代表・秋田豊はなぜ、ｅスポーツ最強を志す「STAND UP UNITED」にガチ参戦するのか?・」Ｙａｈｏｏ！ニュース(二〇一八年九月八日)https://news.yahoo.co.jp/byline/yoshizakieijinho/20180908-00095975/(二〇二〇年一月六日確認)

第 II 部

転回するハビトゥス

［写真］
1936年のベルリン・オリンピックに出場した
ジェシー・オーエンス．
陸上短距離・跳躍競技で四冠を達成した．
（写真提供：ゲッティ イメージズ）

第3章 ハビトゥスなきハビトゥス
——ポスト・スポーツの身体と現代におけるコミュニケーション

1　知性／身体の分断と新たな融合

「身体」と「知性」を同じ地平で語ることには大きな困難がともなう。身体パフォーマンスや身体運動がその主要素として構成される領域を、知のフィールドのなかで扱うことを許さないとする思考の習慣を感知することはそれほど難しくない。例えば、教育や研究《アカデミック》の世界において、もっとも身体が前面に打ち出されるのはスポーツや体育分野になる。それらを知的教養の一分野であると何の躊躇も戸惑いもなく認めることができる人がどれほどいるかを思い浮かべてみれば良い。大学教育や研究における知の階層秩序のなかで、スポーツや体育のように、身体が駆使され、身体と身体が直接的にぶつかり合い、身体を通じて対話する営為はこれまで確実に下層に位置づけられてきた。身体そのものが、言語化や意識化の手前で、既存の思考や知性の領野を介さずに、まさに身体的次元のコードによって世界を展開していくプロセスを知の対象とすることには大きな障壁が待ち受けているのである。ただ、こうしたカテゴリー分けを前にしたからといって、本章は身体やそれを扱う学問領域を既存の知の枠組みに入れてほしいと主張したいのではない。むしろ、身体を介さずに成立する知のフィールドを疑うことのほうが、ここでの主旨に近いだろう。近代以降の知は、心身二元論によって乖離された思考の枠組みに支配されてきた。しかし同時に、身体の疎外に対抗する知の営為が育まれてきたのも、身体をめぐる近代の諸相なのである。

マルセル・モースによってはじめて論じられたのは、身体の扱い方や身体各部を通じて表現されるもののなかに、社会の深い部分で共有される匿れた現実があるということだった(モース 1973)。メアリー・ダグラスはモースの議論を深め、個別の身体それ自体が各部分によって記号として分節化され、身体がコミュニケーションにおける記号作用の媒介であることを示した(ダグラス 1983)。身体各部に付与されたイメージは、社会モデルとの間に象徴論的な相関関係を作り出しているのだ。こうして身体は、社会における象徴や意味を産出する貯蔵庫として再検討され、社会における差異の関係性を想像し、考えるためのモデルとして捉え返されてきた。したがって、個別の身体はそれ自体が文化全体の構成要素として、その内部に差異化と弁別化の縮図を描くことになる。文化／自然、理性／非理性といった二元論的思考は、社会における抑圧を身体的存在へと押し込んだうえで、さらに個別の身体の下層部分へと割り振る。

「差異は嫌悪に基づく」と述べるのは、ピーター・ストリブラスとアロン・ホワイトである。差異は、社会を上と下に、文明化されたものとグロテスクな身体へと分割する。「こうした分割は社会形態を横切って存在しており、地勢と身体とに偏在する。主体のアイデンティティはこうした領域と切り離して考えることはできない」のである(ストリブラス、ホワイト 1995: 259)。ミハイル・バフチンが描いた民衆のカーニヴァル的世界のなかに溢れだす祝祭的身体は、西洋化された近代において身体を通じて意味形成された「秩序」と「自然」の分断線の決壊を意味する(バフチン 1995)。そこでは、秩序の外部にあった身体の下層が溢れだし、日常世界の枠組みを揺さぶり、秩序の意味論的世界を圧倒していく。山口昌男は、そうした社会の秩序において下層部分として周縁化されてきた反分節性の系譜に、身体文化の詩学と政治学を読み解いた(山口 1983)。山口は、舞踊やダンス、身体芸術や芸能、スポーツを通じて、日常世界のなかで圧迫され匿されてきた身体言語や身体的世界の動態的な再編制の生き生きとした兆候を摑まえ、周縁へと抑圧された者たちのもうひとつの近代史の諸層を描き出していった。

バフチンや山口らの研究は、身体をテクストや地勢として読むことを可能にする。この潮流は一九八〇年代に英国、北米、やがて豪州や日本のカルチュラル・スタディーズへと引き継がれ、発話や身振り、行為や出来事をパフォーマンスとして、身体的な行為や情動をも含むものとして捉え返す視座を生み出していくことになる。バフチンらのカーニヴァル的思考を受け継ぐカルチュラル・スタディーズの潮流は、「転倒」の政治性ではなく、階層秩序の形成にとって「上」は「下」を排除しながらも欲望し依存するという不均衡な関係性に注目した。支配的なものは、その内部に下層の身体を含み込むことによって編制される。このように考えることで、権威や正統性は、グロテスクな下層の身体によってその境界を揺さぶられるような、動態的な境界線をめぐる闘争の過程を通じて構築されるものとなるだろう。

だが、既存の知、言語、認識に揺さぶりをかける動態的な意味の網の目を形成してきた身体は、支配に内在し、欲望されているからこそ、「正統」な学問的世界においては困難と出会うことになる。身体は、いまもなお「正統」な知や教養と呼ばれる領野を成立させるために、組み込まれつつ排除され続けている。それは、身体に関する知の生産と身体の実践的世界の生産を、ひとりの人間が同じ社会空間内で取り扱うことを生業とする場合に際立って感知されることになる。一方でカルチュラル・スタディーズを教え、他方でスポーツ実技の授業をやる。カルチュラル・スタディーズを教える教壇にいたかと思えば、次はサッカーのフィールドにいる。スポーツの社会学を教えていたかと思えば、次はゴルフのスイングを学生に教えているという具合に、領域横断性と変わり身を通じて稀有な位置取りを生業としていることから見えてくることがある。それは知の制度や階層秩序のなかに身体が介在したときに発生する、ある種の身体化された嫌悪感だ。

この嫌悪感は既存の知の体系を生きる人間の身体をひっそりと組み立て、その知の身体自体に深く棲みついている。例えば、社会学関連の学会等で身体や現代スポーツを題材に発表した際に近寄ってきて笑顔で応対していた学者が、実はこの発表者がスポーツ実技や体育も教えていると判明した途端に態度変更することはよくある。「領域横断」が叫ばれ、実践的な学問の重要性が唱えられているこの時代に、身体は欲望されてはいるものの、知性の側から本当のところは蔑まれている。身体を観察することや身体について論じることと、「身体的な存在である」ことの間には、嫌悪や蔑みを介したそれこそ身体的・情動的な隔たりがあるのだ。学問領域や教育において身体を直接的に取り扱うことのなかには、学問や教育の階層秩序が身体的存在を蔑むことによって構成され続けてきた痕跡が残されている。

ところがポスト近代、もしくはポスト・フォーディズム時代とも呼ばれる現在において、知性から分離されていたはずの身体は、社会全体、学問領域、大学教育等のなかで無視できない場所に躍り出ている。この身体は、新しい形態での実践や存在と結びついて現れており、「アクティブ・ラーニング」や「コミュニケーション能力」といった身体的次元に直接的に関わる事象が、学問領域や教育、労働環境や消費形態、デジタルなコミュニケーション、日常生活に及ぶ社会全体に広まっている。こうした事象が顕著に現れる場面では、知性と身体的実践、精神と身体を切り離すことは容易ではない。さらにこの事象と関連しながら、知の産出にも大きな転換が起きている。いまや知は特定の誰かによって生み出されるものではなく、グローバルなネットワークのなかで無数の知の共有によってもたらされるようになりつつある(ネグリ、ハート 2003; 2005)。「アクティブ・ラーニング」や「コミュニケーション能力」が現代を席巻している背景には、知の共有性の拡大とその産出形態の転換がある。知が無数のコミュニケーションによる産物となり、集合的で可変的なものになった以上、知性や教養はひとり椅子に座ってゆっくりと熟慮することからは生み出されない。知は黙して生み出されるものでも、一方向的な伝達回路を経て流通するものでもなくなりつつある。また、インターネットによって繋がった知や情報は、個別の身体に宿るのではなく、個体化の手前、つまり情動のやりとりや「行為遂行性」のコミュニケーションを通じたグローバルな分散型ネットワークのなかを循環し、共有され、変容し続ける(水嶋 2014)。現代の身体は、記号論的、象徴論的な場所で復権するのではなく、集合的な知や情報を産出する根幹に関わる空間に召喚されはじめているのだ。

かつてモースやピエール・ブルデューによって定式化されたハビトゥス概念は、実践の反復によって構成される「鋳型」や習慣化された無意識として論じられた。そのような意味でハビトゥスは、集合的かつ文化的なものであり、「恒常性」に関わる概念といえる。だが、ハビトゥス概念を支えてきた、無数の人々の習慣の並列化が作り出す身体性という特徴は、ポスト近代のただなかで変容を余儀なくされている。というのも現代社会におけるハビトゥスは、反復や同一性を保証する実践可能性に向けられはしないからだ。反復、再現、型に代わって登場するのが、それらを欠如したハビトゥスを規範に据える身体性である。恒常性ではなく可変性が、反復ではなく一回性への柔軟で多様な応答が求められる社会の支配形態は、大学教育、労働環境、消費形態、日常生活、コミュニティ、そしてインターネット社会に深く浸透している。

柔軟で変幻自在な実践を生み出す、いわば「ハビトゥスなきハビトゥス」を常態化した身体が出現している(ヴィルノ 2004)。身体に貯蔵される意味や象徴の共有は、反復と習慣に基礎づけられていたものから「行為遂行性」への概念上の転換を求められている。知性、感情、感覚、認識、記憶、そして身体的な力や表現によって現出する諸実践は、個体化された身体に棲むのではなく、共同的で集合的な組成のなかに、つまりコミュニケーションを通じたプロセスそれ自体のなかに棲んでいるのである。

本章はこうした現代社会における身体の特徴をふまえながら、コミュニケーションによる生産を基幹とする社会における身体について考えていく。そのために、行為遂行的なコミュニケーションの模範的モデルを現代におけるスポーツする身体のなかに探っていきたい。というのも、スポーツする身体は、「鋳型モデルから変形型モデルへ」の移行を指し示す事象となっているからだ(ドゥルーズ 1992)。

状況が刻々と変化し、変幻していく集合的なコミュニケーションのなかで、可変性や柔軟性を持ち、再現性の強化と一回性の出来事に向けて予見的に実践可能性を方向づけていくアスリートの力能――バルセロナのポゼッションサッカーやGPSを装着したアスリートの身体運動とビッグデータの関係など――は、労働や消費、日常における現代のコミュニケーションの雛形と考えられる。本書はこうした身体を、「ポスト・スポーツ時代の身体」と呼ぶことにする。

ただし、要求される臨機応変な能力や「ハビトゥスなきハビトゥス」という状況に耐えうる者とそうでない者の区別が、私たちを新たな階級や不平等へと配分することは容易に想像できる。コミュニケーションを通じた共有や協働が知性の産出と切り離せなくなる状況は、身体や情動を無視しえない場所に押し出すが、この場所が資本による管理や制御に覆われることも同時に考えていかなければならない。事実、「コミュニケーション能力」なるものは、大学生たちにも、労働者たちにも重い負荷をもたらし、社会的分断を生み出している。資本の運動における中心的な役割を持ちはじめた「コミュニケーション能力」は、搾取や不平等の再配置へと絡め取られる。だが一方で、協働と共有とコミュニケーションという条件は、資本に抗して身体を別の形態で共有するための入り口を準備してもいるだろう。私たちはこの分水嶺で、現代に立ち現れている新たな身体を考えなければならない。

2　「ゴールデン・ゲットー」――スポーツ社会学者と黒人アスリート

まず、知の領野が身体とどのような関係を切り結んでいるのかを考えるために、ある事例から見ていきたい。「スポーツ社会学」という学問領域は、知性と身体の二元論を典型的に体現する分野である。この学問領域が置かれるのは、知のなかに「組み込まれつつも排除される」という奇妙な矛盾のうえに成り立つ場所である。この事実をうまく説明したのは、ピエール・ブルデューだ。ブルデューによれば、スポーツ社会学者は、本流の社会学分野とスポーツ界の双方から二重に排除される場所に置かれる。この特異な場所をブルデューは「ゴールデン・ゲットー」という比喩によって説明している。あるアメリカの社会学者との会話から教えられたというこの比喩は、元々はアメリカの黒人アスリートたちが置かれている社会的位置を言い表そうとするものであり、「右翼の人たちは黒人とあまり話したがらないし、左翼はスポーツ選手と話したがらない」(Bourdieu 1988: 153)というように、黒人アスリートは二重に被支配的な空間に閉じ込められているということを指していた。もちろん、黒人の右翼もいるし、左翼のスポーツ好きもいるわけだから、この喩えが十全なものであるわけではない。だがゴールデン・ゲットーという比喩をもう少し押し広げてみることで、社会空間のなかで身体を参照点としつつ構成される人種の意味を理解することができるとブルデューは言う。

ここで、黒人アスリートたちの社会的位置の歴史性について少し補足が必要となるだろう。黒人たちのスポーツ領域への囲い込みが、植民地主義的想像力に下支えされていることは、これまで多くの研究者によって指摘されてきた(Gilroy 1994; hooks 1995; Hartmann 2003; Carrington 2010)。二〇世紀を通じて、ジャック・ジョンソンやジョー・ルイスといった黒人ボクサーの存在は、白人支配への抵抗の政治的象徴だった。その遺産は、一九六〇年代にモハメド・アリやジョン・カーロス、トミー・スミスらの黒人身体へと受け継がれた。黒人アスリートの身体が担うものは、世界各地に離散したコミュニティや抑圧された黒人たちを結びつけるグローバルな抵抗の象徴となった。

だが黒人文化研究者のベル・フックスが論じるのは、八〇年代以降のメディアやグローバル企業による黒人身体の商品化によって、ラディカルな政治性を奪われていくアスリートたちの保守化である。メディア化されたスポーツの視覚領域のなかに囲い込まれ、スペクタクル商品となる黒人アスリートは、身体を可視化された「証拠」として作られる二つの極の間に閉じ込められる。スポーツにおける成功や身体の過剰なアピールは、しばしば黒人アスリートたちを「自然」としての「身体的存在」へと切り詰める。この回路によって、黒人アスリートは暴力性や並外れた性的な能力を類推させる恐怖の対象となり、この脅威はスペクタクルのなかに留まることでのみ境界侵犯的な魅惑をそそる商品として欲望される。「恐怖／嫌悪」と「魅惑／欲望」の弁証法は、「身体的存在」としての黒人アスリートの表象や意味を偏狭な枠組みに閉じ込めてしまうのだ(hooks 1995)。

イギリスの文化研究者ポール・ギルロイは、スペクタクルな身体アイデンティティへの還元を、「人種化された生政治」の展開として否定的に論じている(Gilroy 1994: 59)。「生」それ自体を黒いマッチョな身体に同一化させる政治は、ゲットー化をますます進展させるとギルロイは言う。この政治において、黒人たちは知性の裏返しとしての「身体的存在」だと定義され、いかなる政治的な対話からも切り離されてしまう。ベル・フックスも同様に、こうしたかたちでの黒人たちによる「身体の復権」は、黒人社会の政治的前進にとって有効ではないと指摘している(hooks 1995)。このような文脈において、スポーツが暗示する意味というのは、アナクロニズムも甚だしいほどの植民地主義時代の二分法を現在においても想起させ、人種化された思考や境界線を反復して描く近代の残滓のようにすら思えてくる。ポスト植民地主義時代の「ポスト」という接頭辞は、「〜の後」を意味しないばかりか、奴隷制の時代から続く身体に付与された否定的な意味合いが、現在の時間にも節合し続いていることを証明している。このように「身体的存在」へと切り詰められることは、現代社会においても拭いがたく社会的な差別構造と結びついているのである。

そのことをブルデューは、スポーツ社会学者が置かれる社会的位置と黒人アスリートの境遇との間の類似性から論じている。学問的世界において、スポーツ社会学が置かれる二重に被支配的な位置取りは、まさにスポーツを扱うという理由によって「身体的存在」に切り詰められる仕組みのなかで成立する。スポーツ社会学者は、「身体的存在である」ことによって、知や研究《アカデミック》の領域からは侮られ、逆に社会学の味方であるという理由から、つまりスポーツに対するクリティカルな態度ゆえに、スポーツ関係者の側からは裏切り者だと軽蔑されることになる。このように論じることでブルデューは、身体が暗示するものによって生み出される知のカテゴリー分けと労働の二分法を重ね合わせ、社会空間内の特定の位置とスポーツ実践とを関連づける仕組みを、スポーツ社会学の見取り図として下準備したのである。そこには、「スポーツ社会学者が遭遇する特異な困難の原理」を通して、近代における社会的分業と知的領域における分業の重なりを読み取ろうとする狙いを透かし見ることができる。

> 労働の社会的分業の論理は、科学／学問における労働のなかで、それを反復して生み出す傾向がある(Bourdieu 1988: 153)。

私たちは、身体が暗示する意味作用のなかに温存されてきた近代の社会的分業の仕組みを読み取らなければならない。この作業は同時に、身体を参照軸とした分業体制が、近代の知のありようを支配している点を注意深く再考する糸口にもなる。次節では、この知の分断の議論を深めるために、身体が果たしている作用を確かめておきたい。そのために、テオドール・アドルノとマックス・ホルクハイマーの『啓蒙の弁証法』に立ち寄ることにする。いささか意外に思われるかもしれないが、ここにはスポーツする身体の誕生と近代社会における社会的分業との関係を読み解く鍵が描かれている。

3　社会的分業——身体の抑圧とスポーツの文明化

3–1　社会的分業と文明化

「何故に人類は、真に人間的な状態に踏み入っていく代りに、一種の新しい野蛮状態へ落ち込んでいくのか」という有名な一節に込められたこの書物を貫くテーマは、「啓蒙」や「文明化」という概念のうちに、そもそも「野蛮」が生み出される回路があったのではないかという問いに穿たれている（ホルクハイマー、アドルノ 2007: 7）。ナチスによるヨーロッパ支配、絶滅収容所での「野蛮」な殺戮は、むしろ最先端の技術と知識に裏打ちされたものであるがゆえに私たちは恐怖をおぼえることになるわけだが、著者たちはそこに「啓蒙の弁証法」を読み取ろうとする。「野蛮」あるいは「自然」は、「文明化」によって克服されるものではない。アドルノとホルクハイマーは、「野蛮」への堕落が「啓蒙」や「文明化」という進歩と分かちがたく結びついていることを訴えている。「啓蒙」とは、いわば

「脱魔術化」である。それは神話を解体し、「自然」を支配することによって「自己保存」の原理を合理化していく過程と言うことができる。著者らによれば、太古の時代の人間たちはあらゆる存在に「マナ」(ミメーシスを誘発する霊力)が宿ると考えていた。神と人間と自然は、分離することなく互いに融合し合っていたのだ。人間と自然は、「マナ」を介して互いに同一化《ミメーシス》し合い、互いが互いをその内側から感知し合うような模倣関係にあった。「啓蒙」は、この模倣関係を解体し、魔術的世界を克服し、自然という恐怖を神話的世界に閉じ込めるようになる。端緒からすでに「神話」は「啓蒙」を宿していたと考えられるのである。

続けて著者たちは、ホメロスの『オデュッセイア』を解読しながら、「文明化の過程」を説明していく。知られるように、この物語はギリシャの英雄オデュッセウスが、トロイア戦争に勝利し、故郷イタケーへと帰郷するまでの激しい冒険によって構成されている。その道程は険しく、自然神たちによる妨害が繰り返される。ここで詳細に解読されるのは、女神セイレーンの歌声を回避するオデュッセウスの「詭計」である。あるとき、オデュッセウスと船漕ぎたちは、セイレーンたちが住む島を通り過ぎようとする。女たちの魔性の歌声は、オデュッセウスたちを誘惑する。その歌声に魅せられ近づいたら最後、帰郷がかなわないどころか命までも奪われてしまう。オデュッセウスは、船漕ぎたちに耳を蠟で塞ぐよう命じ、オデュッセウスは自身を船のマストにきつく縛りつける。船漕ぎたちはセイレーンの歌声を聴くことなく、ただ必死に船を漕ぎ続ける。オデュッセウスには魔性の歌声が聴こえてはいるが、自身をさらにきつく縛りつけることでこの妨害を乗り切っていく。著者たちは、この寓意《アレゴリー》を人間による自然支配の企図として読む。

トロイアからイタケーへ至る漂泊の旅路は、肉体的には自然の暴力のまえに見るかげもないが、しかし自己意識に基づいてはじめて自分自身を作り上げていく「自己」が、さまざまの神話の間をくぐり抜けて行く道程なのである（ホルクハイマー、アドルノ 2007：108）。

「自然」たるセイレーンを、オデュッセウスと船漕ぎたち人間（自己）が克服していく。「オデュッセウスがのり越えてゆく冒険は、ことごとく「自己」をその論理の筋道からおびき出そうとする危険極まる誘惑なのである」（ホルクハイマー、アドルノ 2007：109）。セイレーンの誘惑に絡め取られることは、自然を支配する「啓蒙」の進歩を停止させることを意味する。ここで注目しなければならないのは、人間による自然の支配／克服は、労働の分業によって達成されるという点である。蠟で耳を塞がれたまま、歌声を聴くことなく船を漕ぎ続ける労働者と、命令する存在としてのオデュッセウスという二分法的な構図が読み取れる。

そこには、精神と肉体的力との関係が表現されている。詭計に富むオデュッセウスはほとんどつねに精神の担い手としての、命令者としての役割を果たしているが、彼の英雄的行為についてはあらゆる報告がなされているにせよ、彼が命をかけて格闘すべき相手である太古の暴力たちに比べれば、彼がとにかく肉体的に劣ることは否めない。この冒険者の生身の肉体的強さが讃えられる機会、つまり、求婚者たちのお膳立てによった、物乞いのイーロスを相手どる拳闘技とか、また、弓引きの試合などは、スポーツとして催されたものであり、自己保存と肉体の強さとは別のものになってしまった。オデュッセウスの競技者としての能力は、実務に煩わされず支配者としての克己心でトレーニングに励みうる、ジェントルマンのそれである。この自己保存から遠く離れた力量が自己保存のために物を言ってくる（ホルクハイマー、アドルノ 2007: 120–121）。

野蛮状態を克服し自己保存するために、人間たちは分業体制を整えるのだが、この労働の分業は、精神と身体によって分断されている。オデュッセウスは身体を縛りつけることによって精神的な存在となるが、船漕ぎたちはひたすら肉体を駆使する存在へと振り分けられる。ここには、労働の分業が精神／身体の二元論的なカテゴリーに固定化され、それによって支配／従属関係が生み出される仕組みがある。だがこの分業は、支配者と労働者双方の内的自然たる身体の抑圧を条件とする。だから「文明化」は、「自然」を克服しながらも、その「自然」によって「内なる自然」が抑圧されることの寓意《アレゴリー》となるのだ。著者たちは、社会的分業によって達成される「啓蒙」が、「自然」（野蛮）へと回帰する回路をここに見出すのである。

3-2　スポーツする身体の誕生

ところで、アドルノとホルクハイマーは、太古の暴力に太刀打ちできないオデュッセウスの肉体を「スポーツする身体」に喩えている。これはとても興味深い。いまや自然を克服する肉体的な強靭さは、実世界の目的から遠く離れていく。肉体が持つ意味は反転し、著者たちはそこに自律化を遂げるスポーツする身体の誕生を透かし見る。つまり、オデュッセウスたる「自己」は、野蛮な暴力（自然）からの自己保存を、欲望や暴力といった自然が棲む肉体の管理によって達成する。自制（トレーニング）する身体となることによって「自己」となるのである。

こうしてスポーツする身体となったオデュッセウスは、命を懸けた肉体的暴力の戦いから離れて、自己保存を客体化できるようになる。自己保存の外部となることによって、人間の自己保存を命じる側のジェントルマンになることが可能となるのだ。ただしオデュッセウスは、スポーツを行うとしても、実務たる肉体の駆使に煩わされることのない場所でスポーツに関わるという分別をわきまえている。一方で、ひたすら身体を駆使する船漕ぎたちがもしスポーツをするならば、それは自然に克服されることのない余暇となるか、身体それ自体を駆使するスポーツ労働者となるだろう。どのようにスポーツや身体の扱い方に関わるのかが、分業と社会的支配の固定化のなかに反映されていくことになる。

スポーツ社会学に興味がある者ならば、この啓蒙（自然支配）の寓意《アレゴリー》のなかに、ノルベルト・エリアスの「文明化の過程」を想起するだろう。エリアスが「文明化の過程」に関する理論を編んでいた時期もまた、アドルノらと同様にナチス支配期と重なる。そして、エリアスも内的自然の抑制による人間と社会の変化のただなかにスポーツする身体の誕生を発見していった（エリアス 1977）。感情の管理や身体の扱い方のなかに、ゆっくりとではあったものの、確実に新しいかたちの作法が生み出されていったとエリアスは述べている。食事や排泄、就寝のような日常的な行動、対面的な場面での感情表現や、公的な場での身のこなしや礼節に関する新しい流儀は、最初は宮廷社会や支配階級のなかに現れ、やがて政治空間(暴力による権力闘争から議会制への政治的変化)から民衆の些細な仕草にまで及んでいく。この新しい感情／身体の自制システムは、欲望という内的な自然を抑圧し、それを快／不快という抽象的な概念として基準化していく。この快／不快の感覚は、新しく生まれてきた文化のなかで人々の身体に埋め込まれていく。身体は、こうして自然状態のものではなく、歴史的・文化的な構築の結果として生み出されていくものとなる。血なまぐさい暴力への嫌悪感が人々を覆いはじめたとき、エリアスはそこに議会制民主主義とスポーツという新しい非暴力的な競争とが、折り重なるように誕生する土壌が整うまでのプロセスを発見していくのである(エリアス、ダニング 1995)。

「自己」たるオデュッセウスとなった人間は、欲望や暴力への衝動を抑制したスポーツする身体となる。自然を支配し、内的な欲望をも自制する新しい身体の文化は、快／不快の基準を新たな戦場へと移しかえていく。どのようなスポーツ種目を好むのか、どのように身体を扱うのか、それがより精神的な次元にあるのか、より肉体的次元に近いのかといった身体への関わり方をめぐって生み出される差異が、社会空間内の位置という弁別化の象徴を作り上げていく。ブルデューが労働の分業に関する記述をスポーツの社会空間の分析のためのアナロジーとして用いた理由を、ここに読み込むことができるだろう。

4　ハビトゥスなきハビトゥス

4-1　ハビトゥスの危機

ブルデューは、身体との関わり方、身体の扱い方、身体接触への関わり方に体現される好みの体系が社会的位置と連動すると考えた(Bourdieu 1988)。選択、判断、好みといったある種の方向づけの傾向をつかさどるシステムは、しばしば身体を介した表象を通じて、社会のなかに差異のヒエラルヒーを組み立てていく。弁別化への欲望と嫌悪感によって突き動かされる選択を無意識的な次元において慣習化された行動様式へと導くマトリックスを、ブルデューは「ハビトゥス」と呼んだ。ところで、ブルデューが提起したこの概念は「鋳型」にはめ込まれた身体性を想定しやすいため、行為の反復性を予見的に保証するとして、しばしばその静態的な性質を批判されてもきた(バトラー 2004)。ハビトゥスが再生産を促す動因と考えるならば、そうした批判も頷ける。

あるいは別の観点からハビトゥスの危機を論じる向きもある。それは恒常性や反復を保証する傾向ではなく、一回性や即興性に対応する実践の傾向に関わる。現代社会が私たちに要請する新しい身体の規範は、ゆっくりと時間をかけながら無意識のなかに沈殿していくような実践の傾向性を持たなくなりつつある。柔軟性や臨機応変性、状況変化する連続性への適応を強く要求する現代社会の労働や消費において、ハビトゥスを恒常的に維持することは難しくなってきている。このような文脈から、現代のグローバル化する世界のなかでハビトゥスは危機に瀕していると論じるのはイタリアの思想家パオロ・ヴィルノだ。ヴィルノによれば、現代社会を生きる者たちは、あらゆる場面で未知のものをあたかもそれが既知のものであるかのようにみなすこと、思いがけないことや不慮のことに慣れ親しむこと、確固たるハビトゥスの欠如に慣れることを求められている(ヴィルノ 2004)。そもそもハビトゥスはある種の信念を反復して出現させることで信頼や安心感を保持する日常の身体化された儀式である（バトラー 2004）。ここでの反復は、「新たなものや予測不可能なものによって引き起こされるショックに対する保護戦略として理解されるもの」である（ヴィルノ 2004: 58）。であるから、未知なるものへの防衛としての反復行為が保証されない世界では、不安や恐れが人々を襲うことになる。

スポーツ選手が試合での大事な場面において行うルーティンは、これから起きる新しい出来事、未知なる一回性の出来事に向き合うための儀式でもある。このようなとき、私たちはハビトゥスという鋳型を簡単に手放すことができないことに気がつくだろう。ハビトゥスが危機に瀕するとき、人は自己のなかに不調和を感じる。病気になったとき、怪我をしたとき、しばしば私たちは日常化された慣習行為の不具合を通じて身体を意識することになる。普段は自我と一体となっていて気を配ることなどなかった「私の身体」が、突如、意識に現れるのである。その点で、スポーツ選手というのは常に不調和な状態を生きている人たちと言うことができるだろう。スポーツにおける日々の練習や鍛錬は、自己と身体が不調和を起こす経験の連続である。数分前にできたことが、次のプレーのなかでは再現できない。昨日は実現したはずのプレーであっても、今日の身体では実現できない。自分の身体が思い通りにならない経験を繰り返すのがスポーツ選手の宿命とも言える。スポーツのように高度で繊細な身体との関わり合いを求める場合、厳密な意味で、その身体は反復や再現性を保証するものとはならない。

4-2 「内なる肉体」の世界、あるいは「器官なき身体」

だからこそ、スポーツの場面において稀に経験される身体の消失とも言える経験は、神秘的な現象のごとく事後的に語られることがある。ミハイ・チクセントミハイが論じた「フロー体験」や（チクセントミハイ 1996）、マイケル・マーフィーが「ZONE」や「内なる肉体」と呼んだ神秘的な体験を分節化する概念は、普段は異質なものとして感知される身体、あるいは思い通りにならない身体が、まるで消失したかのように思えたときに現れるスポーツの宇宙を捉える方法と言うことができるだろう（マーフィー 1991; 1995）。名著『王国のゴルフ』のなかでマーフィーは、身体が他なるもの（道具や自然環境）のなかに溶解していく経験を描いている。その手捌きも興味深い。というのも、スポーツを分節化する様式そのものがいくつもの境界線を溶解させていくからだ。小説とノンフィクションを、近代的身体と神秘主義を、東洋的な見方と西洋的な見方を、詩と絵画とゴルフを、伝統と異端を、そしてシヴァ神と「ゴルフの身体＝精神的世界」との出会いを横断する。そうやってマーフィーは、ゴルフというスポーツ経験が秘める「内なる肉体」に深く迫っていく。

マーフィーは、スコットランドの北海沿岸にある伝説のリンクス「バーニングブッシュ」で出会ったひとりのプロゴルファー、シーヴァス・アイアンズとの謎めいたラウンドの記憶を辿る。アイアンズから受けたゴルフの教義をさまざまな概念に重ね合わせ、ゴルフの身体＝精神的世界を、哲学、心理学、生理学、物理学、運動学、歴史や文化や芸術といった多様な分野と対話させていく。とりわけ読者を惹きつけるのは、「内なる肉体を感じるんだ」というシーヴァスの啓示のごとき言葉を想起する場面である。

初めの〝内なる〟という言葉はこの現象の主観的な性質を指し示し、あわせて、この内なる肉体が何かに囲まれている、またはわれわれの通常の物理的な身体の内側に位置している、という事実を物語っている。しかしそこから誤解の生ずるおそれがある。というのは、シーヴァスの描写と私の体験からわかるとおり、内なる肉体は、その外側に位置する物理上の身体には束縛されないからだ。内なる肉体ははるかに伸縮自在で、岩よりは炎に近い。肉体という言葉も誤解を招きやすい。肉体には境界の観念が含まれるからだ。シーヴァスの考えでは、内なる肉体には究極的な境界は一切ない。ただしそれが、神のことを〝境界ある無限〟と呼ぶような、究極の逆説的な表現でないと仮定したうえでの話である。内なる肉体は活動の中核となるものであり、その意味ではなるほど確かに一つのものであるが、一方で、勢いのある炎のように揺らめいたり舞ったりし、時にはとてつもない大きさにまで広がる。星のかなたや時間の果てにまで急速に突き進むかもしれない。突如、別の場所に出現したり、同時にあらゆるものの中に溶け込むこともあるだろう（マーフィー 1991: 209）。

炎のように揺らめきながら、それは輪郭をもたず、境界の束縛を受けない。「内なる肉体」は、特定の時空間を超えて別の時間や空間へと繋がっていく。「ボールと自分とを一体化しようとし、ボールの弾道を自分の内なる存在」に取り込む（マーフィー 1991: 209）。またある時は、沖合の海面をかすめて飛ぶカモメのなかにも入り込む。こうして自己と外界との境界線は輪郭を失い、身体は世界のただなかに溶解していく。マーフィーが語る「内なる肉体」は、まるでドゥルーズとガタリの「器官なき身体」を彷彿とさせる。「自分の身体諸器官が光輝く体の中心に変化していく」とき、諸器官は、器官へと分裂させられる以前に熱望していた働きを取り戻すのである（マーフィー 1991: 209）。したがって、「内なる肉体」とは、運動感覚や身体運動のイメージに関連しながらも、それらを超えるものである。またそれは単なる比喩ではなく、経験から導かれた分析概念でもない。「それはわれわれの日常世界に絶えず影響を及ぼし続ける、まぎれもなく現実に存在する対象なのである」(マーフィー 1991: 208)。こうして「内なる肉体」は、日常にありながら、同時に別の世界への入り口となる。

出来事の中には、人生の重要な特質を反映しているものがある。そこに過去の全歴史が一瞬のうちに凝縮して現れる――そんな経験を味わったことはないだろうか？　突如としてカーテンが引き開けられる出来事に遭遇したことはないだろうか？　ゴルフ・コースをまわっていると時としてそのような特別の力が発現する、とシーヴァス・アイアンズは言う(マーフィー 1991: 191)。

4-3　祝祭あるいは病理――山口昌男とフランツ・ファノン

山口昌男であれば、「内なる肉体」にふれるスポーツ経験を「祝祭」として論じたに違いない。山口は「病いの宇宙誌」と題する論考のなかで、身体を媒介にして他なるものを自己のなかに取り込む行為について論じている(山口 1978)。それは、見知らぬもの、未知のもの、未知なる自分と出会うことのなかに「祝祭性」を見出す経験と言いなおすこともできる。日常の身体が生み出す現実が、文化的な「仕掛け」――ここではスポーツにおける「内なる肉体」との遭遇――を通じて別の現実へと移行する。身体に宿る祝祭的可能性は、移行空間として「生きなおし」という別の生のあり方への回路を開くのである。

他方で山口は、「病い」の状態もまた祝祭性を帯びていると述べる。これは負の祝祭空間である。病いの状態において、人は日常生活の場から切り離され、身体とのつき合いなおしを行う。普段は無意識のなかに沈殿していた私の身体は、病いを通じて日常の異質性となって経験される。日常の連続性に突如亀裂が走り、安定していたかに思えた連続性に異議を唱える「非連続性」が現れる。そのとき、日常の慣習行為をつかさどる身体化された無意識は不調和の対象として意識に登場することになる。「病いは身体との惰性化した付き合い方を再検討し、別の生を生きなおすきっかけをわれわれに与える」のである(山口 1978: 229)。

あるいはまた、別の生を生きることがひとつの「病理」として受けとめられるような出来事もある。別の生を生きざるをえない者たちが認識するハビトゥスの崩壊に、植民地主義の病理を発見したのは、マルティニークに生まれ、宗主国フランスに渡り、そこで精神科医となりながら反植民地闘争へと身を捧げたフランツ・ファノンである。ポスト・コロニアル思想の重要文献のひとつ『黒い皮膚・白い仮面』の第五章に収められた「黒人の生体験」のなかでファノンは、それまで安定していた自我が突如崩れ、そもそもの自我自体が存在論的に語りえないものであることを知ったときの出来事を語る。「故郷に留まるかぎり、黒人は些細な内輪の争いの際を除けば自己の対他存在を意識する必要がない。……しかし植民地化され文明化された社会においては一切の存在論の実現は不可能」になってしまう(ファノン 1998: 129)。「二十世紀においては、黒人は故郷にあるかぎり、劣等性が他者を契機として生ずることを知らずにすむ」のだが、白人のまなざしに晒されたとき、突如として、安定していたかに思われた身体は揺さぶられ、切り裂かれ、その裂け目から噴き出る否定的な自己認識としての生が劣等性をともなって自分を押し潰しはじめるのだ(ファノン 1998: 130)。

「ほら、ニグロ!」。それは通りがかりに私を小突いた外的刺激だった。私はかすかにほほ笑んだ。「ほら、ニグロ!」。それは事実だった。私はおもしろがった。「ほら、ニグロ!」。輪は次第に狭まった。私はあけすけにおもしろがった。「ママ、見て、ニグロだよ、僕こわい!」。こわい! こわい! この私がおそれられ始めたのだ。私は腹をかかえて笑おうとした。だがそうできなくなってしまった(ファノン 1998: 131–132)。

ファノンは、自己の身体が、生理的な機能や空間内での物理的な平衡感覚、触覚、視覚、聴覚といった知覚によってのみ構成されているのではないことを知る。身体は、他者(白人)によって提供された物語や逸話や歴史から織り上げられたものであることを発見するのである。この時、黒人にとって身体の認識は、「ひとえに否定的な作業」となる(ファノン 1998: 130)。というのも、身体を認識する作業は、慣習的な反復的実践を無意識のうちにつかさどる身体図式の下に、もうひとつの身体図式、つまり「人種的皮膚図式」が作り上げられていることを知るということであるからだ(ファノン 1998: 132)。この図式は、自我と世界との関係を作る安定した構築物を突き破って現れる。安定していたかに思われた身体の認識は、白人の世界において崩れ去り、かわりに自分の身体の上に客観的なまなざしを注ぐことになる。

ファノンは、この過程のなかで、他者によって意味づけされた「肌の黒さ」や「人種的特徴」を自己の身体の上に描くことで成立する、分裂した自我としての身体を発見するのである。私たちは、日常における反復性や連続性に杭を打ち込まれるような事態に遭遇するときに身体をひとつの異和として意識する。その時、ハビトゥスという安定した鋳型は崩れはじめ、私たちの自我は揺さぶりをかけられる。先に述べたように、ハビトゥスの欠如に慣れる主体やアイデンティティが強く求められる現代社会においては、山口昌男が論じた「祝祭」やファノンが分析した「病理」こそが、むしろ「常態」になっていると考えることができるだろう。日常の連続性には亀裂が入れられ、それまで惰性化していた身体は、未知のもの、新たなもの、予測不可能なものとの折衝を余儀なくされるのだ。

5 「コミュニケーション能力」とは何か？

5-1 「コミュニケーション能力」と大学生の身体

ここ数年、身体論や身体の社会学を教える講義での学生たちとのやりとりを通じて興味深い事象にしばしば出会う。講義のなかで「自分の身体を意識する場面はどのようなときか」という質問を毎年するようにしている。受講者のうち、半数以上は「病気になったとき」「怪我をしたとき」と答える。次に多い回答は、「運動をしたとき」「スポーツをしたとき」である。その次に多いのが「就職活動（シューカツ）のとき」というものだ。なるほど「シューカツ」は自分が対面者に対してどのような印象を与えるのかという印象操作に関わる。まさに身体の問題が「私の問題」として浮上する場面だ。「髪型を変える」「髪の色を黒に戻す」「スーツの着こなし」「メイクの方法」といった外見に関するもの、「話し方」「表情」「笑顔の作り方」「頷き方」といった慣習的な所作に関するもの、「姿勢」「歩き方」「立ち居振る舞い」といった身体運動の「型」に関するものなど、それらはハビトゥスへの自覚を促す。学生たちは、教員が教えずとも、あるいはメアリー・ダグラスの議論を経ずとも、身体が記号であり、象徴であり、意味の網の目であり、コミュニケーションの主要な媒体であることを知る。

ハビトゥスは、慣習行為の隠れた動因であるばかりでなく、ある状況における社会空間での位置取りを左右させるものでもある。したがって、社会構造と諸実践を媒介する繋ぎ目としてのハビトゥスを意識することは、「シューカツ」を進めるための重要な戦略とも言えるのだろう。学生たちによれば、この戦略の中心にあるのが「コミュニケーション能力(コミュ力)」ということになる。事実、就職に関連するセミナーなどで、企業の人事担当者たちが口を揃えて「コミュ力」の重要性を語ることからも窺えるように、現代の労働形態と「コミュ力」なるものは密接に結びついているようだ。

入学時から「シューカツ」をどこかで意識しながら生活する学生たちは、授業のなかで「コミュ力」について多様な事例や用途を提示してくれる。「対話の相手が何を考えているのかを理解する力」「チームで活動するときに、互いに思いやりながら最善のアイディアやプランを導き出す能力」「コミュニケーションの相手に不快感を与えないための力」「自分の考えを押し通すのではなく、相手や周囲とのやりとりで最適な提案をする力」。さらに限定された空間や時間が関わってくることもある。「限られた機会のなかで相手を尊重しながら自分の意見や考えを伝える力」「新しい環境や機会に適応して、そこで円滑にコミュニケーションをとることができる能力」「ビジネスの場面では、相手や事案がいつも変わるので、状況にあった対応が実行できる能力」といった具合だ。授業の提出シートにびっしりと書かれる内容からは、いかに学生たちが「コミュ力」に多大な関心を持っているのかが窺えるわけだが、こうしたコメントを読む際に、ここで要求されている能力が情動についての集合的な性質に関わるものであり、身体運動的な能力に関わっていることに気づかされる。

事実、書店のビジネス書の棚には、スティーブ・ジョブズに関連した書籍と、ジョゼップ・グアルディオラやアーセン・ベンゲル（アーセナル、一九九六―二〇一八年）らヨーロッパの強豪サッカークラブ監督の戦略論や組織論、リーダーシップ論が並列化されている。ここから推測されることは、現代社会において、ビジネスに要請される理想の能力は、高度なスポーツ場面に要求される能力と類似的な関係を持っているということだ。

5-2　スポーツを模倣する社会？

「コミュニケーション能力」は、発話や身振り、表情、声までも含む行為遂行的《パフォーマティヴ》な能力の動員として捉えることができる。行為遂行性とは、コミュニケーションを通じて生み出される関係性や出来事、アイデンティティ、社会的現実が、その都度、行為を通じて構成されるという考え方である（バトラー 1995）。したがって、コミュニケーションでの身振りは、事前に決定されたものや、あらかじめ与えられたアイデンティティや表現に関わるのではない。むしろ身体的な行為を通じてその都度アイデンティティや意味が産出される。この考え方においては、身体すらもあらかじめ決定された意味のなかにあるのではなく、あるいは自然なものでもなく、コミュニケーションのただなかで構築されるのである。したがって、昨今「コミュ力」と呼ばれているものは、行為遂行的に構成される身体に関わる事象ということができる。そこでは予定されたものの再演ではなく、常に変化する場面において、一回性の諸条件のなかで最適なパフォーマンスの上演が目指され、その上演が能力化される。

それはまるで、アスリートが繰り出す、意識の手前にあるものの身体表現や、他者や状況との瞬時のやりとりによく似ている。スポーツの身体は、反復よりも一回性と絶え間ない状況変化の「ただなか」に置かれる。過去に経験したかもしれない類似した場面の履歴を瞬時に辿り、最適な方法を選別し、そこから導かれた判断を時差なく身体で表現する。それは、一瞬先の未来に向けて保証なき実践可能性を行為することだと言い換えることもできる。しかし、それらの行為のほとんどがミス(失敗)だというのが現実のスポーツ経験であるから、反復を保証し、慣習的な行為を促すハビトゥスというのは、実はそれほどスポーツの実践場面で役に立つものではないということになる。

むしろ現代スポーツの時空間においては「ハビトゥスなきハビトゥス」が実践の根幹をつかさどる。サッカーにおいて、ピッチ上を動く群れのなかでボールを持った瞬間、自分はどの方向でボールをもらったのか、ボールは足元のどこに置かれたのか、近くの選手がどのくらい圧力をかけてきているのか、他の二一人はどこにいるのか、どの方向を向いているのか、どの方向にどのくらいの速度で動いているのか、その動きの群れは何を予想して動いているのかといった複雑な状況を予見的に判断する頃には、すでに自分のボールは蹴り出されている。ワンタッチで状況を打開していく攻撃に象徴されるバルセロナやアーセナルの選手の個別の身体運動と集団的な動的編制は、グローバル化する現代の労働場面で要求される個々の能力と組織論に近似している。それは現代の労働形態において目指されるものが、即時性や一回性、可変性や柔軟性、配慮、予見的な実現性、状況に応じて刻一刻と変化する集合的な行為に関わるということである。

「コミュ力」の隆盛が指し示すのは、個々の労働者が、サッカー選手と同様のコミュニケーションを実現する身体性(ハビトゥスなきハビトゥス)を持つことが期待される社会を生きているということだ、と言うこともできるだろう。アスリートが生産するものは、なんら形のないものである。物質をともなった作品や製品ではなく、コミュニケーションでのやりとりのように随時現れては消えていくものを生み出す。アスリートの生産活動を特徴づけるのは、行為遂行性とコミュニケーション、そして協働である。象徴性、記号、記録、情報、記憶、創造性、情動の歓喜といった非物質的なものの産出に関わる。それらはポスト・フォーディズムの労働形態が産出する非物質的なものと同じである。アントニオ・ネグリやヴィルノといったイタリアの政治哲学者の諸理論が近年繰り返し提起してきたのは、グローバル化された資本主義社会の本質的な局面をコミュニケーションと労働の共生関係として捉えるという点である。それは労働形態の主流が「非物質的労働」へと移行したことを意味する。関係性、サービス、配慮、アイディア、記号、イメージ、ブランド、問題解決や情報の提供といった非物質的な財と情動を生産する労働形態が主流となった現代においては、アドルノとホルクハイマーが論じた精神労働と肉体労働の区分や社会的分業は意味をなさなくなっているのだ。金融、文化産業、サービス産業、販売の仕事にいたるまで、労働を特徴づけるのはコミュニケーションそのものであり、パフォーマンスや行為自体に他ならない。非物質的生産による労働形態がアスリートの生産様式に似ているのはそのためである。

このことは私たちの生物学的人体、欲望、情動をも含む生きた身体、また言語活動や身体の活動、愛情、計算、選択、喜びや悲しみといった生そのものが、資本主義的生産の潜在的な力能となって売り買いされていることを示している。この力能(労働力)は、それとしてはまだ形をもたず実在しないものであるがゆえに個別の身体と不可分なものとなる(ヴィルノ 2004)。生に宿る潜在的な能力の総体が、労働や生産、コミュニケーションやパフォーマンスへと動員されるのである。このように現代の資本主義は、テクノロジーが発展することによって身体の役割が希薄になるかに思われながらも、ますます身体を労働力やコミュニケーションや生産の基幹に置くようになっているのである。

6　ポスト・スポーツ時代の身体──規律モデルから制御モデルへ

本章でこれまで論じてきたのは、知や情報の産出の中心的な役割を果たす場所に身体が召喚されているということである。コミュニケーションを基幹に据える社会において、あらゆるものの生産はいまや精神労働と肉体労働による社会的分業に基づくことはできない。社会的分業を学問分野の階層秩序との類似にあてはめたブルデューの考え方も、ここで失効することになる。現代において知は協働とコミュニケーションと共有によって産出される。この社会では「コミュ力」や「アクティヴな主体性」という抽象化された概念を、潜在的な力能として身体に宿すことを要請される。この潜在的なものは、パフォーマンスや行為を通じてコミュニケーションのただなかに現れては消えていく非物質的なものである。

このような非物質的生産が、現代のコミュニケーション社会を駆動するものに他ならない。「コミュカ」が、アスリートに求められる能力に類似しているというのはそのためである。一回性と即興性に向けて動員されるスポーツの身体の力能は、過去に経験した類似する出来事から推測される判断を未来に向けて予見的に実践する可能性として生起する。アスリートはミスや失敗を繰り返すことによって常に自己と身体の乖離を経験することになる。言い換えれば、日々の激しい練習や反復運動によってフォームが形作られはするものの、それは厳密な再現をもたらすものではない。このようにして、ハビトゥスなきハビトゥスを常態として生きるのがアスリートなのだ。

しかし、ハビトゥスを欠如したハビトゥスを新しい主体の位置に据えるということは、山口昌男やバフチンの理論から考えるなら、日常の惰性化された身体を内側から揺さぶるような、いわば祝祭的な契機が連続して経験されるということになる。あるいはファノンの植民地化された身体で言うならば、安定していたかに思われた自我の崩壊を常態とするということでもある。このことは、抵抗や周縁が日常の内部に折りたたまれていると考えることもできるだろう。鋳型としての身体は、その外部としての身体を想定することができた。だが、ここで論じるべきことは、鋳型を失った身体は常に転調し続けることを強いられた身体となり、この身体には外部がないということなのである。

これはかつてジル・ドゥルーズが現代社会のありようを「規律社会」から「制御社会」へと足を踏み入れていると論じたことに繋がる(ドゥルーズ 1992)。この議論を身体の変容に敷衍するならば、「規律／鋳型」モデルから「制御／転調」モデルへの移行、ハビトゥスから行為遂行性への概念的な転換に置きなおすことができる。ミシェル・フーコーを介してすでに広く知られているように、規律社会とは近代の入り口において権力の対象として発見された身体の規律と結びついていた。病院、学校、兵舎、監獄といった近代の権力装置は、身体を限定された空間に配分し、時間のなかに秩序づけ、身体の振る舞いを正常、あるいは逸脱として規定しながら生産力を組織していく支配形態だった。近代社会における身体の教育――その中心にあったのがあの評判の悪い「体育」である――が、規律権力に基づきながら、鋳型を組み立てていくことを狙いとしていたのはそのためである。しかし身体の規律には、ひとつの時空間と別の時空間との間という、いわば外部があり、支配は非連続なものであった。

ドゥルーズが論じる制御社会は、身体の規律、空間の配分、時間の秩序によって機能するのではない。制御社会は「不断の制御と瞬時に成り立つコミュニケーションによって動かされている」(ドゥルーズ 1992: 288)。ドゥルーズは、こうした移行をスポーツにおける「運動」の変容に喩えている。

規律型人間がエネルギーを作り出す非連続の生産者だったのにたいし、制御型人間は波状運動をする傾向が強く、軌道を描き、連続性の束の上に身を置いている。いたるところで、サーフィンが従来のスポーツにとってかわったからである(ドゥルーズ 1992: 296)。

ドゥルーズが横乗りスポーツ(第7章で後述)のようなオルタナティヴ・スポーツのなかに読み解くのは、動いているもののなかに同化していく動きである。ここでは、運動の出発点としての起源が重要なのではなく、波や気流、起伏といった予測不能な一回性の運動の連続体の「ただなかに達する」ことが問題とされる(ドゥルーズ 1992: 204)。本章がテーマとするポスト・スポーツの時代における身体の性質のひとつがここによく描かれている。

例えば、ここでもう一度バルセロナのポゼッションサッカーを思い浮かべてもいいだろう。連続的にパスとムーブを繰り出す現代のサッカーにおいて、一瞬のプレーを遂行する能力は目下のところ「判断力」と呼ばれている。これはスポーツ現場において近年注目される、状況における「判断」という前－意識的な次元に関わる。つまりそれは、言葉に分節化される以前のもの、感情(emotion)という心の表象が形作られる以前のものに関わり、脳と神経と筋肉を繋ぐ回路が個別の身体の外へ向かって開かれ、そこで無数の他の身体から放射された回路と繋がり、その空間のあいだを動き続ける身体の群れを常に変調させていくような現勢化の現れである。

このように、進行中の時間のなかで現在の状況把握と一瞬先の未来を予見する実践可能性の同時展開を遂行する身体を議論するためには、スポーツ論における「情動論的転回」が要求される。パトリシア・T・クラフやナイジェル・スリフト、ブライアン・マッスミ、伊藤守、水嶋一憲らは、スピノザの情動概念、ドゥルーズとフェリックス・ガタリによる制御社会への移行に関する理論、そしてネグリとマイケル・ハートの『〈帝国〉』におけるグローバルなネットワーク状の権力形態に関する批判的検証を駆使し、この転回を描き出す。とりわけクラフは情動を「前－個体的な身体の能力」としておさえることで、興味深い議論を提起している(Clough 2008: 1)。クラフは、徹底して個体としての身体や自己同一性を持つ身体へと回帰しないように身体を描き出そうとする。主体やアイデンティティが宿る個体としての身体という議論を経由せずに、境界の外部へ放たれた情動の回路という視座から、前－個体的な身体を語ろうとする。言い直すなら、情動を産出する主体たる身体も、情動が収斂する個体としての身体も前提とすることなく、身体を外部へと開かれた物質的次元において思考しているのである。

もちろんスポーツは、まぎれもなく身体という物質的な次元が実践を展開するのであるから、身体が消失することはない。外部へ放射された情動だけが動くのではなく、スポーツでは確実に物質性をともなった身体が動いている。したがって、「前‐個体的」という概念をスポーツ実践の現場に完全にあてはめることは難しいが、ここでクラフの議論を導入することによって、私たちはスポーツにおける身体の現象が大きな変容の過程にあることをうまく捉えることができる。ワンタッチで繰り返される攻撃に象徴されるバルセロナやアーセナルの、選手の個別の身体運動と集団的な動的編制の同時展開は、すでに個体化された身体が運動の源泉だといった考え方では捉えきれず、むしろ「刻一刻と変貌をくりかえす自己＝変形型」としての身体に基づくものだ(ドゥルーズ 1992: 294)。それは「瞬時のコミュニケーション」によってのみ立ち現れるものなのである。この変形し続ける身体は、前‐意識的な情動の共有によってもたらされる。サッカー選手がパスの出しどころを「感じる」というのはそのことをよく示しているだろう。このように考えると、「判断」の伝染や情動の共鳴／分断を通じてサッカーはなされると言うことが可能となる。非人称的な情動の共有と不一致が絶え間なく連続しながら、その動的編制を変化させていく集合的身体としてスポーツを考えていく。これがポスト・スポーツにおける新しい身体論なのである。

7　身体のゆくえ

これまで論じてきた新しい身体モデルは、行為の主体が運動の源泉だという考え方を退ける。コミュニケーションによってそのつど構築される身体は、したがって本質や自然や起源に相当するものではない。コミュニケーションを基盤とする現代社会の中心的な部分に召喚された身体は、協働と共有にその特徴を備えている。主体やアイデンティティは、個体化された身体に棲むのではなく、共同的で集合的な組成のなかに、コミュニケーションを通じたプロセスそれ自体のなかに棲んでいる。私たちはここに身体の民主主義の可能性を垣間見ることができるだろう。しかし、その同じ条件の下で、身体は、不断の変貌をなかば強制されてもいる。未知のものへの恐怖の防御として機能してきたハビトゥスが欠如した身体は、常に不安や不安定性に晒されている。過剰に語られる身体論のいくつかは、そうした危機への安心の砦をナショナリズムに求める。ノスタルジーに身を寄せて「江戸時代の所作を取り戻せ」「高度成長期の身体を取り戻せ」という身体論ナショナリズムの号令は、恒常性を備えた身体やアイデンティティへの回帰という反動を産み出している(斎藤 2000)。

二元論的な図式が失効したなかで、身体論は「身体性の復権」に歓喜することとは違ったところへと向かわねばならない。起源のない連続性の束のうえに構築される身体には、不断の変容を強いられることで、重い負荷がかかり続けることになる。授業のコメントシートにひっそりと書かれているのは、「コミュ力」や「アクティブ・ラーニング」をうまく体現できない幾人かの学生の疲弊した声である。誰もがメッシやイニエスタのような即興的判断に基づく情動的身体のコミュニケーションに長けているわけではないのだ。

かつて哲学者のイヴァン・イリイチは、二〇世紀の半ば以降、人々は医療的な言説やケアの結果として自己の身体を認識する回路に入ったと述べた(イリイチ 1979)。自己の身体を知覚する経験が医療的な言説と実践を通じた「健康」によって定義されてきたわけだが、現代はここに新しい回路が結びつく。それがコミュニケーションにおける不調和に関わる言説と実践である。現代の新しい「こころ」の病だとされるものの多くがコミュニケーションやSNSを通じて産出される情動の問題として登場していることを思い浮かべればいいだろう。「コミュ力」という抽象的な指標や「アクティヴな主体であれ」という方針が、どのような社会的背景のもとに出てきたものなのかを知ることが大切になる。ハビトゥスなきハビトゥスを要請する不断に変貌し続けるアクティヴな身体性が、いったい何に奉仕させられているのかを見定めることが重要となる。

例えば、近年、政治学者のジョディ・ディーンは、「コミュニケーション資本主義」という概念を提起し、グローバルなインターネット社会における新たな資本の運動と価値増殖の過程を批判的に論じている(Dean 2009; 水嶋 2014; 伊藤 2019)。ネットにポストされた情報、ネットのなかで触発された情動、協働を通じた知、そしてネットに接続された身体が絶え間ない運動状態——「エンドレスなループ」——のなかを循環し、フローし続けることで、私たちは知らぬ間にこの資本の増殖に寄与し続けている。SNSのような新しいメディアによって駆動する膨大なコミュニケーションとその循環ループを制御する力を有するコミュニケーション資本主義は、マルクスがかつて論じた「一般的知性」を搾取・捕縛し、それを自らの莫大な資本へと転化する。クリエイティヴなユーザー、アクティヴなユーザー、「バズる」ことができるユーザーたちの情報と情動のネットワークは、自己の「ランク」や「評価」や「ブランド」を価値増殖させてくれるよう、日々「いいね！」ボタンで繋がり続け、そしてプラットフォーム上でコミュニケーションをとる＝働き続ける（無償労働する）ことによって、巨大な資本を肥えさせることに奉仕している。

したがって、私たちは資本の増殖に寄与する情動の回路を批判的に論じながら、コミュニケーション資本主義が制御するグローバルなプラットフォームのただなかで、それに抗するための新しい批判的身体論を構想する必要があるだろう。

第4章 視覚のハビトゥス
――「黒人の身体能力神話」と「身体論ナショナリズム」

1　非政治化されたスポーツ観戦

スポーツを観ることは、どれほど「純粋」な観るという経験なのだろうか。スポーツを観ることの醍醐味が、「筋書きのない」展開に一喜一憂することにあり、特定の選手や贔屓のチームのプレーに情動を触発され、鳥肌が立つような興奮をおぼえ、鳩尾から沸き上がるような喜びや快楽を経験したり、はたまた凡庸な試合展開に失望し、敗北に絶望することにあるとしよう。だとしたら予測不可能な展開がもたらすスリルが、まずはスポーツ観戦の楽しみを保証することになるだろう。しかし、現在の日本のスポーツ観戦をめぐる環境は、それがメディアでの観戦であろうと、スタジアムでの観戦であろうと、その都度目の前に訪れるプレーの一回性や特異性に新しさを経験することへ、どれほど開かれているのだろうか。

このような言葉とともに私が問いたいのは、どうして黒人選手のプレーはいつも「高い身体能力」の現われとして語られるのか。サッカーの日本代表のプレースタイルは、なぜいつも「組織力」として語られるのか。そのときスポーツを観るという行為は、どのような意味解釈の過程なのだろうか。どれほど「自由」な解釈の余地を与えられた意味生産の実践なのだろうかといったことである。もしスポーツが筋書きのないドラマであるならば、既視感をともないながら「やっぱり黒人は〜だ」「やっぱり女性だから〜だ」「やっぱり日本代表は〜だ」と言って観ることほど、スポーツをつまらないものにしてしまうことはないのではないだろうか。

先に、スポーツを観ることはどれほど「純粋」な観るという行為なのかと問いかけたのだが、こうした問いによって私が問題にしていることは、スポーツを観るという経験があらかじめどれほど既存の枠組みに囚われているのかという点にある。「素朴」で、「純粋」なスポーツ観戦の経験が、特定の既視感とともに観るための枠組みを反復して生産しているのであれば、それは素朴でも純粋でもなく、むしろそのように言うことによって政治を無化するような、言い換えれば非政治性を装った政治性をともなう経験ということになるだろう。

既存の枠組みにしたがってスポーツを観ることは、スポーツを観ることのひとつの入り口にもなるだろう。ただし、そのようにスポーツを観ることによって特定の差異の中に特定の人々を反復して押し込んでしまうような、いわば「スポーツを通じた代理＝表象」の政治を不問にすることはできない。スポーツ観戦の経験を非政治化することは同時に、スポーツ観戦が一時的ではあれ、新しい意味の生産へと開かれ、それによって人々の既存の集合性を新しく組み換えるかもしれないという可能性すら捨て去ることにもなってしまいかねないからだ。

本章では、特定の人々に本質化される既存の差異を繰り返し反復して生産する「観戦」のありようと批判的に向き合うための視座を提起したい。ただし、それは定型表現の枠組みでしか批評できないテレビ解説者やジャーナリストたちの想像力の欠如を批判することを目的とはしていない。また本章が提示する批判的立場は、「正しいスポーツの見方」を提起するといったスポーツ・エリート主義とも異なる。さらには観戦者や視聴者がメディアの言説に騙されているのだとする立場もとらない。

むしろここでは、スポーツを観るという行為や観戦者の視覚を取り巻く権力を問題にしていく。スポーツを観るという行為を、身体化された規範として、いわば様式化された視覚に基づく解釈のプロセスとして論じていくことで、スポーツの試合のなかで「何がどのように見え、何を見えなくさせるのか」をある程度規定する「場」としての視覚を問題にしていく。次の試合や次のプレーを観る際に動員される過去の記憶やメディアから入手される情報によって、観ることの枠組みが常にすでに設定されていく現場としての視覚に焦点をあて、スポーツの身体運動を観る者たちの「観る」という行為とプロセスがいかに人種化され、国民化されるのかを批判的に捉えていくことにする。

2　現代の神話——黒人の身体能力

まず、次の記述に注目してみたい。「快速ドリブルで左サイドを駆け上がったディウフの折り返しがフランスのＤＦに当たりＧＫのバルテズがはじいたところを中央からＢ・ディオプが押し込んだ」（読売新聞、二〇〇二年六月一日）。これは韓国と日本が共同開催した二〇〇二年のサッカーＷ杯の開幕ゲーム、セネガル代表対フランス代表戦の翌日の新聞記事である。サッカーの試合でしばしば目にする得点シーンではあるものの、手に汗を握る醍醐味のあるシーンでもある。オフェンス側からすればこのようなシチュエーションを作りだすための、またディフェンス側からすればこのシーンを作らせないための練習が繰り返され、選手起用からはじまる複雑な戦略が練られてきたに違いない。

あらためてこのシーンを映像で確認してみると、この得点はセンターライン付近でボールを受けたユーリ・ジョルカエフ(当時フランス代表)のパスコースをセネガルの中盤の選手たちが塞ぎ、この位置でプレスをかけてボールを奪い、前線に鋭い縦パスを出したところから生まれている。いわば、速攻を展開するための典型的な組織プレーの戦略である。ところが先の新聞記事は続けて「アフリカ勢特有のスピードと身体能力の高さを改めて証明するような速攻だった」と結論づけている(読売新聞、二〇〇二年六月一日)。

ここでの「改めて証明する」という記述からは、すでに確証されたものを再現してみせたという意味が読み取れるだろう。日本のスポーツメディア環境を眺めてみれば、セネガルなどアフリカ代表チームや黒人選手のプレー、チームのプレースタイルなどに関する分析、解説、予想、賞賛、酷評などは、概ね「高い身体能力」という語彙に集約されてきた。高度に洗練された集団的な動きや組織的な戦略が目の前で展開され、その結果ゴールが生み出されているにもかかわらず、セネガル代表のプレーは高い身体能力の賜物として語られるのである。それはなにもサッカーに限ったことではない。多くのスポーツ競技のなかで活躍する黒人選手たちは、どのようなプレーをしようとも、結果的には「身体能力」の賜物として語られる傾向が強い。先の記事に戻り、かりにディウフのところにポルトガル代表のクリスティアーノ・ロナウドを代入し、ディオプに元イングランド代表のウェイン・ルーニーのような白人選手を代入した場合、この記事はおそらく「身体能力」の「証明」とはならなかっただろう。

少しでも想像をめぐらせるなら、ピッチ上の身体運動のひとつひとつ、プレーのひとつひとつ、複雑な戦略のひとつひとつを体現する選手たちの身体表現は、その選手が幼少の頃から膨大な時間とエネルギーを注いで身につけた身体ヘクシスによるところが大きいということを思い浮かべることはさほど難しくはない。トップアスリートの身体表現がとてつもない練習量と高度な戦術理解と厳しい生存競争を勝ち抜きながら獲得されるものであることを私たちは知っている。にもかかわらず、多くのテレビ中継の実況アナウンサー、解説者、雑誌のライター、新聞記者、そして観戦する者たちも実際の身体運動を「観る」際には、しばしばそのことを忘れてしまうようだ。

いや、それは忘れてしまうのではないのかもしれない。むしろ、そのようにしか見えない作用が働いているのではないだろうか。「黒人選手＝高い身体能力」という構図の成立は、かつてロラン・バルトが「神話作用」と呼んだものの効果と考えるべきだろう(バルト 1967)。バルトが論じたように「神話」とは、ある特定の記号とある特定の意味の関係があたかも自然であるかのように見え、それが疑いようのない自明のものであるように見える作用のことである。したがって言語による構築物、つまり人工的に作られた関係であるにもかかわらず、その関係があたかも最初からそうだったように見えてしまう状態のことをバルトは「神話」と呼んでいる。

「黒人選手」と「身体能力」が同義であるかのような関係性は、現代スポーツのなかでもはや自明のものとして神話化されている。この非政治化されてしまった現代スポーツの神話のなかで、「身体能力」という語彙は、黒人選手たちの身体運動が練習や訓練によって習得された技術なのではなく「天性」の才能であるという意味を帯びている。

敗因は司令塔がいなかったことにある。……ディウフ、H・カマラの2トップを筆頭に、速さやバネなどの身体能力の高さはアフリカ勢の長所。カヌ、ローレン(ともにアーセナル)ら欧州ビッグクラブで活躍する選手も出てきている。しかし、あくまで使われる立場であり駒にすぎない。……セネガルにもファティガがいたが、独りよがりのプレーが目立った。守備は組織的だったが、攻撃では本能が優先してしまった。この面を克服しなければアフリカ勢の準決勝進出、優勝もない(日刊スポーツ、二〇〇二年六月二三日)。

これは二〇〇二年のサッカーW杯で躍進したセネガルの敗因を分析する新聞記事である。ここからは次のようなことが読み取れるだろう。「司令塔」と呼ばれるチームの頭脳がアフリカ勢には存在しないということ。また、アフリカの黒人選手たちはスピードやバネに優れており、それは長所として賛美すべき事柄であるのだが、その長所は「司令塔」によって管理・統制されなければ機能しない「本能」なのだということ。そして、旧宗主国フランスの白人監督ブルーノ・メッツに率いられたセネガルの快進撃は、いまだ文明化されていない「本能」としての身体能力によるものであり、同時にそれはヨーロッパ白人の管理下で制御されるときに十全に機能するという物語としても読むことができる。このようにしてバルトが論じた神話作用は展開される。この神話のなかで、文明化されていない素朴な身体は、西洋の統制によってうまく機能しているという物語ができあがる。こうして植民地主義はいまなお正当化され続け、この支配的な神話の他者(植民された人々の記憶や苦境)は忘却され、消去され続ける。

日本のスポーツメディア環境においては、白人／黒人、ヨーロッパ／アフリカの境界線が、多くの場合、文明／野蛮、文化／自然、そして知性／身体という境界線と重なっていることが指摘できる。黒人とスポーツの関係を論じた研究の多くが批判的に示しているように、メディアを循環して生産され、天性の身体的才能へと還元されるステレオタイプは黒人社会全体にダメージを与え、新しい人種差別の形態を反復させる(hooks 1993; ホバマン 2007)。というのも、身体運動のエキスパートであることを絶賛する文脈の裏側には、知性の劣等性が配置されているからだ(Gilroy 2000; Carrington 2002)。ステレオタイプは特定の文化的差異を繰り返し生み出し、その差異が特定の人々に本質化されるとき、そこに「人種」が生産される。「人種」は知性に対置された身体へと還元され、知性と身体の二分法に基づくヒエラルヒーの一方に配置された枠組みのなかに特定の人々を押し込む。

このように黒人の身体能力は現代の神話となってメディアのなかを循環する。この神話は、明確な排除によるのではなく、特定の人々を一度は包摂し、身体を絶賛することで、野蛮や自然や本能として差異化するという人種差別のあり方を示している。スポーツを通じた人種差別は、一見そうとは思われないような形で密かに機能する。黒人たちのスポーツ界への進出がめずらしいことではなくなり、ポスト植民地主義的な状況のなかで選手たちの国境を越えたグローバルな移動が当たり前となり、ますますチーム内の多文化主義化が進行しているのが現代スポーツの特徴だが、そうした状況の進展と同時に、「起源としての土地（地理）」／「選手の身体運動やチームのプレースタイル」／「特定の「人種」や国民性」の三者間の関係を直線的に照応させて本質化しようとする作用もまた、強力に働いているのだ。

黒人選手のプレーが身体能力の賜物だと見えることは、まさにバルトが論じた神話作用として読み解くことができる。しかし、その作用は観る者たちの視覚を通じ反復して生み出されている。次に、黒人選手のプレーがまさに「そのように見える」、言い換えれば「そのようにしか見えない」ということを可能にする視覚のハビトゥスについて論じていく。

3　可視性の場と「視覚のハビトゥス」

スポーツを観ることは同時に「読む」ことでもある（橋本 1986）。「読む」ことでもあるような「観る」という行為を通じて、特定のプレーや身体運動に何らかの解釈が加えられ、意味が再生産される。スポーツを観ることはしたがって、純粋な経験としての自由な解釈過程という意味での観るというのではなく、既存の「物語」を反復する過程でもある（清水 1998）。スポーツを観るという経験は、常にすでにある特定の文脈や状況に埋め込まれているのである。

黒人選手と身体能力を同一視する傾向について考えてみれば、スポーツを観る際の私たちの視覚がどれほど構造化されているのかを理解できる。多様な解釈の余地があるなかのひとつにすぎないはずのものが、なぜ「そうとしか見えない」ような「読む」ことになってしまうのか。このように考えてみるなら、観戦の視覚は「何がどのように見え、何が見えないのか」を決定する場になっていると言えるだろう。

ここでジュディス・バトラーが「可視性(visibility)の場」と呼ぶ視覚を構成する権力に注目してみたい(バトラー 1997)。バトラーは、一九九二年に起きたロサンゼルス暴動の引き金となった「ロドニー・キング事件」の裁判過程を詳細に分析した。そこでバトラーは、法廷で流された事件のビデオ映像を観た陪審員たちが、なぜ白人警官たちに袋叩きにあっているひとりの中年黒人男性が暴力の根源であり加害者だと判断するに至るのかを読み解く。被告弁護側は、ビデオ映像に解説を加えながら、ロドニー・キングこそが脅威を与えていたのだと主張し、警官たちは防衛していたのだという論理を打ち出していった。

バトラーによれば、この論理がまかり通るのは――つまり殴られている黒人身体が自らを守るためにかざした腕が逆に警官たちに脅威を及ぼす危険の源だと証拠付けられていくのは――、ビデオ映像を無視した結果ではない。「むしろ、可視性の場そのものが人種差別に満ちあふれており、その場の内部でビデオの再生が行われた結果」なのである(バトラー 1997: 123)。ビデオを観る過程のなかで、黒人男性の身体運動そのものを過剰だとする視覚表象が、警官たちの暴力を正当化させる幻想を機能させていくのである。

このような芸当が達成されるのは、「何が見え、何が見えないのか」という視覚的証拠を決定する視覚の場が、すでに常に人種差別的な解釈枠組みに占拠されているからである。その構造化された視覚の枠組みにしたがってビデオ映像を観る際、映像の一コマ一コマに優先し先立つ物語が暗示される。

そして、その物語を解釈しながら目の前の映像を観ることで、「こう見えた」という視覚的証拠は確実な事実として振る舞う(バトラー 1997)。バトラーは、このプロセスを人種差別的な視覚の様式を訓育し、統制していく規律権力の場だと捉えるのである。

バトラーは、このような視聴プロセスを、単にメディアによって操作される受動的な視聴者像を設定し、人種的偏見の問題として論じているのではない。むしろ、視覚を形成するマトリックスがいかに身体化されるのかという観点からこの問題について考えている。これはピエール・ブルデューが論じたような文脈や状況に埋め込まれる身体ハビトゥスという概念と呼応する(ブルデュー 1988)。ブルデューのハビトゥス論にしたがうならば、何が見え、何が見えないのかというスポーツ観戦における視覚の規範は、意図的でもなく、計画的でもない仕方で体内化されていく。

「可視性の場」をめぐる権力の問題をスポーツ観戦における人種差別的な視覚の形成過程に応用してみるなら、黒人選手の身体運動へのまなざしは、それに先行する「身体能力」という物語によって暗示されていると考えることができる。スポーツを「観る」という一連のプロセスが、例えば友人たちとの日常的なスポーツ談義や、新聞、雑誌、テレビからの情報入手を通じて試合展開を予想し、注目選手のデータを頭に入れ、対戦する二つのチーム(や選手)のプレーに関する歴史性と自分の記憶を動員しながらその試合に臨むことから始まるとするならば、私たちはある程度、既存の物語に沿ってプレーを観ることになる。事前の情報やイメージに沿って実況や解説者の言葉を聞きながら、プレーを観るとき、そのプレーのひとつひとつに優先し先立つところの見方や解釈の仕方が暗示され、「そのように見える」視覚がそこで再生産される。見えたプレーと「物語」や解説との一致が、「こう見えた」という視覚的証拠を繰り返し生み出していくのである。

黒人の身体能力という神話が多様な解釈可能性を無化して成り立つのは、視覚の場それ自体が構造化され、身体化されたハビトゥスとして観る者の視覚を規範化しているからにほかならない。スポーツ観戦がこのような視覚を繰り返し生み出すのならば、プレーを観るという経験は、既存の物語、イメージ、情報によって編制される人種化された視覚を反復的・儀礼的に訓育する過程として考えていかなければならない。

また、この視覚のハビトゥスが「黒人性」を生産する現場となっている点にも目を向ける必要がある。一九九〇年代以降、ナイキやアディダスのようなグローバル企業のCMの中には、多くの黒人スターたちが登場し、「黒人性」を反復して生産する回路が切り開かれた。マイケル・ジョーダンは、ナイキのCMのなかで一〇メートル以上もジャンプしてダンクシュートをきめた。黒人の超人的な身体能力神話をこれ以上補強したものはないだろう。ブラジル代表の黒人サッカー選手たちは、軽やかなブラジリアン音楽をBGMに、空港をピッチに見立て、そこで快楽的で陽気なサッカーを披露した。ナイキとセレソンは、CMのなかで「4―4―2」のシステムを廃して「1―1―8」こそが「美しいサッカー」だと主張した。ロナウジーニョは、フリーキックをゴールのバーに命中させては足元に戻し、再びバーに命中させるという曲芸を見せてくれた。

こうして作られた、黒人ブラジル人選手は「陽気」で「快楽的」で「リズム」がある運動と、組織よりも攻撃的な個人技を繰り出すという集団イメージは、二一世紀の最初の一〇年のサッカーイメージを支配した。文化研究者であり、サッカー文化についてクリティカルな分析を提示している小笠原博毅は、特定のプレーや身体運動を特定の「人種」や「国民性」へと照応させるときに生じる問題を次のように述べている。

「この奇妙な、無根拠な、人為的な、しかし日常的で強力な照合関係に身を任せて快楽と絶望感とを反復して経験するとき、ある種の非政治化された美学的判断が頭をもたげてくるのだ。やはりブラジルのプレーはリズムがいい、気持ちがいい、抑揚がある、変調がある、「踊っている」と」(小笠原 2002: 219)。

小笠原は、単にステレオタイプ化されたサッカーの見方を批判しているのではない。イメージや情報が目の前で展開されるプレーへと投影され、特定の人種や国民性との間の一致関係に興奮を経験するとき、サッカーの技芸は非政治化された美学となって立ち現れる点を問題にしているのである。そして何より、この図式にしたがってプレーを観ることが「観戦」のあり方を支配しているとすれば、サッカーをこれほどつまらないものにしてしまうことはないだろう。筋書きのないゲーム展開などは最初から期待されていないことになってしまわないだろうか。ブラジル人選手のプレーがどのようなものであっても、お馴染みのリズムや楽しさや個人技が発現されたものとして語られ、観ている側はそれを既視感とともに受け取り、安心し、満足するに過ぎないことになってしまうのではないだろうか。

このような美学的判断からは、ブラジルの黒人コミュニティの貧困状況も、黒人選手たちがどれほど厳しいトレーニングや過酷な選別システムを生き抜いてきたのかも、私たちの視野から除外されてしまう。米俵の中のわずか一粒だけがロナウドやロナウジーニョだということを忘れ、ブラジルサッカーは「美しい」「楽しい」という神話のみが君臨していくのだ。

4　非政治化された美学——リーフェンシュタールの新しい視覚

現代のメディア文化やグローバル企業のCMが作り出すイメージと、それを観る者たちの視覚を通じて物象化されていく黒人男性選手の身体を考えるとき、私たちはレニ・リーフェンシュタールが生み出したヴィジュアル文化の美的形式へと批判的に立ち返る必要がある。その際、特にこの女性映画監督の代表的な作品である『オリンピア』(一九三八年製作、日本では『民族の祭典』『美の祭典』に分けて公開された)を避けて通ることはできない。

この作品の映像技術や製作過程の詳細、イデオロギー性、そして非政治性を装った政治性については、メディア研究者の伊藤守が批判的立場から鋭く論じているため、ここでは詳しく立ち入らない(伊藤 2004)。しかし、伊藤も含め何人かの論者たちがこれまで問題にしてきたように、繰り返されるリーフェンシュタールの復権をめぐる力学——彼女の作品はファシズムの政治とは実は無縁だったという論調——によって、彼女を純化しようとする動きには細心の注意を払わなければならない。というのも、人種差別とは無縁な、単に純粋な美的芸術だったとして彼女の人間味溢れる映像感性を救済しようとする論調(彼女自身による救済も含む)のなかには、これまで本章が問題にしてきた視覚の場を通じた「黒人性」の生産の契機を発見することができるからだ。

まず、リーフェンシュタールの非政治化された美学に鋭くメスを入れた作家のスーザン・ソンタグの辛辣な批評「ファシズムの魅力」に目を向けてみたい(ソンタグ 2007)。ソンタグは、リーフェンシュタールが晩年に出版した『最後のヌバ』――スーダンの山岳地帯に暮らすヌバ族を対象にした写真集――に掲載されている彼女の履歴に関する嘘を暴きながら批評を展開していく。しかし、それは単なる暴露ではなく、この批評が優れているのは、ナチスの時代から晩年の『最後のヌバ』へと一貫して描かれているものの根幹にあるもの、つまり「ファシズム美学」の連続性を探り出している点にある。

ソンタグによれば、初期の山岳映画、ナチスの党大会を撮った『意志の勝利』、ベルリン・オリンピックの記録映画、そして『最後のヌバ』を貫いて流れるものは、未開なるものへの特別な憧憬と称揚であり、自然の力と美しさの前で経験する眩暈である。『オリンピア』では、それが共同体形式の叙事詩となり、そこでは自民族中心的で自己陶酔的な英雄譚が日常的な現実を超越していった。そして、「スポーツする部族」だと解釈されたヌバの男性たちの肉体への賛美を通じて、やがてリーフェンシュタールは戦う肉体の誇示と強者の勝利を共同体文化の統合的象徴へと昇華させたのだ。

未開への憧憬と称揚、共同体と肉体の復活、文明の手の届かないところで環境に純粋に適応しているヌバの人々を賛美するリーフェンシュタールの作品群は、ソンタグによれば未開なるものに心を惹かれた者の理想の表明である。「ナチスの時代には時代にぴたりと同化し、第三帝国の時代のみならず、その没落から三〇年をへたのちもファシスト美学のテーマの多くを一貫して表現してきた大物芸術家といえば、リーフェンシュタールただ一人あるのみ」だと皮肉たっぷりに指摘している(ソンタグ 2007: 105)。

ポール・ギルロイは、リーフェンシュタールのファシスト美学を批判的に思考していくための出発点としてソンタグの批評を評価しつつも、ナショナリズムや階層関係へと繋がる人種的差異化という問題を彼女が探究していない点を指摘し、さらに別の視座を提起している(Gilroy 2000)。ギルロイは、リーフェンシュタールがナチの幹部や主導部と親密な関係を持っていたが正式な党員でなく、にもかかわらずナチの思想に熱狂するという複雑な「位置取り」に注目する。その位置取りを土壌として、彼女は黒人を嫌悪する人種差別主義者ではなかったという論理が動くと考えている。

ジェシー・オーエンス

確かにリーフェンシュタールは、アメリカの黒人スプリンターであるジェシー・オーエンスの勝利に舌打ちしたヒトラーとは違って、『オリンピア』の映像のなかで誠実にオーエンスを称えている。スタートラインで準備するオーエンスの表情をゆっくりとズームで捉えるカメラアングルは、オーエンスの黒い身体に魅惑されているリーフェンシュタールを想像させるに十分である。さらに晩年、ヌバの人々と戯れる彼女の無邪気さが加われば、彼女のナチへの傾倒とその政治性が純化される理由が整いはじめる。

このようなリーフェンシュタールのまなざしは黒人を身体的に卓越した存在だとして称賛するが、ギルロイは、黒人の身体を賛美し優越性を認めることは人種に基づく思考を放棄することでもないし、超越することでも追放することでもないと繰り返し主張する。「黒人の身体は美しく、力強く、優雅だというのは、競走馬や虎の美しさや力強さや優雅さという意味でそうなのだ。結局のところリーフェンシュタールによって理解された美と力は、文化的な達成によるものではなく、もっぱら自然の特性によるものなのである」(Gilroy 2000: 174)。黒人身体の賛美は、人種という考え方や、論争の余地のない自然化されたヒエラルヒーからの解放への門戸には至らないのだ。

黒人身体に自然の特性を発見し、特別な称揚を捧げるリーフェンシュタールのまなざしのなかに、ギルロイは現代のヴィジュアル文化の入り口を発見する。リーフェンシュタールのファシスト美学こそが、現代のスポーツを含むヴィジュアル文化における「黒人性」の生産様式の先頭を走っていたと睨んでいるのだ。「リーフェンシュタールによる人間の身体の喜びに満ちたエロティックな称賛は、新しい視覚の切り口のはじまりとして理解できるだろう。ヒューマニティが引き合いに出されるが、それは階層化されたヒューマニティであり、視覚化された人種の境界線に沿って切り分けられ、はっきりと差異化されている。暗に意味される悲劇の根底にいるのは、アフリカ人が保持している身体的な力を失ってしまったアーリア人なのである」(Gilroy 2000: 174)。

リーフェンシュタールによる革新的なカメラワークと編集テクニックによってもたらされる視覚は、失われたものへの特別な愛着を美学へと昇華させる。その視覚のなかでは、未開たるアフリカ的身体は、視覚化された人種の境界線に沿って差異化され、特別な意味を呼び込むものとなる。論争の余地のない自然化された身体は、カメラを覗く視覚の主体がすでに失ってしまったものとなり、欲望される絶対的な他者となる。そして、この他者としての黒人身体を構築する視覚の場は、同時にナショナリズムの土壌ともなる。次節では、再び現代スポーツの場面に戻り、人種化された視覚が生み出す他者の身体を通じて、国民化された身体が構築されるプロセスを批判的に見ていきたい。

5　身体表象と視覚のナショナリズム

身体の復活を共同体復活の統合的象徴とする物語は、リーフェンシュタールの作品に一貫するテーマであった。私たちは、これを過去にあったファシスト美学だと言って済ますことができるだろうか。とりわけ二一世紀の日本におけるポピュラーな身体論の隆盛を部分的に支えているのは、かつて「日本人」が持っていたはずの身体を取り戻すという論理である。特に斎藤孝の身体論がそうであるように、高度成長期や江戸時代の「日本人」が持っていたとされる身体技法を復活させようとする動きは、それを復活させることができないと想定される人々、例えば日本に定住する外国人や移民労働者をすみやかに他者化しながら「日本人」を構築する。斎藤は、力士や労働者や街路で遊ぶ子供たちの生き生きとした身体を写した図解を巧みに差し出し、そこに理想の「日本人」の身体を読み取っていく(斎藤 2000)。そこでは力士のような特別な職業の身体の持ち主が「日本人」の身体を代表＝表象する存在として想定される。

この種の身体論は、「日本人の身体」という表現が端的に示すように、特定の身体性(特定の文化が刻まれた身体)と、特定の地理(土地)、血縁、国民性といったカテゴリーとの間の照応関係を所与と見なす。ここでの身体性は、特定の時代の特定の誰かの保有物(文化)として語られ、身体の所作や振る舞いと「日本人」との関係は、直線的に結びつき、その関係はあたかも自然なものとなる。本章では、こうした思考法の土壌にあるものを「身体論ナショナリズム」と呼ぶことにしたい。

国民的同一性を復権しようとするポピュラーな身体論の潮流の中で、身体がひとつの拠り所として浮上していることを考慮しつつ、ここで再び、スポーツを観る視覚の場を国民形成の土壌として問題化してみたい。その際、W杯のような国際試合のサッカー観戦を通じた「国民」への自己同一化について論じているサッカー文化研究者の有元健の議論がきわめて有効となる(有元 2003)。

有元は、フランスの文化人類学者クリスチャン・ブロンバーガーの議論を参照しながら、サッカー観戦における共同体への自己同一化の過程を論じている。ブロンバーガーは、イタリア南部にホームを置くクラブであるナポリのプレースタイルとそれに同一化していくファンの関係を詳細に読み解き、ファンが「わがチーム」のプレースタイルを観て情動を投企するときに生み出される、ピッチ上のプレースタイルとファンの集合的な存在の代理＝表象の照応関係に注目していく。「このプレースタイルは、あるコミュニティがそれを通じて自らを同一化し、また自己に付与しようとするような、ステレオタイプ化されたイマジナリーに照応するのである」(ブロンバーガー 2003: 138)。ブロンバーガーは、ファンが「心」に抱くプレーのイメージと、ローカルな生活や文化形態のイメージとが一致していくプロセスにおいて、観る者たちの集合的アイデンティティが形成されていくと述べている。

こうした議論を経て、有元はテレビや新聞などを含むメディアに媒介された日本代表チームのプレーに関する物語と、そのプレーを観ることとの間に生じる相互の投影関係を通じて、「私たち日本人」という集合性への自己同一化が行われると考える。有元が特に問題にしているのは、そうした国民的自己同一化が人種やジェンダーをめぐる複雑な排除と包摂の過程の結果として生じるという点である

(有元 2003)。排除と包摂が展開され、国民的自己同一化が行われる舞台のひとつが、特定のチームや選手の身体表象なのである。二〇〇二年のサッカーW杯のメディア表象を事例にしながら、有元は一方に「高い身体能力」として特権的に表象されるアフリカの黒人選手のプレーがあり、他方にそれと対関係になる「日本の組織力」という言説があることを指摘している(有元 2003)。「こうした身体をめぐる他者表象がその対として自己の身体図式を構築している」のである(有元 2003: 41)。続けて次のように述べている。「それは日本代表のプレースタイルをステレオタイプ的に表象すると同時に、暗黙のうちに他者である白人や黒人との比較における人種的な身体能力の欠如を意図せず訴え続けている」(有元 2003: 41)。「組織力」という日本代表にお馴染みのステレオタイプは、他者の身体表象を通じて構築され、「日本人の身体」という自己表象を組み立てるための強力な要因となっていくのである。

日本人の身体能力の劣等性という物語と、だからこそ「組織」で補完するという物語に沿って日本代表のプレーを観るとき、プレーの可視性の場では、一方に「黒人の身体能力」というイメージを強固にするような物語の解釈が作り出され、他方でそれを鏡にして「私たち日本人」への同一化が行われ、国民性が作り出される。日本代表のプレーがいつも「組織力」としてのみ表象されるのであれば、「何がどう見えるのか」というプレーの可視性の場は、人種化され、同時に国民化された解釈枠組みに占拠されているということになる。このように考えるなら、観戦の経験は「何がどう見えるのか」を暗黙のうちに選別し、訓育し、統制していく過程ということになる。

ここで私たちは、スポーツを観ることのなかに組み込まれているひとつの制約を発見することができる。それは、メディアに媒介された既存の物語や情報に沿ってプレーを見ながら「やっぱり日本人は〜だ」と感じるように、あらかじめ準備された「日本人の身体性」というステレオタイプにしたがって視覚的証拠に出会うという、暗黙の「観戦の規則」とも言える。このように、見える対象(プレーする身体)と見る者(観戦者の視覚)とが相互模倣的に照応関係を築き、見える対象への自己同一化がなされていく過程が国家や国民性を舞台に作動するとき、それを「身体論ナショナリズム」の一形態と考えることができる。

ところで、このスポーツ観戦のナショナリズムは、有元が指摘しているように自己の「欠如」という物語から派生する。そこで欠如しているのは身体能力であるわけだが、先にふれた斎藤の議論においては、日本人の伝統的な身体が「欠如」しているという物語になる。同様に、リーフェンシュタールの作品群にも文明化によって失われたアーリア人の身体の復権(その裏返しとして文明化されていない他者の身体が欲望される)というテーマが流れている。スポーツのように身体が前面に押し出される文化は、身体の欠如と復権(補塡)という物語が、その裏面においては包摂されない他者を作りつつ、特定の国民性への自己同一化を強力にドライブさせるための格好の舞台となっているように思える。私たちはスポーツを観るときに、身体をアイデンティティの拠り所として思考する様式を身体化し、それに慣れ親しんでいるようだ。

では、このように身体論ナショナリズムの形態や枠組みに基づきながらスポーツ観戦の視覚のハビトゥスが作り上げられているならば、私たちはこの歴史や記憶として身体化された物質性や構築されたドクサ(思い込み)から逃れることはできないのだろうか。視覚の人種化、視覚のナショナリズムに占拠された視覚によってしか、私たちはスポーツを観ることができないのだろうか。

6　情動を制御する視覚のハビトゥス

本章ではここまで、スポーツを観ることとは、単に観ることではなく、読む(解釈する)ように観る過程だと考えてきた。そしてこの過程には、もうひとつ「情動の制御《コントロール》」という作用が働いていることも確認しておきたい。プレーを観て思わず立ち上がったり、興奮して叫んだり、脈拍があがったり、体が熱をおびたり、緊張して寒気がしたり、失望して黙り込んだりするようなスポーツの観戦体験においては、身体の物質性や、「脳／神経／筋肉」回路における反射・反応といった前‐個体的な身体、つまり「情動(affection)」の働きが活性化する。意識や解釈の手前で発火した情動は、身体化された「観戦の規則」によって制御を受け、特定の解釈枠組みにはめ込まれる。触発された情動は、事後的に「こう見えた」という視覚的証拠と出会い、照応され、意味を与えられる――「やっぱり黒人の身体能力はすごい」というように。このように、プレーに誘われて発露した情動は、制御され、「何がどう見えるのか」をめぐる意味の抗争のなかで方向づけられていく。前‐個体的な観戦の情動は、個別の解釈主体へと訓育されるのである。

不定形な情動のパルスが形を与えられ、特定の視覚的証拠と照応する意味へと還元される作用を、本章では「視覚のハビトゥス」という観点によって論じてきた。この観点からすれば、スポーツ観戦とは、既存の物語がそれ自身を「視覚的証拠」として、「やっぱり黒人は〜だ」「日本人は〜だ」と見えるような信頼性やドクサを生産し保持するような、日常的で身体化された儀式とも言えるだろう。その場合、スポーツを観る視覚は、反復して国民性や黒人性を構築する現場となり、そうやってできあがる記憶を歴史化する貯蔵庫にもなる。したがって、スポーツを観る視覚はいつでも過去を演じ、過去を再現する場ということになる。視覚のハビトゥスは、まだ意味を持たない、未だ方向を示さない情動を制御しながら、「見えるものの将来への約束」として反復的に機能するのである。

だが前にも述べたように、スポーツ観戦の魅力を支えているものが予測不可能性にあるのだとしたら、これほどスポーツをつまらないものにしてしまうことはないだろう。だからこそ、スポーツ観戦において、あらかじめ人種差別的な視覚や、ナショナリズムに占拠されているような視覚が配置されていること、またそれをもたらす権力があることを、いかに批判的に読み解くのかがきわめて重要な問題となる。また、同時にスポーツ観戦の視覚を部分的に即興的な実践活動として読み直す作業も必要となるだろう。ハビトゥス論は、スポーツ観戦の視覚の実践が既存の枠組みを反復して構築する政治的な過程であることを証明するためには有効ではある。しかし、その反復や物語の引用が失敗する瞬間を捉え損なう道具ともなる。私たちはすでに既存の物語と視覚的表象の一致によって生み出される視覚的な証拠が、証拠として機能しない場面に何度も出くわしているのではないだろうか。第6章で詳しく述べるが、印象的なものを挙げれば、一九九八年のW杯のロナウドには黒人特有とされるリズムや高い身体能力の発現はなく、彼はただピッチで痙攣する身体を全世界に露呈させた。九六年のアトランタ・オリンピックの開会式でのモハメド・アリの震える身体は、身体能力神話を攪乱した。また、二〇〇六年のW杯では、ナイキが作るブラジルのビューティフル・サッカーのイメージを実現しようとしたセレソンのメンバーたちが、その支配的イメージによって束縛され、自分たちがやるべきサッカーを見失ったことを、メンバーだったロベルト・カルロスはメディアに暴露している。

このようにスポーツのシーンのなかでは、既存の枠組みによって解釈できない瞬間に出会うことがしばしばある。そうした経験によって、それまで制御され周縁化されていた視覚のエージェンシーは作動する。つまり、情動を別の視覚の枠組みへと物質化する可能性――エージェンシー――あるいは視覚の行為遂行性――が常にあるのだ。この視覚のエージェンシーは、視覚のハビトゥスをハビトゥスたらしめている習慣に亀裂を入れることがある。そもそも、多くのアスリートたちが自身の実践の再現性を高めるために創意工夫し日々努力している様子を知るならば、あるいは、ビッグデータとAIを投入してプレーの予測や再現性を高めるために莫大な資本とエネルギーが投入されている現場をみるならば、プレーのひとつひとつがどれほど偶発性に委ねられ、どれほど再現性に乏しい一回性の出来事であるのかを理解できるだろう。

したがって私たちには、不確定な実践の集積としてプレーする身体を捉える視座と言葉が要求されることになる。観戦のハビトゥスを、行為遂行性(習慣の亀裂や意味の過剰性)として分節化していくことが、視覚の場を占拠する「観戦の規則」という暗黙の規範に挑戦し、新しいスポーツ観戦の可能性を切り開くための鍵となる。そのときスポーツ観戦は、既存の人種的差異、既存のナショナリズムのあり方を組み替える現場に限りなく近づくだろう。

第 III 部
アスリートたちの闘い

［写真］
2019 年の W 杯を制し，
ニューヨークで祝福を受けるアメリカ代表チーム．
左端はキャプテンのミーガン・ラピノー．
（UPI／ニューズコム／共同通信イメージズ）

第5章 批判的ポスト・スポーツの系譜
――抵抗するアスリートと「ソーシャル」の可能性

1 批判的ポスト・スポーツ――「ソーシャルなアスリート」の登場

黒人アスリートたちの片膝をつく抗議が続いている。二〇一六年の夏、ひとつの身体が訴えた反人種差別の表現は、Twitter、Facebook、Instagramといったソーシャル・メディアのなかを瞬く間に循環し、スポーツ界のみならず、トランプ政権に異議を唱える人々、人種差別や移民差別に反対する世界各地の人々の怒りの情動を突き動かした。

発端は二〇一六年八月に遡る。相次ぐ白人警察官による黒人射殺や人種差別的な行為に抗議して、NFL(ナショナル・フットボール・リーグ)でクォーターバックとして活躍していたコリン・キャパニック(二〇一六年当時サンフランシスコ・フォーティナイナーズに所属)は、試合前の国歌斉唱の際に起立することなくベンチに座ったままの姿勢を貫いた。黒人たちに対する日常的な差別や暴力や殺人を「見て見ぬふりをするのは自分勝手だ」「黒人や有色人種への差別がまかり通る国に敬意は払えない」というキャパニックのメッセージは、大きな物議をかもすことになった。排他的ナショナリストからは国歌や国旗に失礼だという非難のコメントが相次いでツイートされた。キャパニックのユニフォームが焼かれる動画も投稿された。

やがてキャパニックは試合のたび、国歌斉唱の際に起立することなく片膝をついた姿勢で反人種差別を表明した。この身体表現による抗議は、他の多くの身体によって模倣された。二〇一七年九月には、全米各地の試合で一五〇人以上のNFL選手たちが片膝をつくことで、アメリカにおける黒人や有色人種に対する差別への抗議を示した。ソーシャル・メディアを通じて拡散し、流通し、共有されていく選手たちの動向は、NBAやMLBといった他のプロスポーツ界にも飛び火し、子供たちのスポーツの現場にまで及ぶ。このように無数の人々が繋がり、作り出されたネットワークは、その内部に多様性を抱える「ソーシャルなアスリート」となって広がり続けたのである。

こうした事態を受け、ドナルド・トランプ大統領は抗議に賛同するアスリートたちを演説のなかでひどく罵り、Twitterで何度も毒づいた。「NFLやその他のプロリーグで高額の報酬を得る特権が欲しいなら、選手たちは我々の偉大なアメリカ国旗を侮辱することは許されない。国歌斉唱の時は起立すべきだ。それができないならお前らはクビだ。他に仕事を探せ！」(二〇一七年九月二四日)。

この低俗な発言の内容は、なんら吟味に値するものではないが、トランプが持つ偏狭で時代錯誤にまみれたスポーツ観のようなものは見えてくる。トランプにとってアスリートとは、白いアメリカに忠誠を誓う者であり、白人中心の愛国主義に包み込まれなければならない。肉体労働者たるアスリートは、オーナー(主人)に雇われ、黙って競技(肉体労働)に専念して報酬を与えられれば良い。それができないなら「お前らはクビだ！」というわけだ。実際のところ、キャパニックはアメリカン・フットボールのフィールドから締め出されることになった。二〇一七年シーズンにチームとの契約が終了して以降、プレーの現場に復帰する道は閉ざされたままだ。

しかし、二〇一八年には起立しない選手に罰金を課すという規則をＮＦＬが打ち出すものの、選手会はそれに激しく反発し、マイアミ・ドルフィンズの選手たちは試合前に膝をつく抗議を継続した。キャパニックは、人種差別への抗議を理由に各チームのオーナーや関係者が共謀して彼を排除しようとしているとしてＮＦＬを提訴し、のちに勝訴している。このようにトランプやＮＦＬの強権的な姿勢を何度も押し返していく黒人アスリートたちの姿が教えてくれるのは、スポーツという領域に関わる者たちが支配従属関係に絶えず批評を加え、その権力関係を組み替えてきた歴史のプロセスである。黒人たちがスポーツで「特権」を得ているのだと白人支配層が揶揄するものは、一九六〇年代以降、黒人アスリートたちが長い時間と労力をかけ、多くの犠牲と引き換えにしながら奪い取ってきた重要な文化的・社会的財産なのである。

近代スポーツは一九世紀の中頃に、英国のジェントルマン階級によって整えられた新しい身体文化であり、彼らの規範やエートスが反映され、体現されたものである。初期のスポーツは白人のものであり、男性のものであり、大英帝国のエリートたちのものであり、異性愛主義者のものだった。しかしそのスポーツは、誕生の端緒から挑戦に晒され続けてもきた。労働者階級、女性、黒人、移民、被植民者、ＬＧＢＴＱ、アメリカを含む非ヨーロッパ、そしてアジアやアフリカ諸国の人々が、社会的・文化的な闘争を通じて閉ざされた壁をこじ開け、スポーツの領域に参入し、この文化のかたちを変えてきた。その意味では、近代スポーツは誕生から間もなくして「ポスト・スポーツ状況」へと突入し、いまなお変容し続けているのである。

この「ポスト」という状況は、第1章でも述べたように、ジャック・デリダやスチュアート・ホールの理論から着想されるものである(デリダ 1992; ホール 2001; 2002)。ポストという接頭辞は、明確な時期区分としての「〜の後」を指し示す時間概念ではない。刻印された過去の痕跡は、消去されたかのように思えても、消しゴムで消された文字の跡が何かの具合によって浮かび上がるかのごとく、別の時空間や文脈のもとで姿を現すことがある。ホールが好んで使う言葉を引用するなら、「進行中の一時停止」という状況を説明する概念である。したがって本章における「ポスト・スポーツ」は、帝国主義、白人中心主義、男性中心主義、異性愛主義を生み出し、それらを正当化するための支配装置としてのスポーツの時代はもう終わったということを指し示す概念ではない。ここでの「ポスト」は、支配従属関係を生み出し、それを継続する支配的なスポーツのあり方を常に批評し、スポーツを通じて創られる社会領域内に多種多様な存在が多種多様なままで存在できる様式を認めていくプロセスを示す概念なのである。

本章では、これを「批判的ポスト・スポーツ」の政治と呼ぶことにしたい。一九世紀に誕生した近代スポーツの諸概念は、もはやそのままでは使いようのないものになっている。いわばスポーツは「抹消の状態」に置かれているのだ。つまり、スポーツという言葉や概念、理想とする身体性(白人、男性、ヨーロッパ、異性愛者、健常者……)は、もとのままでは役に立たないものになっている。だがそれに替わる言葉や概念がいまのところ見当たらないために、私たちは従来の「スポーツ」という概念を使っていまのスポーツ界で起きている事象を考えざるをえない。

ホールはこうした姿勢を「限界において思考すること」だと述べている(ホール 2002)。これはデリダが「二重のエクリチュール」と呼ぶ身振りとも呼応する。

一方では、高位にあるものを引き下げる逆転、……他方では、ある新しい「概念」――もはや以前の体制のなかには含みこまれるままにならないもの、かつて一度もそうされるままにならなかったものの概念――の侵入的浮上、この両者のあいだの隔たりを表記する必要があります(デリダ 1992: 61–62)。

スポーツに関わる者たちが「限界」において思考し、闘争することによって、スポーツを取り巻く社会のなかに構成される支配の仕組みを批判し、反転させながら、新しい概念の出現を待つ。この反転と出現の隔たりに与えられる名称が「批判的ポスト・スポーツ」なのである。キャパニックは、こうしたインターバルに出現したアスリートであり、批判的ポスト・スポーツの歴史的文脈に位置づけられる存在だ。

彼の批判的な身体表現に触発された「ソーシャル」な繋がりは、キャパニックというひとりの人間の行為だったものを脱中心化させ、局所と局所、現場と現場、身体と身体を連結させていく。スタジアムで遂行された膝をつく身振りとその複製(動画や写真)は、分散型のネットワークを形成し、そのなかを流通し、引用され、模倣されることで、ひたすら循環し続ける絶え間ないプロセスを形作っている。このようにアスリートたちの身体を基盤にした抗議運動が新しいメディアと結びついて構成される「ソーシャルなアスリート」は、ポスト・スポーツの重要な特徴のひとつとなっている。

この「ソーシャルなアスリート」というネットワークで繋がる諸身体の集合性は、ポスト・スポーツ状況に出現してきた新しい存在である。「ソーシャルなアスリート」とは、単に個人と個人、友達と友達、端末と端末が繋がることを意味しない。特定の歴史的文脈のなかで、耐え難い課題に突き当たり、それとは「別の可能性」を見出そうと奮闘する者たちが、過去(植民地主義)と現在(ポスト・コロニアル)、起源(想像の共同体としてのアフリカ)と経路(ディアスポラ)といったさまざまな二重性を持つ時空間において構成される歴史的諸力を共有し、それを身体化することのうちに、この新しい存在は求められるものなのである。ポスト・スポーツの時代は、新たな繋がりを生み出す情報技術と結びついているのみならず、新しい「身体技法」(マルセル・モース)の諸実践――政治的な身体表現のネットワーク――の共有に向けても開かれている。キャパニックを発火点とする新しい政治的な身体技法は、一九六〇年代後半に黒人アスリートたちによって創り出された近代スポーツの「別の可能性」の潜勢力《ポテンシャル》を現在の文脈へと召喚した。六八年のブラックパワー運動における「黒い拳」のネットワークと「キャパニックの膝」は、五〇年という長い年月を経て出会い、結びなおされたのである。

2　ジョン・カーロス、再び

キャパニックらの身体表現に先立つ二〇一四年一一月。ミズーリ州セントルイスに本拠地を置くNFLのセントルイス・ラムズ(現ロサンゼルス・ラムズ)に所属していた五名の黒人選手たちは、ホーム

セントルイス・ラムズの5人の選手(AP)

スタジアムで行われる試合の直前、入場口からフィールドに飛び出してくると、なんら言葉を発することなく、ただ両手を挙げて無抵抗(丸腰)の姿勢を体現した。この様子は#BlackLivesMatterを通じて、瞬く間にソーシャル・メディアを通じて世界を駆け巡った。(1)

同じミズーリ州ファーガソンで八月に起きた白人警官による黒人少年マイケル・ブラウン射殺に対し、大陪審は白人警官の不起訴という決定を下した。こうした理由から、丸腰の黒人への残忍な行為に対する怒りの反応は暴動となって、車を焼き、商店を襲った。抗議行動は「ファーガソン・プロテスト」と呼ばれ、"Hands up, don't shoot"(丸腰だ、撃つな)、"Black Lives Matter"(黒人の命だって大切だ)というスローガンとともにアメリカ各地に広がった。このような事態のなかで起きた黒人アスリートたちの無言の身体表現であったのだから、誰しもその抗議の意味を理解できた。ラムズの選手たちは、無抵抗のまま殺されたマイケル・ブラウンとファーガソン・プロテストへの団結を示したのである。それはアメリカに暮らす黒人たちの現実の生活と苦難を象徴的な形で際立たせるものだった。

だがアスリートたちの動向に対するセントルイス警察の反応も早かった。警察は、NFLとラムズに対して、抗議を表明した選手たちのすみやかな謝罪と処罰を要求した。「政治」から切り離され、極度に商業化された現代スポーツの世界では、「アスリートは政治的な抗議活動をするべきではない」、「アスリートは黙って仕事をして、結果を出すことを使命とするべきだ」というように、身体に関わる労働を暗黙のうちに蔑むような常識がまかり通っている。しかし、そうしたお馴染みの言説は、すぐさまある老齢の黒人の発話によって押し返されることになった。

もっと多くのアスリートたちが彼ら同様に、前に踏み出し、声をあげるべきだ。今回のような残虐行為はこれまでも起こってきた。こんなことはもうたくさんだ。私は一九六八年を思い出す。周囲は私が間違っていたと言うだろう。この新しい世代が出現するまでは。私は新たな世代がここにいるのだと感じている。(2)

これは一九六八年に開催されたメキシコ・オリンピック陸上男子二〇〇メートルの表彰台で、トミー・スミスとともに黒皮の手袋に包まれた拳を高く突き上げたジョン・カーロスの言葉である。彼もかつてスポーツの大舞台で、何も語らずに身体で異議を唱えたアスリートのひとりだ。はじめてカラー衛星放送で中継されたオリンピックの舞台で、ふたりのアフリカ系アメリカ人は、ブラックパワーへの敬意と団結を表し、奴隷制から続く黒人差別への抗議を表明したのである。

表彰台で黒い拳を突き上げる身振りは、黒人スポーツ史上もっとも意義深いものとして記憶されている。だが、ここに出現した身体の可能性やスポーツを通じた政治の可能性は、それほど重要視されてはこなかった。むしろ、「スポーツに政治を持ち込むべきではない」という、スポーツと政治を切り離すお馴染みの言説にたびたび利用され、スポーツの政治利用として厳しく処罰されてきた。事実、スミスとカーロスは陸上界を追放されることになった。ふたりはＦＢＩから長く監視され、死の脅迫を受け続けた。仕事を失ったスミスは、車の洗車場で働きながら生計を立てた。カーロスは、電気代を払う金がなく、ときには暖炉で家具を燃やして厳しい冬の寒さに耐えた。脅迫に耐えかねた妻は自殺したという。

しかし、カーロスたちの表彰台の身振りが「可能性」の新たな場所を生み出したことは確かだ。この時、オリンピックは既存の権力関係が映し出される儀礼であることを中断し、近代を通じて歴史の表面には現れなかった別のスポーツの可能性を出現させた。スポーツは政治と切り離された空間ではなく、耐えてきたことに耐えるのを止めて新しい生の可能性を表現することで、変容の兆候を産出する場所にもなりうる。カーロスたちはそのことを示してみせたのだ。もちろん、可能性を実現させることにはリスクや犠牲がつきまとう。事実、カーロスとスミスの人生は大きく変わってしまった。

だが、アスリートたちの身体によって表現されたものは予測不能なまま、現在へと至るもうひとつのプロセスを開始していた。だからカーロスは「新たな世代がここにいるのだと感じている」と喜び、擁護し、そして若者たちを鼓舞するのだ。ファーガソン・プロテストの勢いが収束する間もなく、今度は黒人男性を羽交い絞めにして窒息死させた白人警官たちへの怒りが米国各地で爆発した。カーロスが「新しい世代」と呼ぶアスリートのアクティヴィストたちは、NFLのみならずNBAや高校バスケットボール界の女性たちからも現れた。NBAのスター選手であるデリック・ローズをはじめとするアスリートたちは、窒息死したエリック・ガーナーの最後の言葉とされる“I CAN'T BREATHE”(息ができない)と書かれたTシャツを試合前のウォームアップ時に着用し、両手を宙に挙げるパフォーマンスを行って抗議した。(3) 一連のムーヴメントは「黒人の問題」であることにとどまらなかった。“Black Lives Matter”は、“MY Teammates' Lives Matter”へと読み替えられ、台湾系アメリカ人でロサンゼルス・レイカーズに所属していたジェレミー・リンを皮切りに、多人種からなる運動へと拡がっていった。スポーツの舞台が黒人差別のみならず、アメリカを構成する多種多様な人たちが日常的に受けている差別を問題にする場になっていったのだ。

こうした文脈から考えると、ファーガソン・プロテストに賛同するNFLの選手たちの無言の抗議は、スミスとカーロスによって提示されたスポーツによる政治的抗議の方法を現在へと召喚させたと考えることができる。近年のジョン・カーロスは積極的に政治にコミットしている。アメリカのスポーツ・ジャーナリズム界でクリティカルな姿勢と活動を展開するデイヴ・ザイリンや黒人文化研究者のコーネル・ウエストらと協力しながら回顧録『ジョン・カーロスの物語——世界を変えたスポーツの瞬間』(*The John Carlos story: The sports moment that changed the world*)を出版し、ザイリンが監督したドキュメンタリー映画“Not just a game”では、一九六八年当時の様子を生々しく伝えている。

またカーロスは、SNSやライブビデオストリーミング、ビルの壁面への投影といった新しいメディアを駆使してローカルな拠点をグローバルな運動へと転化させたニューヨークでの「オキュパイ・

ウォールストリート」に参加し、街路を占拠する群衆の前で演説を行った。警察当局によって拡声器の使用が禁止されていたこの運動のなかで、カーロスの発話は集まった占拠者たちの生の声からなる「ヒューマンマイクロフォン」の手法に乗り、まるで「こだま」のように伝えられた。カーロスの言葉やメッセージは、短いセンテンスに区切られて人から人へと伝えられ、やがて集団で繰り返し唱えられて遠くにいる無数の聞き手たちに届けられていったのだ。その声は、さらにTwitterのつぶやきやUstream中継といった多様なメディア形態が組み合わさることで多様な声となり、多様な身体へと届けられていった。(4)

こうして、デジタルなネットワークとその場に一緒にいる無数の身体のコミュニケーションが、カーロスという六〇年代の英雄を現代に繋ぎなおした。六八年に経験された黒人たちの成果と苦境は、カーロスを介して、現代におけるグローバル資本主義の横暴によって広がる貧困や格差に抗議する群衆たちの境遇に重ねられたのである。キャパニックらの抗議の「膝つき」、ファーガソン・プロテストにおける「丸腰だ」と無言で腕を挙げる身振りは、ともにメキシコ・オリンピックの表彰台でのカーロスとスミスの身体に触発され、模倣しながら創り上げられた。六〇年代のカーロスに関する記憶は、デジタル・ネットワークを介した社会運動や組織化のあり方、そして敵対性の構築のなかに折りたたまれ、そこで新たな感覚が共有・分有された「身体技法」となってネットワークを循環しているのである。ここでカーロスたちが創り出した身体技法の政治について、もう少し詳しく見てみたい。

3 「黒い拳」と表彰台のアプロプリエーション

一九六八年のメキシコ・オリンピック。陸上二〇〇メートルでスミスとカーロスはそれぞれ当時の世界記録を塗り替えて金メダルと銅メダルを獲得した。表彰台に向かう途中、ふたりは靴を脱ぎ、ズボンの裾をロールアップした。表彰台のふたりは、黒いウエアに身を包んでいる。スミスは黒いスカーフを、カーロスは首にビーズのネックレスを着けている。カーロスは、上着のジッパーを開けている。合衆国国歌が流れると、ふたりは顔をうつむけ、黒い手袋をした拳を空に突き上げた。彼らの身体を通じて上演されたものは何だったのか。身体で何を語ろうとしていたのか。近年カーロスは、あるインタビューのなかで次のように語っている。

ビーズは南部で縛り首になって命を落とした人たちの象徴を意味していました。多くの黒人たちが肌の色だけで、そして白人女性を見つめたというだけで縛り首にされました。……スミスは首にスカーフを巻いていました。黒いスカーフは、アフリカからの航海の途中で船から投げだされ、サメの餌食になった人たちへの追憶のためでした。歴史のなかで忘却された存在であり、誰にも祈りを捧げられることのない人たちのためです。次に、USAのユニフォームの上に黒いウエアを着ました。正直に言うなら、私は米国の行為に恥じていたのです。米国が歴史のなかでやってきたこと、特にあの当時、米国が私たちにやったことに対して。そのような気持ちを表現したかったのです。

小学生の頃から、この国は自由の土地だと教えられてきました。でも、表彰台に立つことになったとき、そうは思えなかったのです。それから、私たちはズボンの裾をまくりあげていました。靴は履かずに、黒いソックスでした。一九六〇年代南部の多くの子どもたちの貧困を表現しようと思いました。今でもそうだと思いますが、毎日裸足で一〇マイルも二〇マイルも通学していたのです[5]。

奴隷船や南部の記憶が差し挟まれた追憶を介して表彰台で演じられたのは、歴史の連続性を進行させつつ一旦停止させ、その裂け目に「別の近代」の時間を節合しようとする物語である。スミスの言葉も聞いてみよう。

高く掲げられた私の右手は、ブラック・アメリカのパワーを象徴している。カーロスの掲げられた左手はブラック・アメリカの団結を表している。それらはひとつとなって団結とパワーのアーチを形作った。……私たちの努力のすべては黒人の威厳を奪還することだった(Hartman 1996: 552)。

カーロスとスミスは、近代の資本主義の成立を影で支えた奴隷船の船底で、南部の農場で、都市の貧困地区で、それこそ体を張って生き抜いてきた黒人たちの歴史に意味を与え、そこに威厳を取り戻すことによって、近代史の裏面に抑圧されてきたもうひとつの近代史を語ろうとしているのである。それも、オリンピックという西洋白人中心主義の近代が生み出したスペクタクルの内部において。私たちは、ここに近代スポーツに対する、批判的ポスト・スポーツの登場を読み込むことができる。

はじめてカラー衛星中継が行われたメキシコ大会は、このように「色」による差別を世界に向けて批判する舞台となった。本来、オリンピックのメダルは国別に争われ、表彰式では国旗が掲げられ、国歌が流される。しかし、スポーツ史家のマイク・マークシーによれば、個人の勝利と国家の栄誉の象徴である表彰台のセレモニーは、彼らの身体表現を通じて、国民国家への忠誠とアイデンティティの放棄にも等しい「団結」という「新しい象徴」の舞台に置き換えられた(Marqusee 1995)。ふたりは、従来の表彰台が持つ支配的な意味秩序の空間の内部で、それを奪用／流用《アプロプリエーション》し、勝利者の栄誉の舞台を別の意味秩序の空間へと変貌させたのである。

アメリカのスポーツ史家であるエイミー・バスは、この抗議の身振りは侮辱的な「ニグロ」のアスリートから、誇り高い「ブラック」という構築された存在としてのアスリートへの変換を示すものだと論じている。それは既存の権力配置を転化させるために効果的に創案された文化的戦術だったのである(Bass 2002)。この時代を席巻したブラックパワー運動が、何よりも文化を通じた政治の戦術を巧みに編成していったことは有名だ。音楽、ファッション、ダンス、スポーツといった文化領域は、公式の政治から排除された者たちにとっての限られた闘争の場となった。そこで身体をめぐる表象と意味の価値づけが争われたのだ。こうしてカーロスたちの文化政治は、近代社会を支配してきた白人中心主義的な視覚領域や身体の意味作用への抵抗というかたちをとる。表象の客体として、偏狭なステレオタイプのなかに貶められてきた身体の意味を自分たちのもとに奪い返し、黒人身体の歴史を意味づけし直すための政治だったのだ。

ただし、ここで確認しておきたいのは、表彰台で主張された「ブラック」は肌の色に還元されないということである。スミスやカーロスの身体表現を本質主義や民族絶対主義的な側面の強調だと受け取ってはならない。「ブラック」とは、闘争を通じて構築される集合性に与えられた名前である。そのような意味で、この「ブラック」なるものを、ある特定の歴史的契機のなかで政治的なカテゴリーとして創造されたものとしたスチュアート・ホールの考え方が重要となる。ホールによれば、「ブラック」とは本質主義的な色ではなく、闘争の結果にすぎない。闘争を通じて、身体と意識は変化し、自己認識は変容する。それは同一化ではなく、変化し続けるアイデンティフィケーションのプロセスであり、新しい主体性の可視化なのである(Hall 1997)。スリランカ系イギリス人のシバナンダンも、「ブラックパワー」が必ずしも黒人性に限られるものではなく、黒人たちの運動と第三世界のアクティヴィズムを結ぶものだったと論じる。「ブラック」は、第三世界のアクティヴィストやラディカルたちが一緒になることができる政治的な色である。「ブラックパワー」とは、「ブラック」という合言葉に政治的意味を持たせるメタファーだったのだ(Sivanandan 1982)。

この時代、黒人アスリートたちの闘争を裏方として支えていたのは、元バスケットボール選手で、大学教員をしていたスポーツ社会学者ハリー・エドワーズである。彼は『黒人アスリートの反乱』(*The Revolt of the Black Athlete*)を出版し、六八年の抵抗運動の内実と意義を詳細に描いた研究者であり、活動家でもあった。そのエドワーズは、スミスとカーロスの行為を次のように評価している。

［彼らの行為は］すべての黒人たちに対してアクセスの可能性を示すものであり、インターナショナルな抗議のためのプラットフォームを約束する希少なルートだった。黒人たちの闘争のなかで、黒

人アメリカ人たちの抑圧を目の当たりにした戦闘的なスポークスマンによって長く代弁されてきたものが段階的に拡大されたものなのである。それは一国内の公民権をめぐる問題ではなく、インターナショナルな領域での人権に関する法と正義の侵害を問題にしたのだ(Edwards 1980: 189)。

事実、オリンピック前にエドワーズは、メキシコシティの若者たちやアクティヴィストと連帯する試みを準備していた。開催されるオリンピックを控えて、人権侵害と貧困問題、そして国家の暴力に異議を申し立てるために「トラテロルコ広場」に集まった若者や民衆たちの活動への連帯を目指していたのである。ここからもカーロスたちの運動が、インターナショナルな抗議のプラットフォームとしての「ブラック」だったことが窺える。

しかし、オリンピック開幕直前にメキシコでは想像を超える虐殺事件が起きた。その事実は公表されないまま、いや隠蔽されてオリンピックは開催された。カーロスたちの闘争の背後には、オリンピックがもたらす残虐な顔が潜んでいたのである。

4　トラテロルコの虐殺と反オリンピック

オリンピック開幕を一〇日後に控えたメキシコ市内「トラテロルコ広場」では、学生やアクティヴィスト、民衆たち約一万人が集まり、制度的革命党(ＰＲＩ)の長期独裁と腐敗した官僚制、日常のすみずみに浸透する管理・統制への不満から自由と民主化を訴えていた。ところがその夜、突如、武器を持たない学生や民衆たちは、警察と軍隊によって一方的に発砲され、虐殺されてしまった。約二〇〇〇人が投獄され、死者の数に関しては諸説あるが、三〇〇人とも言われている。エドワーズを介して断片的な情報は耳にしていたようだが、実際にメキシコに降り立ったカーロスは、そこで何が起きたのかを知ることになったという。

メキシコ市は、大きな緊張とトラウマのなかにあった。一触即発の状態が続いていた。アメリカチームがオリンピックに行く直前、メキシコでは大虐殺が行われたのです。数百人の学生や若いアクティヴィストが殺されました。メキシコには貧困にあえぐ人たちがあまりにも多いという事実に我慢できなくなった人々は、オリンピックで得た収益がどう使われるのか、貧しい者たちの援助にそうした資金が充てられるのかどうかを問題にしていたのです。当局は、オリンピック開催の場所を確保するために、貧しい者たちを立ち退かせようとしていました。多くの若者が瞬時に命を落としたのです。……あらゆる手段を使って排除の命令がくだったのです。……大勢の若者が殺されました。遺体を炉に投げ込み、灰にしました。そこに入りきらない遺体は海に投棄されたのです。(6)

ジャーナリストのエレナ・ポニアトウスカがまとめた『トラテロルコの夜』は、虐殺事件の「証言記録」や「歴史の目撃者たちの声」からなる優れたコラージュである。ページをめくると学生たちの活動のなかで頻繁に発せられた言葉が目に飛び込んでくる。「オリンピックは要らない！　革命を望む！」というものだ。オリンピックに出場したイタリア人選手の声も紹介されている。

オリンピックを開催できるようにと学生が殺されているのなら、オリンピックなど行われないほうがましだ。どんなオリンピックも、歴代のオリンピックを合わせても、学生ひとりの命には値しない（ポニアトウスカ 2005: 456）。

次のようなアクティヴィストの言葉もある。

スポーツ行事としては、我々はオリンピック開催に反対していなかったんだ。だが、経済的事象としては反対だった。わが国は貧しすぎる。オリンピックは、どれほど逆のことが喧伝されようとも、回復しようのないほど厳しい財政的出血を意味していた。ロペス＝マテオス〔前大統領〕は、わが国の現実にまったく相応しくない自己顕示欲に基づく狙いから、そんな公約を結んだんだ（ポニアトウスカ 2005: 459）。

こうした証言の数々を目の当たりにすると、否が応でも、私たちはオリンピックの開催と、暴力的鎮圧、貧困、排除との間に深い関係があることを疑わざるを得ない。ポニアトウスカは、「事件後三十年に寄せて」というエッセイのなかで、オリンピックを控えた当時の状況について次のように振り返っている。

メキシコ市は、オリンピックの表の顔を一年弱のうちにたちまち出現させた。スタジアム、オリンピック村、各種スポーツ施設。……しかし、選手を迎え入れる施設が続々と建ってゆく裏には、貧困、裸足の人びと、栄養失調で腹の腫れた子供たち、食べるに事欠く農民たち、これまでもこれからも忘れられた人びとにとって敵対的な社会とそれを横切る階級間の深い溝、どんな見せかけでも取り繕うつもりの政府の残忍さが隠れていた。……第十九回オリンピック大会にどれほど莫大な費用をつぎ込もうとも、いずれは我々の利益に適うのだ、なぜなら資金を大事にしたい投資家は、「信頼できる安定した国」としてメキシコを選んでくれるはずだから。ところが……(ポニアトウスカ 2005: 504–505)。

「トラテロルコの虐殺」のあとでは、オリンピックの意味を根本から問い直さなければならないのではないか。トラテロルコで起きた出来事に関する数々の証言は、人類の繁栄と世界平和を訴えるはずのスポーツの祭典がなぜ軍事弾圧や貧困、排除を生じさせるのかを考えるよう私たちに迫っている。祭典の成功のために人権や法や秩序が宙吊りにされ、軍や警察が圧倒的な力によって貧民やマイノリティ、アクティヴィストを弾圧・排除するという構図は、オリンピック開催のたびに繰り返されてきた事実である。オリンピックはその表向きの華やかさとは裏腹に、民衆たちを排除し、貧困と巨額の借金を残して去っていく。黒人アスリートたちの闘争は、こうした近代スポーツやオリンピックが繰り広げる華やかさの裏側にある残忍な性質への批判でもあったのだ。

スミスとカーロスが掲げた黒い手袋について、カーロスは近年興味深いことを話している。人種差別主義者として名高い当時ＩＯＣ会長だったアベリー・ブランデージが、スミスとカーロスにメダルを渡したくないらしいという話を耳にしたスミスは、ブランデージと素手で握手しないために手袋を持っていたというのだ。(7) ブランデージは、ナチス政権下ドイツでのオリンピック開催を強く支援し、ナチスの元で行われるという理由によって、米国チームからユダヤ人を排除しようとたくらんだ人物でもある。スミスとカーロスは、表彰式に向かう通路で何を使ってどんなことをするかを決めたのだということ。ふたりの身体表現が、ある種の即興的な行為であり、しかも皮肉と機知に富んだものだったことが窺えるエピソードだ。

当初、スミスとカーロスはオリンピックへの参加をボイコットしようと考えていた。ふたりの即興的な身体政治の背後には、「人権を求めるオリンピックプロジェクト」（ＯＰＨＲ）という組織があった。エドワーズによって主導されたＯＰＨＲは、キング牧師やストークリー・カーマイケル、モハメド・アリらこの時代を代表する黒人アクティヴィストや政治家たちをも巻き込んだ運動体だった。キング牧師は、オリンピックの数か月前に暗殺されるが、ボイコットを支援しながら、ＯＰＨＲの中心となって動こうとしていた(Hartman 1996)。運動はボイコットを盾にして、モハメド・アリのボクシングライセンスと世界チャンピオンベルトの返還、アパルトヘイトを実施していた南アフリカのオリンピック出場の阻止、ＩＯＣのなかに黒人役員を置くことなどを主張した。アフリカ諸国も連携して南アフリカの排斥を訴え、タンザニア、ウガンダ、ガーナ、現在のエジプトがオリンピックへの集団的ボイコットを表明した。ＯＰＨＲはアフリカ諸国の動向に呼応しながら、オリンピックそれ自体が保持する「インターナショナリズム」という特性を運動の内部に取り込んでいった(山本 2004)。当時エドワーズは、南ア同様にアメリカも人種差別の罪を犯しているのだという関心を世界的なアリーナのなかに持ち込むことを考えていた(Bass 2002)。アメリカ内部の反人種差別運動は、南ア問題を共有して、植民地から独立したアフリカ諸国との連携を深めた。黒人テニス選手のアーサー・アッシュは、この動向をアフリカとアメリカの黒人アスリートたちによる最初の連携だと評している(Bass 2002)。オリンピックというインターナショナルな祭典が繋ぐ回路は、同時にスポーツを通じた「アウターナショナルな公共圏」を形成したのである。この公共圏は、南アの参加を決定していたＩＯＣの決断を揺るがし、ブランデージ会長は南ア排除の路線を打ち出すことになった。

ボイコットせずに、参加することで何ができるか。オリンピックを外部から批判するのではなく、その内側から批判することは可能か。カーロスたちの闘争の方向は、ボイコットから参加へとシフトした。支配的なものの内部で、支配に対抗するという政治のスタイルは、現在のキャパニックたちの動向とも共通するものであるし、近年のオリンピックのなかにも同様の動きが散見される。

二〇一二年のロンドン・オリンピックの開会式に世界の関心が向けられている頃、オリンピック・パークの外では一八二人もの逮捕者が出ていた。取り締まりを強化していたロンドン警察は、開会式と同時刻に行われた月例のクリティカル・マス(8)に参加したサイクリストたちを容赦なくしょっぴいたのだ。そこには一三歳の小学生も含まれていた。不当な取り締まりに反対する市民たちの集会では、「私は圧制者を怒らせることなど怖くはない」というフレーズが繰り返し引用された。その頃、ロンドンを訪れていたジョン・カーロスの言葉だ。オリンピックに異議を唱えるグローバルな運動の間で、いまカーロスは「オリンピックの英雄」だと称えられている。批判対象であるところのオリンピックの英雄という皮肉交じりのスタンスに、このアクティヴィズムの様式をみることができる。

　また、カーロスとスミスが一九六八年に切り開いたプロセスは、オリンピックの内部においても引き継がれている。例えば、二〇一四年のソチ・オリンピックに参加したアスリートたちの身振りには、カーロスを想起させるものがあった。ソチ・オリンピックは、過剰な経費、贈収賄、同性愛に対する抑圧的な法によって国際的な批判を浴びていた。このウラジーミル・プーチン大統領の肝いりのオリンピック（投じられた資金は史上最高額）を公然と批判し続けたのはロシアのフェミニスト・パンクバンドのプッシー・ライオットだ。手作りの目出し帽とネオンカラーの衣装に身を包み、赤の広場や地下鉄構内での奇抜な即興パフォーマンスによって、プーチンが断行する市民への抑圧を非難した。彼女たちは「ソチ・オリンピック観戦旅行に行かないで」と、観戦者が「ボイコット」することでロシアの人権侵害に抗議してほしいと訴えた。さらに彼女たちは、「プーチンは教えてくれる、母国の愛し方を」（Putin will teach you how to love the motherland）という皮肉の利いた新曲を路上で披露しようとして逮捕された。こうした当局の抑圧的な手法に対し、オリンピックに出場しているアスリートたちが多様な方法で抗議を示した。スノーボーダーのロシア代表アレクセイ・ソボレフは、プッシー・ライオットへのオマージュを思わせるデザインの板に乗ってレースに出場した。オランダのスノーボーダーで、オープンリー・レズビアンのシェリル・マースは、レインボー柄のグローブをテレビカメラに向けて、プーチンが推し進める同性愛禁止法への抵抗を表現した。

5 「出来事」がもたらす「別の可能性」

シドニーのニューサウスウェールズにある線路沿いの民家に、メキシコ・オリンピックの表彰台で拳を掲げるカーロスたちの身振りを描いた壁画がある。壁画には「三人の誇り高き者」と書かれている。すぐさま、こんな疑問がわいてこないだろうか。なぜシドニーなのだろうか、なぜ「三人」なのだろうか、と。

「3人の誇り高き者」

最近になるまで、ピーター・ノーマンの存在はほとんど知られていなかった。壁画を見てほしい。表彰台で左に立ち銀メダルを首にかけているオーストラリア人の白人アスリートだ。スミスとカーロスとは違って拳は突き上げていないが、左胸にはＯＰＨＲのバッジがつけられている。スミスとカーロスに共感し、「僕はキミたちを支持する。このバッジをつけて、僕もキミたちを支持していることを世界に向かって示したい」と言って表彰台にのぼったのだ。[9] ノーマンはこの行為によってＩＯＣから処分を受けることになる。一九七二年のミュンヘン・オリンピックの予選で出場資格を得ていたにもかかわらず、ブラックリストに載っているという理由で出場はかなわなかった。処分への抗議としてノーマンは陸上競技を引退した。オーストラリアの保守陣営から批判され、母国で行われたシドニー・オリンピックに招待されることもなかった。聖火リレーのランナー候補からもはずされ、式典にすら招待されなかった。だが皮肉にもノーマンの当時の記録は、二〇〇〇年に開催されたシドニー・オリンピックでの二〇〇メートルの優勝タイムよりも速かったのだ。

長い間、ノーマンは自国で無視され続けたまま、心を病んだ。家族も崩壊してしまった。二〇〇六年、この銀メダリストの白人スプリンターは誰にも注目されることなく亡くなった。葬儀で彼の棺を担いだのはカーロスとスミスだった。カーロスは、ノーマンへの敬意を込めて次のようなコメントをしている。

ノーマンの出身国オーストラリアは当時、アボリジニーの人々に対して南アフリカとまったく同じことをしていました。米国に戻ったトミー・スミスと私は、手ひどいバッシングにあいました。人々は町の片側に行き、スミスを痛めつけて「こいつをやっつけるのには、もうあきた。町の別の側にいって今度はカーロスを見つけ、痛い目にあわせてやろう」という風でした。でもノーマンはオーストラリアに戻っても、交替してくれる相手がいませんでした。叩かれ続けたのです。それでも彼は決して私たちを非難しませんでした。否定せず、背を向けず、距離を置こうとしませんでした。アルコールに走り、神経衰弱になり、家庭も崩壊した――我々の家庭は皆、破壊されたのです――オーストラリアでオリンピックが開催されたときも、オーストラリア史上最高の短距離選手だったにもかかわらず、オリンピックの式典に何の発言力も役割も与えられませんでした。ピーター・ノーマンは、並外れた人物なのです。(10)

生前のノーマンに関してはひとつの美しい物語がある。二〇〇五年、スミスの母校サンノゼ州立大学のキャンパスに建てられた銅像にまつわるものだ。

銅像のスミスとカーロスは、六八年の表彰台と同じように拳を掲げている。ところがこの銅像にはピーター・ノーマンはいない。銀メダリストの場所はあいたままだ。この銅像の製作者はRigo23と呼ばれる造形家だ。ポルトガル領マデイラ島で生まれ、サンフランシスコを拠点に、世界各地のコミュニティに深く入り込み、その時々に出会った人々との協働を通じて作品を創作している。Rigo23がサンノゼ州立大学の大学生たちとともに手掛けたカーロスとスミスの銅像の製作過程は、当時を知らない大学生たちにとってみれば追憶の旅のようなものでもあっただろう。こうして銅像は、六八年に闘ったアスリートの記憶を現在の時間に召喚し、過ぎ去った出来事を新たに方向づけようとする生きた作品となったのである。ノーマンは生前、誰もいない銀メダリストの場所について次のように語っている。

僕はこのアイディアが好きだ。誰もがこの場所にのぼって、そこで自分たちが信じるもののために立つことができるんだ。(11)

ノーマンが経験した出来事は過去のものであるが、それはいつでも再開できると言っているように思える。かつてジル・ドゥルーズとフェリックス・ガタリは、六八年五月にパリで起きた若者たちの闘争に「出来事」という名前を与えた。私たちはここで六八年の表彰台の身振りもまた出来事であり、現在起きている「ソーシャルなアスリート」たちの抗議のネットワークも出来事であると捉えることができるだろう。というのも、ドゥルーズとガタリは、六八年の出来事の重要性を「透視力」の出現だと言い表しているからだ。

つまり、ひとつの社会がそこに含まれている何か耐えがたいことを突如として見いだし、さらにはそれとは別の可能性をも見いだしたということである。それは、《可能性を求めよう、さもなくば窒息してしまう》といったかたちをとって現れた集合的現象である。可能なことは予め存在しているのではなくて、出来事によって創りだされるのだ(ドゥルーズ、ガタリ 2004: 52)。

カーロスたちが表彰台で表現したものは、別の可能性を見出すという透視力に他ならない。あのとき透視されたものは、サンノゼの銅像であり、またキャパニックたちが五〇年後に引き継いだ出来事なのである。

ひとつの出来事は、その行く手を妨害され、抑圧され、ついには回収され、裏切られるとしても、その出来事のなかには乗り越えがたい何かが含まれている……出来事自体は古くなろうとも、それは乗り越えられることはないのだ。出来事は可能性に開かれたものなのである。それは社会の深みや諸個人の内部に浸透していく（ドゥルーズ、ガタリ 2004: 51–52）。

キャパニックとカーロスを直接的に結びつけたのは、六八年の運動を導いたハリー・エドワーズである。エドワーズは、フォーティナイナーズの顧問を長く続けている間にキャパニックと出会っている。切り開かれた出来事は、古びてしまったかもしれないものの、それは確実に社会の深みに潜みながら新しい世代のアスリートたちの身体に浸透し、新たなプラットフォームを準備していたのである。ただし、このプラットフォームは多くの犠牲のうえに生じたものであることを忘れてはならない。

カーロスとスミスの銅像

カーロス、スミス、ノーマンはピークの貴重な時間とすべての名誉を犠牲にして別の可能性を見出した。表彰台での抗議から五〇年以上が経過し、再び新しい犠牲が繰り返されている。依然として、アスリートの政治的表明に対する社会的な制裁は重い。キャパニックは、競技への復帰をSNSでアピールしているが、本書の執筆時においても競技への道は閉ざされたままだ。「NFLからの多額の和解金をもらっている」「最後のシーズンで高額の収入を得ている」としてキャパニックを批判する声も多い。だがキャリアの円熟期の二年もの間、プレーできないということの意味は大きい。人生のすべてをスポーツに捧げてきた者たちにとって、プレーできないということほど重い犠牲はないはずだ。

そんな彼に手を差し延べたのは、皮肉にもグローバル・スポーツ企業のナイキだった。世界の隅々にまで浸透したブランド力をもっとも象徴するキャッチフレーズ「Just do it」の三〇周年を記念する広告キャンペーンに、キャパニックが起用されたのである。九〇年代、ナイキは、黒人アスリートの身体をコミュニティから引き剝がし、グローバルな記号として商品化することで巨大な市場を形成した。だが、一方では第三世界における児童労働や貧しい農村の女性たちの搾取労働の実態が明るみにされ、厳しい批判を浴びることにもなった。国境を越えて安い労働市場を開拓し、過酷な搾取労働を強いる資本のグローバリゼーションは、国境を越えて格差を生み出し続けた。ナイキは、グローバリゼーションという資本の運動と、それがもたらすグローバルな格差の象徴的な存在として君臨している。そんなナイキにとってみれば、キャパニックの起用は「罪を洗い流す」ためのキャンペーンにすぎないのかもしれないし、マイノリティの社会正義から利益を収奪するビジネスなのかもしれない。

白黒映像のキャパニックの顔には「何かを信じるんだ。すべてを犠牲にすることになったとしても」(Believe in something. Even if it means sacrificing everything)というメッセージが重ねられている。ナイキの広告を使って人々に訴えるキャパニックの言葉が表しているのは、五〇年前にスミスとノーマンと一緒に表彰台にあがったときの立場と同じものだとカーロスは評価する。だがナイキとキャパニックの関係に若干の釘を刺すことも忘れてはいない。「いま私は、ナイキのような数十億ドルを稼ぎ出す企業が私たちを一九六八年に戻して私たちのメッセージを広告してくれたらどんなにいいだろうと思う」と皮肉をまじえつつ、「人生におけるあらゆることと同じように、あなたは立場を表明し、変化の導入者になるべき時があるだろう。ただし、その変化というのは、そこから他の人々が利益を得られるような変化でなければならない」と述べている。そして「コミュニティが直面している問題に対する気付きと変化をもたらすために、プラットフォームを引き続き使っていくのです」と、カーロスはキャパニックにスポーツ政治のバトンを手渡したのである。(12)

6　多様性を内包する「ソーシャルなアスリート」

キャパニックの膝つき抗議は、女性たちの #Me Too 運動のグローバルなうねりにも連結された。アメリカの女子サッカー選手であるミーガン・ラピノーは、NFLの選手たちの抗議運動に対するトランプの酷い対応に批判を浴びせ、自らも膝つき抗議を行い、二〇一九年のW杯で優勝しても「くそったれホワイトハウスには行かない」と訴えた。

トランプを筆頭とする保守派や人種主義者たちからの批判に対して、膝をつく以外の方法も次々に創案されている。例えば、高校生のエライジャ・メーハンは、フットボールのピッチ上で虹色の旗を振るという新しい抗議のやり方を示した。高校にカウンセラーとして勤めてきた女性が同性婚をしていたことがわかり、同校が離婚か辞任を迫ったことに対する抗議だった。「キャパニックの膝」はスポーツ界、さらには社会における人種差別、性差別、同性愛嫌悪に抗議する多様な人々を結びつけ、新たな抗議の方法を創案するネットワーク型のプラットフォームを作り出している。

女子W杯決勝の試合後に行われた表彰式では、FIFAのインファンティノ会長がピッチに登場すると、スタンドを埋めたサポーターたちから「イコール・ペイ（男女同等賃金）」というチャントが沸き上がった。男子のW杯の賞金総額が四三六億円であるのに対し、女子のW杯は三三億円。この圧倒的な賞金格差が性差別にあたるとアメリカの女子チームは主張していた。

出来事は新たな存在を作り出し、新たな主観性（身体、時間、性、環境、文化、労働等々といったものとの新たな関係）を産出する（ドゥルーズ、ガタリ 2004：52）。

この新たな存在、新たな主観性とは、「出来事」によって生み出された「可能なこと」であり、それを実践する群れ（ネグリのマルチチュード）＝ネットワークであるだろう。その群れは、その内部に多種多様な差異を抱え込む諸身体である。ニューヨーク市庁舎で行われた凱旋パレードで、表彰セレモニーの壇上にあがったラピノーは、いつものようにピンク色のショートカットに丸形のサングラスをかけ、そして印象的なスピーチを行った。

私たちのチームにはピンクの髪や紫の髪、タトゥーを入れている選手、ドレッドヘアの選手、白人、黒人、その他の人種の人たち、いろんな人がいる。ストレートの女の子、ゲイの女の子も。ねえ！社会は――国家代表チームですら――多様な存在からなることが可能だということをラピノーは訴えた。ソーシャル・メディア等のデジタル・ネットワークの環境を駆使して、多様な身体のあり方が多様な差異を持ったまま社会を構成できるのだという可能性を現代の「ソーシャルなアスリート」たちは現勢化させている。カーロスが「新しい世代」と呼んだのは、まさに「出来事」を通じて作り出される新しい存在のことだ。こうした新しい存在が生きるスポーツのプラットフォームは、五〇年前の運動、反人種差別、反性差別、反移民差別、ＬＧＢＴＱが結び合わされ、社会を編みなおす場となっている。六〇年代のカーロスやスミスは、反人種差別の象徴や代理表象の役割を果たしていた。彼らをも含み込んだ現代の「ソーシャルなアスリート」は、特定の何かを代理・代表する身体ではなく、多様な身体が多様なままでいられるように社会を編みなおす「エージェンシー」となっている。まさにこれこそがポスト・スポーツ時代のアスリートの新しい姿なのだ。

（１）“St. Louis Rams Players Tell the World That #BlackLivesMatter”, *The Nation*(二〇一四年一二月一日) https://www.thenation.com/article/st-louis-rams-players-tell-world-blacklivesmatter/(二〇一九年一二月二四日確認)

（２）同右。

（３）“Purpose of ‘I Can’t Breathe’ T-shirts”, *ESPN*(二〇一四年一二月一日)https://www.espn.co.uk/nba/story/_/id/12010612/nba-stars-making-statement-wearing-breathe-shirts(二〇一九年一二月二四日確認)

（４）“Occupy Wall Street sees John Carlos, 1968 Olympic medalist famous for ’Black Power’ salute, speak”, *Daily News*(二〇一一年一〇月一一日)http://www.nydailynews.com/sports/more-sports/occupy-wall-street-sees-john-carlos-1968-olympic-medalist-famous-black-power-salute-speak-article-1.961940(二〇一九年一二月二四日確認)

（５）“John Carlos, 1968 Olympic U.S. medalist, on the revolutionary sports moment that changed the world”, *Democracy Now!*(二〇一一年一〇月一二日)https://www.democracynow.org/2011/10/12/john_carlos_1968_olympic_

us_medalist(二〇一九年一二月二四日確認)

(6) 同右。

(7) 同右。

(8) 自転車に乗って大勢で一斉に都市部を走ることにより、自動車の廃棄ガスによる大気汚染や公害、車中心の都市開発などに抗議する運動のこと。

(9) Brother of the Fist: The Passing of Peter Norman(二〇〇六年一〇月九日)http://www.edgeofsport.com/2006-10-09-202/index.html(二〇一七年八月二八日確認)

(10) “Part 2: John Carlos, 1968 U.S. Olympic medalist, on the response to his iconic Black Power Salute”, *Democracy Now!*(二〇一一年一〇月一二日)https://www.democracynow.org/2011/10/12/part_2_john_carlos_1968_olympic_us_medalist_on_the_response_to_his_iconic_black_power_salute(二〇一九年一二月二四日確認)

(11) 同右。

(12) Dr. John Carlos の Facebook ページ(二〇一八年九月一二日)より引用。http://www.facebook.com/133399389456/posts/Nike-has-embraced-colin-kaepernic-and-finally-wants-the-country-to-listern-to-wh/2034763493253027/

第6章 記憶と身体の「ポスト・コロニアル」
――モハメド・アリ、C・L・R・ジェームズ、黒い大西洋

1 震える身体

二〇世紀末、グローバル資本がスポーツをまるごと飲み込んだと思われるまさにその瞬間、私たちは資本が席巻する華々しい舞台の上に、震えるふたつの身体を目撃した。

ひとつは、一九九八年にフランスで開催されたW杯サッカーのファイナルのピッチ上で、苦痛の表情を浮かべながらボールを追いかけたブラジル代表の黒人ストライカー、ロナウドの身体である。もうひとつは、一九九六年アトランタ・オリンピックの聖火ランナーとして、がたがたと小刻みに震える手で聖火台に火を灯した元ボクシング世界チャンピオンのモハメド・アリの身体である。ふたつの震える身体は、滞りなく流れる時間を一瞬、停止させ、そしてまた再び流れだす時間のなかに、何か別の契機を差し挟んだかのようであった。

衰弱した身体は、本来スポーツ競技に要求される理想の身体像からは、かけ離れたものであるだろう。ロナウドとアリの震える身体は、躍動する身体が激しく競い合うはずのスポーツの祭典には似つ

かわしくないものだった。だが、その似つかわしくない身体は、そのことによってかえって強烈なイメージを私たちに突きつけた。テレビ画面の前でロナウドやアリを見つめた私たちは、華やかな祭典のなかに突如現れた震える身体をすぐさま受け入れることができなかったのではないか。そして少なからず、一瞬の「ためらい」のようなものを経験したのではないだろうか。その「ためらい」という一瞬の時間は、何を意味するのか。ここでの「ためらい」は、現代スポーツのなかで、どのような時間として経験されるものなのか。滞りなく未来へと進むはずの時間は、「ためらい」によって中断されたわけだが、この中断によって差し挟まれたものはいったい何なのか。

もう一度、九八年W杯決勝のピッチに戻ってみたい。ブラジル代表とフランス代表によるこの試合は、ナイキとアディダスという巨大グローバル企業のブランド競争でもあったことはよく知られている。ナイキのようなグローバル企業にとって、W杯やオリンピックは、自社のロゴとブランド・イメージをアピールする絶好のビジネスチャンスである。特にナイキは、飛翔し、躍動する黒人アスリートの身体に投資することによって、ロゴの力を大きくしていった先駆け的な企業だ。ところが、そのナイキのロゴを身に着けたロナウドの身体運動は、力強さやスピード、ダンスのようなリズムといったものからは程遠いものだった。ボールを追いかけるロナウドの身体は、衰弱し、小刻みな痙攣を起こし、その表情は苦痛にゆがんでいたのだ。

ナイキのブランド・イメージにおいて、ロナウドの不調は、おそらく二重の意味で好ましくない事態であった。ひとつは、衰弱したロナウドの身体はスポーツが理想とする身体ではなかったということ。もうひとつは、黒人ブラジル人の身体に期待されるステレオタイプ(リズミカルで奔放な動きなど)

が体現されなかったということである。ナイキのＣＭの映像のなかで、ボールを楽しそうに蹴っていたロナウドは、この日のピッチにはいなかった。ロナウドの衰弱した身体は、ナイキが投資するはずの黒人身体の理想像を裏切るものだったのだ。小笠原博毅は、このときのロナウドについて次のように論じている。

九八年のロナウドにはリズムはなかった。もしあったのだと、彼は体調不良を押してリズムを作り出そうとしたのだと言う人がいたのならば、そうさせたのは身体の躍動が無意識に生み出す身体へクシスではなく、ナイキである(小笠原 2002: 219)。

小笠原が指摘するように、あの試合でロナウドの運動を支配していたのは、トレーニングによって獲得され、習慣化された彼自身のテクニックや実践感覚ではなく、ナイキの資本だった。体調不良によって、ピッチに立てるコンディションが整っていなかったにもかかわらず、ナイキとのコマーシャル・スポンサーシップを結んでいたブラジル代表チームのアイコン的存在であったロナウドは、半ば強制的に試合に出場せざるをえなかったのだ。こう考えることもできるだろう。ナイキという企業は、国家代表チームが争うＷ杯決勝のスターティングオーダーすら決定する力を持っていたのだと。あの日のロナウドの身体運動は、ロナウド本人のコントロールを超えたところにあった。だが奔放に躍動するはずの物象化されたロナウドの身体は、ナイキにとってもっとも重要な市場拡大のチャンスの場面で、衰弱し、震えてしまった。その出来事はまた、黒人身体から発現されるはずのスピードやリズムをあらかじめ期待することに慣れ親しんだ者たちにとっても、信じがたい光景として目に映ったのだ。

ロナウドの身体にリズミカルな快楽的身体運動への欲望を投影することは、ナイキによる「黒人性」への投資という問題と親密な関係性を維持している。この関係性のなかで経験されてしまった違和感や矛盾、つまり黒人身体への期待が裏切られたときに出来てしまった真空状況こそが、あのときの「ためらい」であり、一瞬の「時間の中断」という経験に関わる何かだったのではないだろうか。

2　flash b(l)ack memory──「危機」としての身体

この「時間の中断」が意味するものを、また別の角度から鋭く感知したのが、ポール・ギルロイである。ギルロイは、中断された時間に立ち止まり、それまで進行されていた時間とは別の時間感覚を与えられた体験を次のように述べている。

奴隷たちのその子孫にとって、未来は突然まったく過去のように映りはじめた(Gilroy 2000: 348)。

ギルロイが、中断された時間の繋ぎ目で、ロナウドの衰弱した身体から一瞬感知したもの、それはナイキによって搾取される黒人身体であり、その身体を想起させるような消去されていた記憶と物語である。現在から未来へという進歩的で直線的なグローバル資本主義の時間のなかに、時差をはらみながら今も流れ続ける黒人奴隷の記憶が、再び発見され、同時にその記憶が未来へ向けて想像されたのである。レス・バックも、衰弱したロナウドの身体を見て「人種的思考の過去の歴史が、現在において積み上げられている」と表現した（バック 2002）。

ギルロイやバックによって分節化されたこのような記憶と時間のあり方は、現在から過去を振り返るという意味での回想とは異なる。それはむしろ、映画の脚本家が継続する現在の時間を進行させながらも休止させ、そこに出来た時間の繋ぎ目に過去の記憶を一瞬重ねることによって、過去の出来事を現在の時間の流れに呼び戻すフラッシュバックの技法に似ている。直線的な時間の進行の過程で置き去りにされ、消されていた黒人奴隷の圧縮された記憶と時間の厚みは、中断された時間に滑り込み、そこから前方へ飛び出したのだ。ギルロイたちは、このような黒人たちの記憶と時間をめぐる政治を、衰弱したロナウドの「現在」の身体運動に読み取り、人種主義と黒人たちの物語の未来を予言的に再開したのである。

アトランタ・オリンピック開会式のモハメド・アリ（ロイター＝共同）

　フラッシュバックという記憶のあり方を対抗的な記憶の実践として捉え、

その思考を深めたヴァルター・ベンヤミンは、次のような意義深いフレーズを残している。

過ぎ去った事柄を歴史的なものとして明確に言表するとは、それを〈実際にあった通りに〉認識することではなく、危機の瞬間に閃くような想起を捉えることを謂う（ベンヤミン 1995: 649）。

ベンヤミンの言葉をここで展開してみるなら、ロナウドの衰弱した身体とアトランタ・オリンピックの開会式でのモハメド・アリの震える身体は、ともに「危機」としての身体を体現していると言えるだろう。その危機がもたらす時間の中断のさなか、閃光のごとく奴隷制以降の圧縮された記憶と過去が、未来に向けて再読・再演されるのである。過去を抹消し、ただ未来へと投資していく時間の進行の足元には、近代の植民地主義の消えることのない暴虐の痕跡が積み重なっている。そのような複数の脱中心化された時間と記憶の歴史が、ひとりのアスリートの身体運動を介して危機として再演されるとき、そこには「中断」という、時間の裂け目としてしか経験しえないものが現れる。この刹那に消え行く一瞬に立ち現れた過去のイメージを、ギルロイたちは逃さず捕獲したのである。

ロナウドやアリの震える身体が差し挟んだもの、視聴者たちに「ためらい」として経験されたものとは、普段は見えないものの常態化されている危機の出現に関わるものである。黒人アスリートの身体的な危機は、滞りなく過去から未来へと流れる単線的かつ直線的である支配者の時間の流れのなかに、一瞬出現した躓きの石ともなりうるだろう。もちろん、それがナイキにとってどれほどのダメージとなるのかはわからないが、このように考えてみることで、常に構築される敵対性の場としてスポーツという領域を思考していくことが可能になる。

グローバル資本に飲み込まれたスポーツは、その内側に常に異物や矛盾を含み込まざるをえない。ロナウドやアリの衰弱し痙攣する黒人身体は、そのことを表明している事例なのではないか。それは声高に叫ばれるような「抵抗」の表明ではないだろう。だが、黒人身体の搾取に対する敵対は、グローバルなスポーツの祭典のなかで弱々しくも、確かに表明されている。ふたりのアスリートの身体的な危機は、同時に、支配システムがその内部に抱える危機でもある。それはスポーツを実践する身体というもっとも内的な力として現われている。

1998年W杯決勝，試合終了後のロナウド(共同)

また、ロナウドの身体的な危機をめぐる政治は、スポーツの学術領域において「現代スポーツ」と呼び習わされているものに対するもうひとつの違和感を表明するだろう。それは「現代」という時代区分をめぐる政治に介入する。現代スポーツとは、「現代」という接頭辞がつけられているのだから、「近代スポーツ」とは異なるものなのか。あるいは、何かを継続しているのか。断絶や継続性があるとして、それは単に「近代」の「次」にやってきたものという時期区分的な概念として思考すべきものなのか。もし、「現代スポーツ」と呼ばれる何かを、近代スポーツの「次」にやってきたものとして、つまり「昔」から「今」へ、近代の終焉の「次」に、といった時間の移行概念を使って特徴づけようとするのなら、これまで見たとおり実際のスポーツ・フィールドのなかで起こっている出来事やフィールドを駆け巡るアスリートの身体によって、逆に警鐘を鳴らされていると言えるだろう。

私たちは、ここにポスト・スポーツ状況のひとつを発見することができる。それは、近代スポーツの理想が脱中心化され、歴史の他者たちが現在に介入してくるプロセスである。ポスト・コロニアル状況におけるスポーツのなかには、常に近代の抑圧の記憶が混入するのであり、またそうした記憶を操作(抹消)することによってグローバル資本は価値増殖し、巨大なスポーツ市場を維持しているのである。ポスト・スポーツの接頭辞である「ポスト」は、ポスト・コロニアルの「ポスト」と重なり合いながら、既存のスポーツの理想、概念、身体、権力を脱中心化させ、消されていた時間や記憶を差し挟むことで、支配のただなかに、それとは別のスポーツの潜在的な力を現勢化させるのである。

3　動きのなかの「中断」、変容するリズム

グローバル資本主義が駆動させるスポーツ市場がいつからはじまったのかという起源を探すことにそれほど意味はない。しかし、ロナウドまで続く黒人アスリートの系譜のなかで、黒人男性身体のイメージの魅力的な商品としてグローバル資本の投企対象となったその最初のひとりがモハメド・アリであることは確認しておいてもいいだろう。一部の黒人たちにとってスポーツが巨万の富をもたらすようになったのは、アリ以降のことなのである。

知られるように、一九六〇年代から七〇年代にかけてのアリは、公民権運動、ブラックパワー運動、反植民地主義運動、ベトナム反戦運動、反資本主義運動のグローバル化を促進する触媒であった。ところが、アリが増殖させたグローバルな回路を、その後、もっともうまく利用したのは、皮肉にもグローバル資本のシステムであった。白人の優位性に対するラディカルな戦闘的態度、発言、身振りに象徴された「黒人性」は、そこから権力関係や敵対性を注意深く抜き取られ、小奇麗にパッケージ化され、多文化主義的なレイスフリーのユートピアを象徴するグローバル商品と化していった(マークシー 2002)。

アリが、アトランタ・オリンピックの聖火台でパーキンソン病に蝕まれた震える身体を全世界の視聴者に晒したことは、彼が主張したラディカルな「黒人性」のグローバル化におけるひとつの帰結でもある。この帰結は皮肉なものであるかもしれないが、しかしこの事象は、彼がその全盛期であった六〇年代においても「時間と記憶に関わるアスリート」であったということをあらためて気づかせてもくれる。ここでアリのボクシングにおける身体運動は、「中断」や「切断」によって構成されていたということを考えてみても無駄ではないだろう。アリのボクシング技芸は、進行中の時間を中断させることに、ひとつの特徴を秘めていたからだ。

アリがリングでその全盛を迎えていた頃から、すでに五〇年以上の時が経つ。それでも彼のボクシング技芸の断片的イメージは、時間も空間も超えて、例えば二一世紀の東京のボクシングジムでプロボクサーを目指す若者たちの身体運動のなかに体現されている。六五年のソニー・リストンとの初防衛戦で、アリはそれまでのボクシングの常識的な身体動作を覆すような動きを見せ、わずか一ラウンドでリストンを沈めた。この試合で、アリはグローブによるブロッキングをせずに、リズミカルに跳ねながら時計回りに旋回し、リストンのジャブを「スウェイバック」(両足の位置は変えないまま、リストンのリーチの長さ分だけ上体を反ってかわす)し、その反らした上半身の反動を利用してリストンの拳がガードポジションへと戻るよりも速く右ストレートを放った。

この時アリがはじめて披露したスウェイバックという身体技法は、いまでは練習生や四回戦のボクサーたちの基本的な技術となっている。ちなみに私はこの身体技法を、冷戦崩壊後にロシアから日本へとボクシングの仕事を求めてやってきた老齢のロシア人トレーナーに習った。アリの身体技法がどれほど長く広い旅をしているのかを窺い知ることができるだろう。私自身の二、三年ほどの短いボクシングの経験から言えることなのだが、アリの技芸は時空を旅して、二一世紀の見習いボクサーたちの身体運動のなかにはっきりと引用され、複製されている。

フィットネスをやってるんじゃねェんだよ。これはボクシングなんだよ！　リズムを変えろ！　おなじリズムで動くな！　変えるんだよ。リズムをいっぱいつくるんだよ！

これは毎日のように、トレーナーたちが未熟な若いボクサーたちに叫んでいた言葉である。ここでの「フィットネス」というのは、同じリズムで反復される持久運動のことである。ボクシングは、同じリズムで反復される運動ではないということをこのトレーナーは注意しているのである。「運動のリズム」という観点からボクシングを考えれば、とかく初心者のボクサーはリングに立ったときに、単一で一定のリズムを刻み続けてしまうものだ。だがボクシングという競技は、常に対戦者との一瞬一瞬の攻防の繰り返しであるから、一定の直線的なリズムは、対戦者にとって好機を用意してしまうし、それはカウンター攻撃の隙を与えてしまうことになる。だからトレーナーは、頭、肩、腕、膝、足首といった身体の部位それぞれから、常に変調するリズムを作りだせと言うのである。

ボクシングにおけるリズムとは、物質的なものでもあり、非物質的なものでもある。間の近い距離と狭い空間のなかで、二人はそれぞれに刻むリズムの交感を通じて、一瞬先に起きることの読み合いを展開する。まるで互いの手の内を読みつつ駒を置く将棋のようでもあるが、ボクシングではその「読み」という計算や解釈や言語や予想が、瞬きよりも速い時間のなかで展開される。したがって、ボクシングは前‐言語的で前‐意識的な、つまり前‐個体的な世界のなかで展開されるスポーツだと言える。

未熟なボクサーが、単調で単一のリズムになってしまうのは、前‐個体的な情動の交感の過程を対戦者にある程度支配されるからである。しかし、その前‐個体的なものは、常に身体の物理的次元と深く関わり合う。強烈なジャブやボディ攻撃を受ければ、そこにショックの情動が触発され、すぐさま恐怖の感情が生み出される。物理的な身体もダメージを帯び、痛みも発生する。視界もさえぎられる。呼吸も苦しくなる。疲労も蓄積される。腕も上がらなくなってくる。足元もおぼつかなくなる。こうしてリズムは、恐怖や痛みといった感情とフィジカルの消耗によっても変調していく。ボクシングのなかでは、このメンタル的な要素と傷つき消耗するフィジカル的な要素の間で、常に情動が生成し揺れ動き続ける。ボクシングにおける一回性のシチュエーションの連続は、メンタルとフィジカルの間に生じる情動、いわば前－言語的・前－意識的なエネルギーが振動し交感する一瞬の出来事の連続であるが、その出来事は物質性を帯びて身体を常に再構成していく。ボクシングのリズムは、情動の波動が、対戦するボクサーの情動と交感され、多様な身体の各部分と響き合うことで生み出され、常に変調していくような時間の流れなのである。

言うまでもなくボクシングは、厳しいルールや厳密な規制（リングという空間、グローブの素材や重さの規定、一ラウンド三分間という時間、そして細かく区切られた体重別の階級など）のなかで行われる。もっとも暴力的だと思われるこのスポーツは、実はもっとも文明化されたものでもある。つまり、スポーツの近代性（規律、厳密なルール、制約など）によってボクシングの身体は高度に制度化されているのである。この厳しい制約によって規制された身体は、ボクシングのなかで、情動を発露させ、制度的な身体を即興的に超えていくことがある。ボクシングに秘められたこの「変容」と現勢化の可能性をアリのボクシングは体現していたのだ。

アリの身体は、個体としての身体であるようでいて、複数の部分でもあり、それぞれの部分は、それぞれのリズムや方向性をもって継続的に動き続ける。複数の部分からなる継続的な身体運動のなかで、弱いリズムの拍と強いリズムの拍が動き出し、それらが相互に入れ替わったりもする。すでに刻み続けているリズムよりも先行したり、遅れたりするような時間感覚である。そこに訪れる時間の「切断」の重要性を発見し、もっとも熟知し、体現していたのがアリのボクシング技芸なのである。若い頃のアリの身体運動は、とにかく「忙しい」。見ている人たちに、そのリズムを摑ませにくい。それでも、複数の部分から発するアクセントが刻一刻と変化していく動きを見ていると、つい目が離

アリによるスウェイバック(写真提供:ゲッティ・イメージズ)

せなくなってくる。音楽に身を浸しているかのように私たちの感覚器官が錯覚していく。リズムの「切断」を織り込んだアリのボクシング技芸が、しばしば音楽のようですらあるのは偶然ではない。ジャズ・ミュージシャンがアクセントの強弱を変化させる「シンコペーション」と似たものを、アリはボクシングという身体運動で実現していたのだから。

ギルロイは、歴史の連続性を中断させるという政治を、「シンコペートされた時間性」と表現し、それを黒人音楽を通じて明るみに出す。シンコペーションによって差し挟まれた時間を想像のなかで繋ぎ合わせながら、大西洋を移動し横断する黒人音楽の経路を探査しながら、ギルロイは近代の内側にありながらも、それと重なることのない別の近代、すなわち「黒い大西洋《ブラック・アトランティック》」を歴史の裏面から浮かび上がらせていく。「シンコペートされた時間性」は、統合された国民国家という想像の共同体における単線的で進歩的な時間のなかに、それとは異なる時間を呼び起こし、再び躍動させる。こうして、消去され、隠蔽されてきたマイノリティやディアスポラの時間性や記憶は、支配的な近代に対して、批判的に生き、語ることへと節合されるのである(ギルロイ 2006)。

ギルロイの議論を経由して、文化人類学者のジェームズ・クリフォードは「シンコペートされた時間性」のありようを次のように述べる。

直線的な歴史は裂け目を入れられ、現在にはつねに過去が影を落としている。そしてその過去とは、欲望されるが遮断されている未来、更新され苦痛に満ちた熱望である。黒い大西洋のディアスポラ意識にとって、時が停止し再開される地点である反復する裂け目は、中間航路(奴隷貿易)である。奴隷化とその余波――場所を奪われ繰り返される人種化と搾取の構造――は、ヘゲモニックな近代という織物に不可避的に編みこまれてしまった黒人の経験の模様を表している(クリフォード 2002: 299)

身体運動における時間やリズムの「切断」は、黒人たちの対抗的な経験の記憶や歴史が、近代の内側で、それに裂け目を入れるような対抗的な身体表現として具現化されたものであるだろう。「黒い大西洋」という国家の枠組みを越えた繋がりや空間概念のなかにアリを配置してみる時、その身体運動の「切断」や「裂け目」は、中間航路の恐怖へと開かれていたと想像することができる。クリフォードが述べるように、奴隷制の過去とそれが繰り返される未来が、ヘゲモニックな近代という時間―空間に編み込まれているという指摘は重要である。アリの身体運動は、まさにそのような近代の織物のなかに、過去の記憶と人種主義の未来を描き出したのだ。

言うまでもなく、アリは近代スポーツのなかに突如現れた傑出したアスリートである。だがこの近代性に縛られた身体は、近代スポーツの理想を常に逸れていく。部分の働きが特定の役割や目的を与えられ、それらがひとつに統合された身体――規律化された身体と、西洋白人男性の規範たるジェントルマン精神の訓育が体現される近代スポーツの理想的な身体――は、アリのボクシングのなかで崩壊していくのだ。複数の部分、複数のリズムは、ひとつに統合されることなく、ひとつのアイデンティティを持つこともなく、それぞれの部分が部分のままに欲望を展開していく。それはジル・ドゥルーズが「器官なき身体」と呼んだものを想起させる。アリのボクシング技芸における複数の部分は、近代の支配によって抑圧され周縁化されながらも、その近代を形作った奴隷や黒人やマイノリティたちの記憶や声によって構成されている。そうした集合的で複数性に満ちた現象のなかで、アリの身体はひとつの強烈な個性を打ち出すのだ。だが、近代スポーツの制度や素材のうえで重ねられていく即興的な動きは、黒人という代理表象やアイデンティティを付与されたその瞬間にすぐさま喪失されてもいく。そこに近代スポーツのただなかで、近代スポーツを批判するというモーメントが生まれるのである。

「俺が何をしようと勝手だろ!」。これがアリのスタイルだ。だからアリは、何かの代理表象になることをひどく嫌っていた。アメリカのみならず、黒人の代理表象になることさえ拒んでいた。「ここにいるはずだ」と思った時には、もうそこにはいない。パンチを打ち出した場所にもうアリはいない。それがアリのボクシングだ。ひとつの場所、ひとつの意味、ひとつのアイデンティティ、ひとつの統合された身体には収まらない。多様な声や記憶や情動が交錯して触発される無数の欲望は、この複雑な動的編制のなかで蠢き、非人称的な群れや網の目となっていく。だからこそ、アリのボクシング技芸は、黒人ゲットーを溢れ出し、世界中の抑圧された者たちに愛され、ベトナム反戦運動の象徴となり、ブラックパワーを体現し、「黒い大西洋」を可視化させ、世界中の貧しい者たちの抵抗する身体になったのである。この複数性の身体に与えられた名前が「モハメド・アリ」だったのだ。

ここには「ポスト・スポーツ」としか呼びようのないものがある。それは近代以降、スポーツと呼び習わされてきたものの内部で、その働きや意味を変容させ、既存のスポーツなるものを痛烈に批判する実践なのである。アリは、近代という抑圧的な時空間の「ただなか」に、ポスト・コロニアルな世界を展開させ、近代スポーツの身体でありながらそれを壊していくような、あるいは個体でありながら複数でもあるようなポスト・スポーツの身体を現勢化させた最初のアスリートと言ってよいだろう。

4　スポーツにおける「変容の政治学」

支配的な時間‐空間は、記憶と時間性の「裂け目」を常に内側に抱え込み、それを消去することはできない。このような「中断」や「切断」に関わる政治こそが、ロナウドの衰弱やアリの震える身体から発見することができる、現代(近代)スポーツの「危機」にも通じるものなのである。そこに第5章で論じた黒人アスリートたちの身振りを加えてもいいだろう。オリンピックの表彰台で、うつむきながらも黒い拳を突き上げたカーロスやスミス、そして近年のキャパニックの膝つきに端を発する抗議のパフォーマンスのネットワークは、いずれも危機の身振りとして読むことができる。それらは人種主義や資本主義の批判であるとともに、スポーツ内部におけるある種の力学を表現している。身体が表現する危機は、既存のスポーツが持つ「規範的な性質」と「変容への願望」をともに示している。規範と変容は相互に結びついており、多くの場合、同じ身体が表現する。

この互いに共存しつつも矛盾するような関係性の力学は、ギルロイが「約束履行の政治学」「変容の政治学」と呼んだものと重なり合う。ギルロイは、この二つの政治学を「西洋に身をおきつつもその一部とはならなかったこと」と表現し、黒人たちの経験を「二重性」を帯びた物語として論じている(ギルロイ 1997: 180)。ギルロイが提起する「約束履行の政治学」とは、「来るべき社会は、今日の社会が果たせない社会的、政治的約束を実現できるという考え」に基づくものである(ギルロイ 1997: 179)。この政治学は、西洋白人社会が作り出した近代スポーツというゲームの規範をいったんは身体化することで受け入れる。黒人たちにとって近代スポーツの身体性を獲得することは、ギルロイの言葉を引用するならば、「自分自身の流儀に従ってではあるが、西洋の規定する合理性のゲームを行うことに同意している。そうすることで、記号、字句、テクストを解する方法を自分のものにすること、つまり解釈学的方向性をとる」というように、支配的な条件を引き受けながら身構えることなのである(ギルロイ 1997: 180)。

それに対して「変容の政治学」とは、スポーツの規範やコードを独自に解釈しなおし、別の身体性を構成するものである。それは「意味解釈や抵抗運動をともにすることで生まれた人種的属性に基づく共同体の内側、そしてまた、その共同体の抑圧者との間に存在することになる質的に新しい願望や社会関係、人間関係に強調点を置いている」(ギルロイ 1997: 179)。ギルロイによれば、この変容の政治学は「奴隷監督官の鼻先で創造されたために、意図的に分かり難い形」をとる(ギルロイ 1997: 179)。ファシストであり、近代スポーツを牛耳るＩＯＣ会長であったアベリー・ブランデージのまさに鼻先で創造されたカーロスたちの表彰台の政治は、「提示不能なものを提示しようと苦闘する。そうすることで……模倣的、演劇的、演技的方向」を表現する身体として現れるのである(ギルロイ 1997: 180)。それはひとつの身体でありながら、同時に分断されたものであり、多様な身体記号が駆使される、とてもわかりにくいものなのだ。

アリのボクシングする身体もまた、文明化され、規律化されたものでありながらも、まるで役割や目的のために分節化された身体を脱した自由なダンスのようでもあり、即興のようにも見える。そこでは、近代スポーツの規範的な身体だけでは十分に伝えることのできない真理を伝えるために、スポーツに要求される基本的な身体の動きやリズム、規則化された時間や空間は、ひとつに統一された主体やハビトゥスのような鋳型を持たない、切断を折り込んだ多様な部分からなるものへと変形される。そうであるならば、往年のアリが聖火台で震える身体によって、どこか荘厳かつ演劇的に表現しようとしたこともまた、近代以降の世界が示す理想や概念に内在する諸問題だったのではないだろうか。震えるアリの身体は、そうした諸問題を批評的にスポーツの危機として暴露したのである。

カーロスやアリが六〇年代以降、断続的に演じてきたスポーツの変容の政治学は、ギルロイの表現を借りるなら「この炎を煽ったユートピア的願望が呼び覚まされるのを待たねばならなかった」のであり、「意図的に意味を曲げられた」身体の記号は、独自の解釈共同体が編みなおされるたびに新たな変容の政治学へと節合されてきた。キャパニックたちの「膝つき」による抗議を循環させる現代のソーシャルなネットワークは、カーロスやスミス、アリから引き継がれた「新たな批判的、知的、道義的系統図を挑発的に引き直そうとする」アスリートたちの対抗文化の一形態なのである(ギルロイ 1997: 179)。

アドルノが論じた「芸術のユートピア」にならってそれを「スポーツのユートピア」と呼んでみたい。啓蒙と野蛮の二重性、黒人たちがスポーツ界に内包される世界が同時に人種差別の火種でもあるような困難な二重性を破壊し、近代から続く人種的な抑圧が克服されるときにその帰結として必然的に訪れるもの、アドルノはそれを「仮想現実の実現」だと述べた(アドルノ 1985)。二一世紀の若い黒人アスリートたちの感性、それはまさに仮想＝潜在している現実の実現に向けた「スポーツのユートピア」への志向であり、彼らはそうやって「約束履行の政治学」と「変容の政治学」の間にある緊張関係を生き、そこに新しい友愛、連帯の様式を創り出せるということをスポーツの現場で演じてみせるのだ。

今福龍太は、約束履行と変容、規範の身体化とその変節といった二重性を帯びたスポーツする身体の歴史を、奴隷たちの「中間航路」への恐怖と新しい感受性を帯びた身体の「リアセンブリー」の「汀《みぎわ》」として抽出した(今福 1997)。今福が鮮やかに描き出した「汀」、それは海と陸、起源《ルーツ》と航路《ルート》、抑圧とユートピア、分節化と再分節化といった無数の同時的二重性の「あいだ」＝「境界《バウンダリー》」＝「中間航路」にひろがる身体的トポグラフィーとして読むことができる。

アフリカの西海岸とカリブ海を結ぶ奴隷貿易の通路としての中間航路で、船底に押し込まれた黒人たちの身体は、起源《ルーツ》にあった文化的身体を引き剝がされる。船底の狭い奴隷空間は、文化的忘却を引き寄せる底なしの淵であると同時に、そこで身を小さく屈めながら動くことで新たな存在への変容を遂げる身体的トポグラフィーなのである。今福は、西インド諸島で行われる「リンボー・ダンス」が奴隷たちによって中間航路の船底で創案された身体技法であることを示しながら、ダンサーの身体のなかに変容の政治学を読み解く。ただし、この新しい身体技法は、単一の身体的・文化的起源に辿り着くことを許さない。奴隷船に積み込まれた起源の異なる複数のアフリカ部族たちの身体所作がその痕跡を残しながらも、狭い船底で「アフリカ伝統文化とのあいだに結ばれた鎖を互いに引きちぎるかたちで創造されたもの」、それが変容の政治学を具現化したリンボーなのである。

リンボー・ダンサーの身体には、関節の転位、すなわちある種の脱臼《ディロスケーション》(=異化作用)がすでに組み込まれている。黒人の身体性は、中間航路において存在論的な「変　容《シー・チェインジ》」を経験し、四肢の分節構造じたいを改変されたのである(今福 1997: 57)。

起源から引き剝がされ、いまは忘却されたものの、かつて持っていたかもしれない部族的身体の感性は、新たな西インド的身体のなかに埋め込みなおされる。「四肢を広げてかすかな隙間をくぐり抜けるあの西インド人の身体は、まさに中間航路によって切断され、再節合された」部分からなる身体の「リ・アセンブリー」なのである(今福 1997: 57–58)。起源と記憶を抹消された身体は、本来の制度や規範に繋ぎ留められていた機能を失い、バラバラな部分に解体されて再節合される。「奴隷監督官の鼻先」で生み出されたがゆえにわかりにくい形をとる奴隷たちのリンボー＝「器官なき身体」は、変容の政治学のための文化闘争の現場だったということができるだろう。

中間航路を移動しながら、部分へと解体されたまま複数性を留めていく身体は、ここで私たちをＣ・Ｌ・Ｒ・ジェームズが描いた近代スポーツの「境界《バウンダリー》」へと連れていく。

5　C・L・R・ジェームズ――クリケットと美学と政治

「ピカソをごらん。「ゲルニカ」をごらん。素晴らしい絵だ。何を描いた絵か。スペインの人々だ。スペイン革命のエネルギーだよ。「ゲルニカ」を見ると、スペイン革命の動きのすべて、渦巻きのすべてが、美的なかたちに込められていることが分かるだろう」。ジェームズはクリケットの試合に「ゲルニカ」の絵葉書を持って行っては、ゲームの合間にそれをとり出して研究していた。ゲームが始まると、彼はそれをしまうのだ(ホール 1998: 114)。

一枚の絵葉書に描かれた美的なフォームに昇華されていく民衆たちの革命のエネルギーを、目前のクリケット選手たちの身体フォームの美に重ね合わせるＣ・Ｌ・Ｒ・ジェームズの手捌きは、スポーツにおける一瞬のイメージが、どこか別の時間や場所を経由し、別の文脈と重なりながらも、常に歴史の現在性のひとつの破片であり、同時に未来に向けて積み重ねられているそれらの破片の集積体であることを物語っている。ロナウドの消耗しきった身体の危機から、継続される人種主義の現在を感知したギルロイが、「奴隷たちのその子孫にとって、未来は突然まったく過去のように映りはじめた」と語る言葉にも、ジェームズと同様の感性を見ることができる。

あるひとつの動作やシーンの瞬間に、別のものや過去のものと思われていた歴史の破片が重なり合うことがスポーツにはある。歴史的な文脈やその種別性から解き放たれた部分が、それが留められていた文脈の痕跡を残しながら、フォームや組織形態の類似性に触発されて新たな節合を遂げるときに、歴史の別の分節化の契機が見えてくることがある。近代の、そしてポスト・コロニアルの知識人や批評家、政治家や活動家たちの多くが、これまでスポーツについて語りながら、同時に社会変容を語り、社会を編みなおすための思案をめぐらせてきた。彼らはスポーツを単に分析や記述の対象とするだけではなく、スポーツのシーンから発光する歴史の再分節化の力能に触発されていたのではないだろうか。ジェームズの数多くの批評や論考からはそのことが窺える。

フランツ・ファノンらと並ぶポスト・コロニアルの政治的潮流の第一世代でもあるジェームズの批判的思想の基盤を鍛え上げたものは、マルクス主義ではなく、クリケットやサッカーといったスポーツ文化だった。英国植民地トリニダードでの幼少期に、父親から与えられたバットとボールによって触発され、窓辺の特等席から大人たちのクリケットを観察し、黒人アスリートの身体技芸に魅了されたジェームズは、やがて社会や政治への批判的観察眼を鍛え上げていった。彼は「英国生まれの産物」たるクリケットを通じて植民地に埋め込まれ、そのクリケットによって反抗の種を育て上げながら反植民地主義への炎を燃え上がらせていったのである。ここでしばらく、ジェームズの自伝であり、美しいスポーツ論でもある『境界を越えて』を読みながら、クリケットがどのように政治や社会批判に結びついていくのかを見ていきたい。

子供の頃のジェームズは、クリケットをまるで本のように読み、注意深く観察していた。「普通なら見過ごしてしまうようなちょっとした体験が私に長く留まり、私はそれを歴史上の事象のように探求した」という(ジェームズ 2015: 67)。あるとき父親の友人である英国植民地対抗戦の選手が家を訪ねてくると、「私は彼を注意深く観察して、体じゅう上から下まで眺めては彼の運動技術の秘密を探ろうとした」ほどだ(ジェームズ 2015: 28)。トリニダード版の英国パブリックスクールを卒業した頃のジェームズは、「私はただクリケットをしていただけではない。クリケットを研究していた」と書き加える。「打ち方の分析、投げ方のタイプの研究、クリケットの歴史、その始まりと、時代による変遷、オーストラリアや南アフリカのクリケットについても読んだ。私は本を読むだけでなく統計をとり、切り抜きを作り、あらゆるクリケット選手たち、とくにさまざまな英国植民地でプレーしていた人たちや海外に出かけていった人たちと話した」という(ジェームズ 2015: 61–62)。

こうした強烈な探求心は、物事の間に階層秩序を設けて比べることを拒否する思考を育んでいく。ジェームズにはスポーツと文学の間を区別する壁はなかった。そのことは後にジェームズが、クリケット選手を語る同じ手つきでカリプソ歌手、ヴィクトリア朝のシェイクスピア、アメリカ文明におけるメルヴィルについて論じる手法に具体的に現れていくことになる。小さな生家の二階の窓から見えるクリケット選手たちの身体運動、美的なフォーム、フィールド上に繰りひろげられるゲームの展開、そしてフィールドを取り囲む植民地の民衆たちの姿を詳細に分析する営為は、同時に、手を伸ばせば届く本棚に置かれた母親の英文学の世界に没頭することと同じ地平にあった。片時も離さなかったバットとボール、何度も読んだサッカレーの『虚栄の市』、英国のクリケット記事の切り抜き、そして叔母や祖母に連れられて通った教会で学んだ清教徒的な世界の見方は、一〇歳にしてすでに彼を「英国風の知識人」、ひいては「異邦人」たらしめた(ジェームズ 2015: 40)。クリケットと英文学とピューリタニズムという英国植民地主義を現地人に埋め込むはずの文化的図版は、西インド諸島の生活の現実、つまり肌の色による差別、階級と貧困と失業、なにより支配され従属している植民地の人々が植民地主義のことやそこで生きる自分たちのことを十分に知らないという現実との闘争を展開するための批判的思考を、ジェームズに与えたのである。

ジェームズの幼少期の記憶のなかでとりわけ興味深いものは、「窓」と題された冒頭の章で語られる黒人クリケット選手のマシュー・ボンドマンへと向けられるまなざしである。ボンドマンはいつも汚れた格好をし、働こうともしない。獰猛な瞳をさらけ出しながら大声を張り上げ、汚い言葉を吐き、裸足で街中を歩きまわるような男だった。ジェームズの叔母や祖母はそんなボンドマンを毛嫌いしていたが、ジェームズはボンドマンに「ひとつだけ救いとなる美点」を見出す(ジェームズ 2015: 18)。それは彼の美しいバッティングのフォームである。「あらゆる面で下品で乱暴だったのだが、いったんバットを手に持つと、そこに優雅さと気品が漂う」のだ(ジェームズ 2015: 16–17)。続いてジェームズのまなざしはこのひとりの黒人選手を取り巻く群衆へと移っていく。

人びとはずっと彼が練習しているのを眺め、終わると帰っていく。……マシューが膝を下ろしてボールを打つと、観客の多くから長く低い「あ〜」という叫びがもれ、私自身の小さな心も認知の喜びに打ち震えたのだった(ジェームズ 2015: 17)。

ボンドマンの打撃を見つめる民衆たちから発露された情動とその振動や交錯は、それによって創り上げられる「表現」「フォーム」「技巧」へと昇華され、民衆たちの間に共有されていく。ボンドマンの身体は単独としては蔑視の対象であるにもかかわらず、クリケット選手としての彼の身体は民衆たちにとって共有されるべき芸術となるのだ。

ボンドマンの評価をめぐる対比はジェームズの心に深く刻まれる。それはジェームズの思想の源泉として「一連のパターンをなす出来事の出発点として意味をなす」ようになる(ジェームズ 2015: 21)。クリケットに関する体験が、ジェームズの思想の基盤を押し広げ、そこに「社会的側面や政治的側面や芸術的側面」を与えるのである(ジェームズ 2015: 22)。「優れたクリケット打者という英国生まれの産物に関する最初の導き」となったこの体験は、やがてフィールドを駆け巡る身体の組織形態やクリケットを眺める民衆たちの群れを、反植民地主義闘争や民主的な組織形態による抵抗運動の思想へと練り上げていく思考の源泉となった。「自分で気が付くよりもずっと以前から、私はクリケットによって政治のなかへと叩きこまれていた」のだ(ジェームズ 2015: 115)。

ジェームズの観察眼は、一八六〇年代からの一〇年間に相次いで近代スポーツの組織形態が誕生していく過程が、民主主義的な選挙制度、近代的な労働組合、第一インターナショナル、そしてパリ・コミューンが成立していく政治的変容のうねりと重なっていることを見逃さない。スポーツをプレーし、それを愛し、丹念に分析することによって、ジェームズは民衆たちが求めているものが何なのかを感知していた。それこそがスポーツだったのだ。だからこそ、「トロツキーは、労働者がスポーツによって目をそらされていると言っていた」という理由でトロツキズムと袂を分かつ道を選ぶことになる。ジェームズにとってみれば「実感として政治とスポーツとは区別できるものではなかった」のである（ジェームズ 2015: 257）。

ここに、取るに足らないとされてきたポピュラー文化のなかにこそ、民衆たちの日常における微細な抵抗を読み解くことの重要性を主張したカルチュラル・スタディーズの、ひとつのはじまりを透かし見ることができるだろう。「カテゴリー分けと専門化」という「今日の最大の呪いとも言える人間の営為の分断」を厳しく批判したジェームズと（ジェームズ 2015: 326）、「高級」文化と「ポピュラー」文化の区分そのものに疑いを差し挟み、ポピュラー文化こそが支配と従属の関係が争われる現場であるという信念のもとに研究を蓄積したスチュアート・ホールとが重なり合う。初期カルチュラル・スタディーズの拠点であったＣＣＣＳ（現代文化研究センター）を牽引したホールの論考のなかには、しばしばジェームズに関する記述が登場する。ジェームズを介して、ホールの理論やカルチュラル・スタディーズの構えが補強されていることがわかる。

ホールは『境界を越えて』にふれるなかで、ジェームズはクリケットを「スポーツを通じて反植民地主義闘争が展開される文明的な方法として再定義した」と整理している（ホール 1998: 112）。さらりと書かれていて読み飛ばしてしまいそうになる「文明的な方法」という表現が重要となる。これはホールが、ジェームズから読み解いたひとつの方法であり構えである。文明的な方法とは、遅れたものを啓蒙／西洋化する文化的な権力と読むことができる。そうした英国から与えられた文明化の道具が、帝国に抗う民衆たちの文化的抵抗の現場にもなる、ホールはそう言っているのだ。

ここでホールとカルチュラル・スタディーズが鍛え上げ、繰り返し論じてきた抵抗への理解が見えてくる。それは伝統的な労働者階級の闘争とは違ったものであり、団結や連帯はアントニオ・グラムシが「機動戦」と呼んだ革命的な闘争ではなく、ポピュラーな文化的実践を通じて、そのスタイルや意味や価値を共有していくものとして理解される。「グラムシへの転回」と呼ばれるホールたちの手法は、抵抗のあり方やその理解の仕方への変更を求めた。ヘゲモニーはけっして保証されたものではなく、常に交渉され、争われ、継続される闘争の現場なのである。支配と従属の権力関係は固定されたものではないのだから、抵抗は折衝と闘争の絶え間ない過程のなかに見出されることになる。グラムシが「陣地戦」と呼んだものをカルチュラル・スタディーズは吸収し、抵抗の理解へと応用していったのである。

したがって、カルチュラル・スタディーズが論じる抵抗は矛盾含みのものとなる。初期のカルチュラル・スタディーズの鍵概念であった「儀礼を通じた抵抗」は、支配文化への抵抗であると同時にその一部でもあるからだ。抵抗を形作る文化実践は、支配文化によって提供されるモノや空間を原材料とする応用と再文脈化にすぎない。だから抵抗は、すぐさま不平等や格差を解決する手段とはならないことになる。それればかりか支配の側に飲み込まれ、共犯関係を持つことすらある。抵抗はあくまで現状に対する潜在的で「想像的な関係」を表現する形式や方法なのである。

しかし、だからといってこの抵抗には意味がないということにはならない。ここでホールがジェームズのスポーツ論から受け取ったものをもう一度想起することで、別の角度から「想像的な関係」の表現としての抵抗に輪郭をもたらすことができるかもしれない。

ジェームズがクリケットに込めたものは、たんに植民地がいかに本国の権力を打ち負かすかの象徴的な再演だけではない。それはひとりの人物が全民衆のエネルギーを語る象徴的なものとしてゲームがあるのだという、はるかに大きな想像力あふれる概念なのである（ホール 1998: 113）。

ここから読み取らなければならないのは、英国がその帝国的支配を作りあげるための道具として植民地に持ち込んだクリケットによって、帝国の権威を象徴的に失うという図式にとどまらない。ここには選手の技巧や美的なフォームが民衆のエネルギーの共有として象徴化され、それが反植民地主義の象徴的な現場として結実するような「歴史的契機」を生み出すという理解がある。一九五〇年代にフランク・ウォレルという文化的・美的な意味で民衆的産物たるクリケット選手を擁した西インド諸島チームが、国際マッチで英国をはじめて破ることになる。このとき大英帝国で歌われるカリプソが生まれた。クリケットは技術の優劣や勝敗を競うゲーム以上のものへと節合され、植民地の民衆的な創意とエネルギーを引き出すものとなったのである。カリブのクリケットが英国産の文化という支配的なものの一部であることを認めつつも、それを新しい歴史的契機の条件に再節合するという意味において、ホールは抵抗を見出すのである。

ジェームズとホールにとって、スポーツ文化は美的生産や政治運動と分断されるのではなく、それらが全体として節合されてはじめて歴史的な諸力として凝縮されるものとなる。共有された文化的・美的産物としての偉大なアスリートの身体は歴史的諸力の凝縮であり、スポーツを通じて新しい集合性が出現するときこそ歴史的契機が生まれるのだ。

6　スポーツの「黒い大西洋」

ここで先に引用した、クリケットを観戦するジェームズが「ゲルニカ」の描かれたピカソの絵葉書をそっと持ち出して分析する場面が重要となる(ホール 1998)。ジェームズはクリケットする身体の群れにスペイン革命の群衆を重ね合わせ、民衆たちのエネルギーの渦巻きをクリケット選手の美的なフォームのなかに想起していた。ジェームズの手法の特徴は、スポーツの場面が別の場面、音楽や絵画や小説、あるいは社会闘争と節合するようなイメージのなかにある。ジェームズにとってスポーツというポピュラー文化は、国境や文化ジャンルの境界を越えて別の歴史や場所、別の文脈や記憶と繋がりなおすことによって新しい集合性を想起するような契機を含んでいるのである。そうした観察眼は、スポーツ文化をヒト、技芸、モノ、知識、文化、そして記憶が移動し、接触し、別のそれらと繋がる脱領域的・脱領土的なものとして理解する方法を提起している。

私の子供のころの体験が、マシュー・ボンドマンとアーサー・ジョーンズを、距離的には遠く東西に広がり、〔時間的には〕過去に戻り未来へと進んで広がる参照枠のなかに位置づけてきた(ジェームズ

2015: 22)。

空間的な移動と記憶の往来が同時に提起されるこの参照枠は、ジェームズの思想と生き方に直接的に結びつく。トリニダードで生まれ、英国に渡り、アメリカを経て再びトリニダードに辿りつく移動の経路と、過去と未来と現在を行き来する記憶を通じて書かれた『境界を越えて』は、「貪欲に過去を、見つけることのできた過去のすべてを生きなおすことで、現在に参加」する試みなのである(ジェームズ 2015: 105)。「自分の過去からの解放も望まないし、とりわけ未来から解放されたくない」という記憶の政治学とも呼びうるものは、「いかにして人種主義をねじ伏せ、それが頭をもたげるたびに踏みつけにして同時に均衡を失わないようにする」かを想定している(ジェームズ 2015: 105–106)。人種をめぐるスポーツを通じた抵抗が「陣地戦」であること、未来に想起される過去の記憶との闘争であること、それが一回限りの抵抗ではなく、継続し続けるものであることを教えてくれる。

ジェームズにとって、人種主義はクリケットを通じて生きられるものである。西インド諸島のクリケットは、人種や階級がせめぎ合う現場であるが、同時にそれは民衆たちのクリケットへの情熱を醸成し、それが激しく噴出する場でもあった。彼は、そこにある矛盾を次のように述べている。「私のなかに深く浸透していた英国の伝統とは、スポーツの場に入った瞬間に毎日の生活に必要な下劣な妥協を忘れてしまうということだった。しかし私たち黒人にとってそれをするためには、まず自分の肌を脱ぎ捨てる必要があった。自分がどのクリケット・クラブに所属するかを決めなくてはならなくなった瞬間から、理想と現実との差は私を魅了するとともに私のなかに分裂を引き起こした」(ジェームズ 2015: 116)。クリケットは、それを通じて肌の色と階級と人種が節合される場なのである。だからこそクリケットは激しい「社会的闘争」の現場となり、民衆たちの期待が込められた選手はそこに託された社会的意義が共有される偉大な存在となるのだ(ジェームズ 2015: 116)。

ジェームズは、人種と階級をめぐって展開される社会闘争を遂行した選手たちを丹念に描いている。とりわけ黒人で初めて英国のリーグと契約したレアリー・コンスタンティンは、ジェームズのスポーツ論のなかで重要な位置にある。コンスタンティンはジェームズに本場でクリケット記事を書く仕事を見つけてやり、英国への移住を実現させた人物でもある。英国でプレーするコンスタンティンは、貴族階級とも昼食をとるような地位を獲得していた。クリケットをマネージメントする者や新聞記者、工場主、知識人、数多くの労働者階級の知人、友人がいた。彼は、英国内で彼に開かれている門戸が、西インド諸島では閉ざされていることを問題としていた。「コンスタンティンは偉大なクリケット選手だっただけでなく、イングランドの黒人意識運動の編成の初期にあって重要な存在」だったのである(ホール 2014: 106)。

同じ頃、ジェームズはアンドリュー・シプリアーニが組織するトリニダードに誕生した労働大衆運動に深く関わりはじめていた。このようなときにジェームズは、西インド諸島のクリケットの歴史に関する本と、トリニダードの政治史に関する本のふたつの草稿を抱えて英国へと飛び立つことになる。トリニダードで醸成された「黒い大西洋」の知識人の潜在性は、コンスタンティンに導かれて英国へと渡る。そこで英国に渡ってきたディアスポラたちとの出会いと対話、社会運動を通じてジェームズは、彼自身が深くその形成に関わることになる「黒い大西洋」の一部分となっていく。

すでに確認したように、黒い大西洋は、ポール・ギルロイによって提起された歴史的・空間的な概念である。近代資本主義社会を形成した大西洋の交易の歴史は、同時に奴隷制と植民地支配の歴史でもある。そうした記憶が介入する黒人たちの歴史は、国民国家の枠組みや民族的基盤に起源をもつ伝統によっては描くことができない。南北アメリカとヨーロッパ、カリブ海、アフリカを移動させられた黒人たちの歴史、記憶、そして文化は、黒い大西洋という近代社会の下に折り重なるようにして形成されてきたもうひとつの空間的な概念として描きなおさなければならない。ギルロイは、自発的・強制的な移住や横断、相互連携と相互変容、旅を通じて移動するモノ、音楽、ダンス、知識、文化の交流によって形成される黒人たちのネットワークの拡がりから西洋近代を再読する。黒い大西洋は、近代に内在する対抗的な公共圏を探査するために提起される概念なのである。

こうしたギルロイの議論に刺激されて新しいスポーツ論が生み出されてきた。例えば、ブレット・セント・ルイスは、音楽が黒人の抵抗の創造的な形式として考察されるのならば、文化的な具現化の点からみてスポーツはより大きな範囲で無視されてきたとしてギルロイの研究をスポーツの観点から読みなおしている(Louis 2000)。またベン・カリントンは、グローバルに移動するアスリートたちのメディアにおける可視性が明らかになるにつれて、アスリートたちは世界各地のローカルな場所で、より強力にポピュラーな想像力をかき立てる存在になっているという観点から、黒い大西洋を柔軟に拡張して「スポーツの黒い大西洋」という概念を提起している(Carrington 2010)。この概念は、グローバルとローカルの間に出現するアイデンティティの新しい媒介空間を明らかにするためのものであり、グローバル文化としてのスポーツのなかにディアスポラの歴史を位置づけることを狙いとしている。

また、このような研究の視座が二重の批判性をもって提起されていることにも注意したい。この視座は、一方でスポーツという身体的なポピュラー文化を軽んじる既存の知の領域への批判と、他方で方法論的なナショナリズムを無意識に動員する既存のスポーツ社会学への批判をあわせもっている。それは、既存のスポーツ社会学が、アスリートたちのトランスナショナルな移動によって変容していくアイデンティフィケーションやディアスポラ的な特性を無視する傾向にあることへの注意を促す。また、ディアスポラ研究そのもの、とりわけ黒人ディアスポラの文化政治のなかでスポーツが黙殺されていることに対しても異議を差し挟んでいる。

スポーツの黒い大西洋という概念は、近代の大西洋における黒人ディアスポラの歴史のなかで、これまで注目されてこなかったスポーツやアスリートの存在が、グローバルとローカルの媒介領域において決定的に重要であったことを明るみに出しはじめている。起源から切り離され、離散した黒人たちの生活と意識において、過去二〇〇年以上に及ぶ黒人アスリートの意味生産と身体の象徴性が、グローバルとローカルな場面での文化変容や社会闘争において、とても重要な位置を占めてきたことがわかってきたのである。

カリントンは、そのひとつの萌芽をピーター・ラインボウとマーカス・レディカーによって書かれた名著『多頭のヒドラ』のなかに見つけている(Carrington 2010)。一八世紀にロンドンには次々と黒人の男性と女性がやってきた。彼ら／彼女らは「料理人、ボクサー、作家、家事使用人、日雇い労働者、そして船乗り」というように、多様な職種からなっていた(Linebaugh, Rediker 1990: 243)。カリントンは、「普段は解放奴隷である黒人アスリートたちは、黒人たちの奴隷から市民への移行を公的に映し出す中心的な象徴であった」と述べている(Carrington 2010: 54)。ローカルな場面において、またインターナショナルな場面においても、黒人コミュニティ内部におけるスポーツは、長い間、黒人たちの政治的な前進や政治動員にとって決定的な場であった。とくに黒人ボクサーは、有名な黒人政治家、活動家たちと並んで尊敬を集める存在であり続けてきた(Carrington 2010)。スポーツと政治が同時に並存し、プレーすることと自由を獲得することが連結される空間が拡がっていたのである。

またカリントンやフィル・ヴァシリ、マイク・マークシーは、ジャック・ジョンソンら二〇世紀初頭の黒人ボクサーたちが、白人が優位だとする論理への恐怖心と直接的に対峙してきたことに注目している(Carrington 2010; Vasili 1998; マークシー 2001)。ヴァシリは、ジャック・ジョンソンのように、白い「人種」の弱体化を象徴的に表現した黒人アスリートの成功は、白人の経済的・社会的優位性への脅威を縮減させ、集団的な自信や精神的な栄養をコミュニティに与えたと論じる。そして、その模範的英雄の象徴性は、別の場所やローカル・コミュニティで模倣を誘発していった(Vasili 1998)。

もちろん、ここにハリー・エドワーズに率いられたアメリカの黒人アスリートたちによるメキシコ・オリンピックでのボイコット運動や人権を求める運動、そしてあの有名な表彰台での身体政治も含まれることになる。エドワーズやカーロス、スミスの運動や身振りは、近代のイデオロギーを貫いてきた黒い身体の表象機制を転換する政治であったばかりではない。この一連の動きは、アメリカとヨーロッパとアフリカ各国を結ぶアウターナショナルな黒人ディアスポラの連帯を生み出した。これはオリンピックというグローバルな支配的装置を通じて、その内部に展開されたオルタナティヴなスポーツ公共圏とも呼びうる拡がりだったのである(Edwards 1969; Hartmann 2003; 山本 2004; Carlos and

Zirin 2011)。

このスポーツの黒い大西洋という概念をもっとも有効に展開しているのはスポーツ史家であるマイク・マークシーの研究だ(マークシー 2001)。黒い大西洋を最初に意識した先駆者は、フレデリック・ダグラスやマーティン・ディレイニーといった知識人や活動家であったわけだが、それに続いたのは黒人ボクサーたちだった。ロンドンやパリに赴いた水夫、音楽家、ボクサー、聖職者たちは、そこでアフリカの留学生たちと出会い、小さな集団を作り上げていた。マークシーによれば、一九二〇年代には、ボクシングが米国、カリブ海域、西欧、そして西アフリカの共通の関心事であり、黒い大西洋のひとつの特徴であった。そして、マークシーの研究が何よりも重要なのは、この黒い大西洋にモハメド・アリを見事に位置づけなおしていることだ。一九六〇年代の黒い大西洋は、アリを形成し、同時にアリの力で形成されていった世界だった。「このような相互作用があってこそ、この世界像は、史上空前規模に拡がる人びとの意識の中で像を結ぶことが可能になったのである」というように、離散した黒人ディアスポラたち自身もその繋がりの一部であるのだと意識させたのは、モハメド・アリという複数性の身体だったのである(マークシー 2001: 161)。

アリと並んで、表象の責務を担う場所に置かれた黒人として有名なのは元ボクサーであり、プロのフットボール選手であったポール・ロウブソンである。やがて役者となった彼は『ブラック・ボーイ』という演劇で、ジャック・ジョンソンを思わせる役柄を演じている。彼が出演する舞台や映画で表現したのは、本質主義的な「純粋なニグロのアート」であったが、やがてロンドン大学でアフリカに関する言語学を学ぶことになる。そこでロウブソンは、アフリカやカリブ海からやってきた留学生たちと出会い、親交を深める。そのなかにはジェームズも含まれていた。この出会いをきっかけに、ロウブソンは反植民地主義運動への関与を深めていく。のちに、カリブ海植民地ハイチで奴隷の反乱を指揮した黒人活動家トゥーサン・ルベルチュールによって独立がもたらされる闘争のプロセスを描いたジェームズの代表作『ブラック・ジャコバン』の戯曲（一九三八年）の主演をロンドンで演じたのは、このロウブソンだった（マークシー 2001）。黒人クリケット選手のコンスタンティンの招きによって英国でクリケット記者として生計をたてはじめたジェームズは、ロンドンで黒人ディアスポラにとってのスポーツの意味をはっきりと知ることになった。スポーツ、黒人の表象政治、反人種差別闘争、反植民地闘争、そしてハイチの独立がジェームズのなかで結びつくとき、ここにもスポーツの黒い大西洋が出現するのである。

クリケットで稼いだ経済力を使ってコンスタンティンは、ジェームズを後押ししながら英国各地の集会で西インド諸島に関する講演を繰り返した。それは西インド諸島の人たちが西洋化された人たちであることを英国人に教育するという意味を持っていた。このような活動のなかでジェームズは、コンスタンティンの自伝を書き、西インド諸島の自立統治に関する本を出版する。『ブラック・ジャコバン』もこの頃に構想されている。英国のジェームズとコンスタンティンは「西インド諸島のルネサンス」に大きな影響を与えることになる。それは大西洋を挟んで読まれたジェームズの著書によって触発されたものでもあった。トリニダードの油田労働者たちの蜂起に続き、西インド諸島の他の島でも大衆蜂起がおき、「西インド諸島の歴史の一時代が終わり新しい頁が開かれた」のである（ジェームズ 2015：206）。

カリントンは、スポーツの黒い大西洋を「国民国家の境界線を侵犯する複雑な文化的・政治的ディアスポラの空間」として定義している(Carrington 2010: 204–205)。トランスナショナルな文化と政治の空間において、黒人アスリートたちの成功や達成は、黒人ディアスポラとその文化にとって高度の政治的意味を想定させるものとなる。「スポーツ領域は、白人の優位性のイデオロギーとその実践に対抗して、自由と解放、文化的再評価と市民権を求める黒人たちの闘争のなかで重要な象徴的空間として作用」するのである(Carrington 2010: 55)。スポーツが創り出すコスモポリタンな編制やアウターナショナルなアイデンティフィケーションは、「国民国家的なナショナリズムと保守的な単一文化イデオロギーへの力強い反対要求として作用する」(Carrington 2010: 55)。現代社会において国境を越えて活躍する黒人選手たち、それを取り巻く人たちは、トランスナショナルな移動の経路を通じて絶えずアイデンティティを再編制する。このような文脈においてローカルとグローバルなスポーツ領域は、近代だけにとどまらず、現在もなおナショナリズムという偏狭で規範的な思考に挑戦する場所になっているのである。

7　支配のただなかで支配に抗する——ポスト・スポーツの政治学

ここまで本章は、既存のスポーツに内在しながらも、それとは異なる別のスポーツや別の身体が生成されることについて論じてきた。身体に突如訪れる「危機」、規範的な身体運動のリズムを切断していく身体とそこに差し挟まれる抑圧された記憶、身体の規律化を破壊して多様な部分からなる複数性の身体への変容、規範的なコードを受け入れながらもそれを別のものへと転換していく「変容の政治学」の身体的実践、そして近代スポーツの支配の内部に、ディアスポラ的で国家横断的で領域横断的な公共圏を生み出してきた「スポーツの黒い大西洋」といったように、ここで論じた数々の事例は、いずれもポスト・コロニアルな状況における「二重の身振り」、あるいは「二重のエクリチュール」の作用によって、近代スポーツを再配置しようとする動きとして概念化できるだろう。

デリダが「二重のエクリチュール」と呼んだもの、あるいはホールが好んで使った「進行中の一時停止」といったものが、「ポスト」という接頭辞に与えられた概念的な作用である。この「ポスト」に込められたものは、古いものに代わってまったく新しいものが生まれるといった時代ごとの区分に拠って立つような時期区分ではない。近代から現在まで、私たちが「スポーツ」と呼んできたもののなかで「植民地主義的なもの」はまったく終わっていない。人種主義もまったく終わっていない。西洋白人男性によるスポーツの支配も終わってはいない。だが、本章が示してきたように、そうした支配的なものに対抗する身体や実践や思考が生まれてきたのは、当の支配の内側なのである。もちろん支配的なものは継続される。それでもその継続は、抑圧された記憶や排除された者たちの声や願望が刻印され続けるような継続なのである。したがって本章が示した数々の身体や抵抗運動は、既存の支配的なスポーツに内在しながらもその一部ではないものの現れであり、潜在するものの現実化に向けた「スポーツのユートピア」への希求なのである。

本章では、既存のスポーツに内在しながら、完全にはその一部とならず、また既存の支配や規範を受け入れつつもそれを変容させながら、別のスポーツや別のスポーツの身体を生み出していく政治を

「ポスト・スポーツ」と呼んだ。ポスト・スポーツは、アスリートの身体運動のようなミクロな次元から、大西洋を移動する黒人アスリートたちの歴史、グローバル資本主義を駆動させる現代のスポーツの価値といったマクロな次元までを横断して散見される事象である。近代以降、世界各地に拡大した「スポーツの時代」は、これまでずっとポスト・スポーツとのせめぎ合いの時代でもあったのだ。

私たちは、このポスト・スポーツなるものを、支配に内在する抵抗として、ある種の「二重性」を帯びた政治として捉えてきた。それは身体の変容という形をとる。近代スポーツやグローバル資本主義化したスポーツ内部の矛盾や危機といった形をとる。あるいは近代スポーツの規範を受け入れながら、それを別の政治的舞台に置き換えるという形をとる。さらには、支配者の鼻先であえてわかりにくい表現をする、という抵抗の形をとる。こうした表現や実践、あるいは、はからずもやってしまうような即興的な行為にこそ、ポスト・スポーツが現れる瞬間があるのである。モハメド・アリ、C・L・R・ジェームズ、そして黒い大西洋のアスリートたちが断続的に可視化させてきた、ポスト・スポーツなるものは、ひとつの現象であり、批判の方法であり、別のスポーツを創案する視座であり、複数が複数のままに世界を創り出すことができるような新しい身体によるスポーツなのである。

第 IV 部

スポーツの未来

［写真］
山林のなかをライディングする
バックカントリー・スノーボーダー.
（撮影：飛田桂一）

第7章 「横乗り文化」と変容するライフスタイル
——スノーボードの批判的滑走身体《クリティカル・ライディング》

1 「横乗り文化」と新しいライフスタイルの出現

まず、本論の主題を導くためにひとつの印象的な風景を紹介したい。長野県の菅平高原は、周知のとおりレタスの産地である。この高原野菜の産地はまた、ラグビーをはじめとしてテニスやサッカーの合宿地としてもその名を広く轟かせている。道を隔てて、一方の側には有名大学や高校のラグビー部やサッカー部がシーズンを控えて夏の猛練習に励んでおり、他方の側には広大なレタス畑で低く腰をかがめて収穫や草取りといった農作業に精を出す農民たちがいる。真夏の太陽が照りつける菅平高原では日常的な光景である。しかし、この背後にある文化的・社会学的文脈に一歩踏み込み、農場で黒い土を耕し、まるでその土の色のように日焼けしながら汗を流す農民たちが誰であるのかを知ると、途端にこの光景は現代におけるスポーツの新たな諸相を垣間見せることになる。

そこは近代スポーツと農作業とが対比される場である。また同時にスペクタクルな身体と脚光を浴びることのない身体それぞれの実践の場であり、それぞれが別の意味や空間を形作っている。しかし、一見かけ離れたふたつの身体が、どちらもスポーツの身体であると知るならば、それが現代におけるスポーツの新しい潮流や動向の萌芽を指し示していることに気づかされるだろう。ラグビー場の向かい側にある「まる文農場」が所有するレタス畑で農作業に励む青年たちは、菅平高原や峰の原高原を拠点として、スノーボードを媒介にしたオルタナティヴなライフスタイルを提起する担い手たちなのである。

まる文農場の青年たちは、「横乗り文化」と称されるライフスタイルを提起し、実践している者たちである。この「横乗り」という聞きなれない言葉を、多くの若者が生活の基盤や生きるための思想に据えている。そして、ある特定のスポーツや身体運動の特性を媒介にしたライフスタイルを生み出し、発信し、ネットワークを繋いでいる。

「横乗り文化」は、サーフィン、スノーボーディング、スケートボーディングがそうであるように、一枚の板(ボード)に両足を乗せ、自然環境や都市空間をフィールドにして、上体を半身にしながら予測不能なシチュエーションを滑走していく身体運動の特性とその文化の総称である。横向きにスタンスをとるため、直線的な方向性よりも左右や背後へといった周囲への意識が育まれる。横乗り文化の担い手たちの間では「滑る」という言葉はあまり使われない。サーファーは、地球の自転が生み出す一回限りの波を、克服するのではなく、またそれに抗って支配(征服)するのでもなく、その瞬間にしか存在しない自然条件に身を委ねていく。スノーボーダーは、人が立ち入らない雪山(バックカントリー)のパウダー・スノーや起伏や木々のすき間、絶壁などの自然環境と対話しながら移動する。それは近代における人間本位な自然環境との関係の結び方への反省も促す。こうした横乗りの身体感覚を言葉に翻訳するならば、雪や波に身体を「乗せていく」というほうが適当と言えるだろう。したがって、「乗る《ライディング》」という言葉がこの文化のなかでは共有されている。

横乗り文化の担い手たちは、近代スポーツがその主要な特徴としてきた競争原理や勝敗志向、ヒエラルヒー、規律といったものではなく、自由な感覚、表現することそれ自体、楽しみや快楽といったものを追求することに重きを置いている(Beal 1995; Humphreys 1996; 1997; Heino 2000)。したがってこの文化は、従来の近代スポーツとは異なったスポーツとの関わり方を提起することになる。競争ではなく表現、規律ではなく自由への志向が、横乗り文化を形成する。本書を締めくくるにあたり、本章では、こうした特有の身体＝精神構造によってオルタナティヴなライフスタイルを提起する営為を「ポスト・スポーツ」と呼んでみたい。

ライディングしながら外界を内側に取り込み、また身体を自然そのものへと一体化させていく経験は、身体が地球の一部でもあることを否応なしに感知させる。こうした身体経験や精神構造をフロイトの「ニルヴァーナ原則」に喩える研究者や書き手が多いことも頷ける(Lenz 1977)。横乗りの身体運動が、まさに「文化」だと称されるのは、そこで共有される身体経験をひとつの「入り口」として、支配的なものとは違った別の価値観や持続可能な暮らしが醸成されるからだ。

ここで議論を先取りするならば、まる文農場の青年たちは、「Green.Lab」(グリーン・ラボ)と称するスノーボード・プロジェクトにコミットしている。このプロジェクトは、横乗り文化を媒介にして、エコロジー活動や持続可能なライフスタイルを提唱し、ＤＩＹ的なスポーツ産業を作り出し、近代的なスポーツの価値観や行き過ぎた資本主義への批評的な動きを展開しながら、新しいスノーボード文化を生み出し続けている。

本章は、スノーボードがひとつの媒介となって、担い手不足や農薬問題を抱える日本の農業のあり方、持続可能な暮らし、エコロジー活動、ＤＩＹ的な発想による地元での新しい産業体の発明といった多様なイシューが結びつき、そこでオルタナティヴなスポーツやライフスタイルを生み出している「ポスト・スポーツ」と呼びうるムーヴメントについて論じる。

まず「横乗り文化」の出現について若干の理論的考察を行う。続いて、横乗り文化の一形態であるスノーボード文化が生み出された社会的・歴史的文脈について考察する。次に、スノーボード文化が保持していた思想や支配文化への「抵抗」の側面が、商業化によってその意味を失っていく（「セルアウト」する）過程を論じる。最後に、菅平高原や峰の原高原を中心に活動する「グリーン・ラボ」プロジェクトの実践を考察しながら、一見すると「セルアウト」したかに見えるスノーボード文化が、「抵抗」の時代を引き継ぎつつも、新しい横乗りの思想とオルタナティヴなライフスタイルの実践を生み出していることを論じていく。

2　「横乗り文化」の身体と「クリティカル・ライディング」

「横乗り文化」の身体運動の特徴について、ドゥルーズが興味深い考察を行っている（ドゥルーズ 1992）。それはスポーツ自体を直接的なテーマとして論じたものではない。わずか数行のみの記述であり、いわばスケッチやアイディア程度のものである。しかし、「媒介者」と題されたこのエッセイのなかでドゥルーズが述べていることがらから、私たちは横乗り文化や「ポスト・スポーツ」への思考的な転換の鍵を学び取ることができる。

ドゥルーズはエッセイのなかで、社会変容を「運動」や「ベクトル」といった観点から論じつつ、スポーツで起きている変容に社会や運動の変容を読み取ろうとする。そうして新しいスポーツにおける身体運動の特性が説明されるのである。

運動はスポーツや慣習のレベルで変化する。私たちは長いあいだエネルギー論的な運動観をよりどころにして生きてきました。つまり、支点があるとか、自分が運動の源泉だといった考え方をしていたわけです。スプリントや砲丸投げなどは、筋肉と持久力の問題だし、そこにはどうしても起点やてこが関係してくる。ところが、現代の状況をみると、てこの支点への付着をもとにした運動の規定は次第にまれなことになってきたのがわかります。新しいスポーツ（波乗り、ウィンドサーフィン、ハンググライダーなど）は、すべて、もとからあった波に同化していくタイプのスポーツなのです。高出発点としての起源はすたれ、いかにして軌道に乗るかということが問題になってくるのです。高波や上昇気流の柱が織りなす運動に受け入れてもらうにはどうしたらいいか、筋力の起源となるのではなく、「ただなかに達する」にはどうしたらいいか？　これがもっとも重要な問題になったのです（ドゥルーズ 1992: 203–204）。

ドゥルーズは、「運動」をエネルギーの発生や起源という観点ではなく、流れや軌道に「乗る」、あるいは地球が生み出す運動の「ただなか」に受け入れてもらうという発想において思考しようとする。ここで提起されているのは、人間主体が目的を成し遂げるために、例えば勝敗を競って何ものかを得るといった類の運動観ではない。重要なのは、「波」や「気流」といった自然環境の生態に同化していく運動である。つまりドゥルーズが捉えた「新しいスポーツ」の特性とは、関係性のただなかへと飛び込んでいく運動なのである。それはあらかじめ運動の主体があり、その主体が起源となって運動を開始していくのではない。そこにあるのは、まずもって行為であり、特定の関係性（波や気流）へ乗る運動である。

スノーボーディングは、まさにこの運動にあてはまるだろう。多くのスノーボーダーが、長い期間スノーボーディングに親しんでいくうちに自然破壊を問題として考えるような世界へと足を踏み入れていくことはめずらしくない。ただなかへと達しようとする運動がひとつの「入り口」となって、スノーボーダーたちは自然環境への融合を繰り返していくからである。スノーボーダーたちは、山肌の雪や山林といった自然環境へと敬意をはらい、スノーボーディングを通じて自然とともに生きることを大切にしている。自然環境や周囲の仲間たちとの開かれた関係性のただなかへと達していく行為から形成されるライフスタイルは、従来の近代スポーツが持っていた人間中心主義とは異なる。自然や他者との融合や、横の（水平的）関係性を構築していくことは、しばしばエコロジー運動や持続可能な生活のあり方、行き過ぎた資本主義の反省へと節合される。

スポーツのサブカルチャー（オルタナティヴ・スポーツ、エクストリーム・スポーツ、ライフスタイル・スポーツなど多様な呼び名が与えられている）が、近代スポーツ批判の要素を持つことは、これまでも多くの論者たちによって指摘されてきた(Beal 1995; Rinehart, Sydnor 2003)。これらのスポーツにおける身体的経験を通じた感覚変容は，しばしば前近代のスポーツや遊戯への志向を持つ。一九九〇年代以降のエクストリーム・スポーツの隆盛へと受け継がれていく一九六〇年代後半の「新しいレジャームーヴメント」が，エコロジー運動やニューエイジ文化の傍らにあったことを確認するならば，さほど不思議なことではない。こうした志向を回帰と受け取ることもできるだろうが，オルタナティヴ・スポーツの現場が提起している現代的な意味を無視しえないとするならば，単に回帰と言って済ますことはできないだろう。

したがって，新しいスポーツにおける身体的経験が生み出す感覚変容を，既存のスポーツ文化理論へと批判的に押し戻す作業が要求される。だからといって本章は，単に神秘主義やスポーツ経験と結びついたサイケデリック文化，アルカイックなものの称揚へと還元する理論的な手続きをとらない。また現場で起こっている現象を単になぞったり，その現場を正当化するような方法もとらない。むしろ，スポーツ経験や感覚変容を共有している現場や現象について，その内部からの批判的な考察と理論化を目指すことになる。そのために，ここでは「クリティカル・ライディング」という概念を提起したい(山本 2008)。

クリティカル・ライディングという概念は，ドゥルーズの議論を敷衍するならば，関係性のただなかへ達していくような運動のあり方に関わる。スノーボーディングは，人間本位の身体運動ではなく，自然環境へと融合し，同時に外界を内側に取り込む身体運動である。ライディングにとってもっとも重要な要素は，楽しみや自由の感覚や陶酔である。自然や外界を内に取り込み，それと一体感を得ることや他なるものと交感することを、競争や勝敗や物質的な欲望よりも大切にする。そして、こうした価値観をもとに共同性を生み出す点に横乗り文化の特徴がある。

また、そうした要素の持続を拒むような条件に出会うことによって、この身体運動は社会批判の実践へと導かれる契機となる。身体的次元で感知されたものを言葉で表わすことは難しいが、それはしばしば別の活動へと翻訳されていくことで固有の分節化を遂げることがある。であるから、スノーボード文化はしばしばしばＤＩＹ的な営為や持続可能なライフスタイルの提唱といった社会批判的な実践へと節合されるのである。したがって、「クリティカル・ライディング」は、批判的な方法論としても捉えられよう。こうした批判的な実践は、スノーボード文化がその出現から保持してきた重要なアティテュードでもある。次節では、スノーボード文化が生み出された経緯や歴史を簡潔に振り返ってみたい。

3　スノーボード文化の発生――新しいレジャームーヴメントと抵抗文化

一枚のボードを巧みに操作しながら、まるで飛行するかのように雪におおわれた斜面を縦横無尽に滑走するスノーボーディングという身体的活動が、いつ、誰によって、どこで誕生したのかを探ろうと思うなら、すぐさまその起源の曖昧さに出くわすことになる。しかし少なくとも、一九二〇年代には雪の斜面を滑る道具が存在していたという報告がある。それは木の板や小型のソリ、あるいはカフェのトレーに乗って斜面を滑り降りる遊びだったという(Humphreys 1996)。したがってこの新しいスポーツが出現する社会的・文化的背景は、ひとつの起源を想定しうるものではないだろう。ただし、現在の私たちが知っているスノーボーディングのフォーマルな起源は、一九六〇年代に、子供用の遊具として発明された「スナーファー」(Snurfer: 雪上のサーフィン)へと遡ることができる(Humphreys 1996; Heino 2000)。スノーボーディングに関する社会学的分析のパイオニアであるダンカン・ハンフリーズが適切に論じているように、スノーボーディングは六〇年代の「新しい社会運動」の傍らにあった、オルタナティヴな身体運動の諸形式を模索する、いわゆる「新しいレジャームーヴメント」と呼ばれる社会的・文化的な動向のなかから生み出されたことは重要である(Humphreys 1996; 1997; 2003; Heino 2000)。

新しい社会運動とは、従来のマルクス主義的な左翼運動が、資本家と労働者との生産関係をめぐる階級闘争に焦点化されていたのに対し、必ずしも階級問題には収まりきらなくなった多様な運動の総体を指し示す。文化研究者の毛利嘉孝は、新しい社会運動について次のようにまとめている。

レーニン=スターリン主義的な社会主義に対する幻想が急速に消滅していく一九六〇年代になると階級闘争以外の政治的案件がいろいろな領域で浮上する。ここで登場するのが「新しい社会運動」である。エコロジーやフェミニズム、反人種差別運動や反戦平和運動、先住民の権利擁護運動といった新しい動向は、これまで階級中心主義の左翼政治ではうまく扱うことのできない複雑な問題だった。とりわけ、六八年の先進各国の社会運動、学生運動を契機にして、旧来の独善的なマルクス主義に対するオルタナティヴな政治運動が要求された(毛利 2003: 19)。

人種差別、環境問題、女性差別、ベトナム戦争や核の脅威といった、階級問題には回収できない日常レベルでの差別や不満といったものを社会的・政治的なイシューとして提示していった六〇年代以降の新しい社会運動の傍らに、先に述べた新しいレジャームーヴメントがあったことは確認しておきたい。ハンフリーズは、次のように述べている。

環境運動やフェミニストたちの運動、ブラックパワー運動を含んだ数多くの社会的・政治的な運動を通じて、社会的な不満は、それ自体を表現したのである。新しいレジャームーヴメントは、スポーツの範疇を通じての社会的不満の表明である。この運動の支持者たちは、既存の定義に順応することのない、レジャーの多様な形式を実験したのだった。新しいレジャームーヴメントは、競争よりも、楽しさや個人的な成長を強調するような、いわば個人や表現を重視した共同(協働)的な諸活動を含むものであった(Humphreys 1996: 4–5)。

カナダのスポーツ社会学者のピーター・ドネリーは、支配に対する文化的な抵抗の諸形式としてスポーツを考察しようとする文脈において新しいレジャームーヴメントの重要性を唱えている。

……しばしば抵抗というのは、新しいもの、もしくはオルタナティヴな諸活動を創造し、取り入れる形式をとるものだ。一九六〇年代と一九七〇年代に、いくつかのレクレーション活動やスポーツ活動が、この時代に準備された多様な「カウンター・カルチャー」と連携しつつ発展し、実践されたのが適例だろう。このような活動は、サーフィン、フリスビー、初期のホットドッグ・スキーや、共同(協働)で行う「新しい」ゲーム(例えばアースボールなど)などを含むものであった。楽しみや表現を重視する活動が強調されたのは、支配的なスポーツの諸形式がそのような性格を欠くものであり、過度に合理化され、テクノロジー化され、官僚化されていたからだ(Donnelly 1988: 74)。

このように新しいレジャームーヴメントは、既存の主流スポーツが維持してきた「競争原理」「勝敗主義」「結果志向」といった支配的諸価値への不満を抱く西洋の先進諸国の若者たちによって支持され、押し上げられていった。それは若者たちの社会への不満を、新しい価値や形式、態度を通じて表現するものであり、このムーヴメントの支持者たちは、既存の支配的な価値に順応しないかたちでレジャーへの多様な取り組みを実験していったのである(1)。

このムーヴメントに触発されつつ、牽引していった若者たちの新しい価値観やアティテュードが、ポスト・フォーディズム社会の到来といった戦後の社会変化や労働形態の変容のうねり、あるいは近代批判の社会的風潮から強く影響を受けていたことは見逃すことはできない。ここで確認しておきたいのは、近代スポーツの支配的な価値観を批判するかたちで出現したオルタナティヴなスポーツとしてスノーボーディングを考えていくことの重要性である。スノーボーディングという新しいスポーツは、反競争主義的、反資本主義的な志向が吹き込まれた新しいレジャームーヴメントのエッジから出現してきたのである(Humphreys 1996)。

現在でこそ、スノーボーディングはポピュラリティと大きな市場を得ているものの、その黎明期にあっては困難の連続であったことが指摘されている(Humphreys 1996; 1997; Anderson 1999; Heino 2000)。その困難を引き起こした大きな問題というのは、板の性能それ自体にあった。最初の板が市場に登場するのは一九六〇年代のことであるが、すでに述べたように当初それは子供用の遊具であった(Humphreys 1996; Humphreys 1997; Heino 2000)。子供のための遊具を意図してシャーマン・ポッパーが製作したボードが、やがて初の大量生産型スノーボードとなった。ポッパーは、ボウリングのボールを生産するジェム・コーポレーションにボードを売り込み、一九六六—六七年シーズンのはじめに市場に出されることになった(Humphreys 1996)。ジェム・コーポレーションは、サーフィンブームに便乗しようと、そのボードに「スナーファー」という商品名をつけたのだ。スノーボーディング文化を六〇年代から現在まで牽引してきた、元プロスノーボーダーであり「スノーボーディングの父」と称されるジェイク・バートンによれば、子供用の遊具とはいえスナーファーは雪の上をライディングするサーフィンのように感じられたのだという(Heino 2000)。バートンは、次のように書いている。

初めてスナーファーに乗ってジャンプした瞬間(当時一四歳)、そこにはスポーツがあると感じた。そして、その瞬間に起こった出来事に人生を捧げてきた(Barton 2003: 10)。

当初一五ドルで売り出された遊具スナーファーは、最初の一年で約一〇万本を売り上げた。この遊具を使った雪上での身体表現は、雪山の近代スポーツの代表であるスキーに対するオルタナティヴを志向していた(Humphreys 1996)。ところが、スナーファーは重大な問題を抱えていた。このボードを乗りこなし、操作することはきわめて難しい芸当だったのである。エッジ(板の両端に付けられた鉄製のカドで、これによって雪をつかまえることができる)もなければ、ビンディング(板とブーツを互いに固定する道具)も装備されていない。さらに、ターンするためにも、滑走をストップさせるためにも、先端に取り付けられたロープを引かなければならなかった。

　このようにスナーファーは、スノーボードの原型のひとつではあるが、現在使用されているようなスノーボードとは異なる用具だった。現在使われている形式のスノーボードが市場で発売されるのは、一九七〇年代の後半のことになる。七五年、ワイン・ストーヴケンとディミトリエ・ミロヴィッチのふたりのサーファーによって、ユタ州に「ウィンタースティック・スノーボード会社」(Winterstick Snowboard Company)が設立され、そこでスナーファーよりも技術的に進化したボードが開発された(Humphreys 1996)。それはショートサイズのサーフボードのような形で、「コントロール・スケグ」(底の尾のようなもの)を取り付けていた。

スナーファーの広告

　バートンや、元プロのスケートボーダーだったトム・シムスは、ウィンタースティック・スノーボード会社に追随しながら、スナーファーの改良に取り組んでいった。バートンは、六〇年代からすでに自身でスノーボードをデザインし、製作し、性能を実験してはいたものの、実際に大規模な製造へといたるのは、七〇年代の後半だった。七六年、シムスはカリフォルニアに工場を設立し、サーフボードやスケートボードの生産を開始する。七七年には、ボブ・ウェバーがポリエチレンをモールドした「イエローバナナ」ベースを開発する。シムスがスポンサーをしていたプロスケートボーダーのロニー・トフトのスケート・デッキに、このベースを打ちつけたスノーボードを生産、販売していったのである。このようにして、はじめてのスノーボードが市場に出現した(Humphreys 1996; Heino 2000)。

同じ年、バートンもバーモントにスノーボード工場を立ち上げ、スノーボード会社「バートン・スノーボード」(Burton Snowboards)を設立する。バートン・スノーボードは現在、ボードのみならず、ウエアやグッズなどのスノーボーディング関連用品の生産と販売も行っている、生産量、売上高ともに世界最大のスノーボード会社である。

こうしてスノーボーディングが新しいレジャームーヴメントのなかから生み出され、ひとつの産業として立ち上がる背景には、フォーディズムからポスト・フォーディズムへの産業構造の転換という文脈があったことも確認しておきたい(Humphreys 1996)。大量生産、大量消費に基づくフォーディズムは、七〇年代においてはもはやリジッドで効率が悪いものだった。オイルショックによる経済危機は、フレキシブルかつ迅速で、特別な目的に対応することを重視するポスト・フォーディズムへの転換を促進した。このポスト・フォーディズムが、スノーボード産業の成長を後押しし、増益を可能にした。新しいシステムが、スノーボードの設計と生産のための自由な精神と空間を用意したのだ(Humphreys 1996)。そして、バートンやシムスが手がけたスモールビジネスモデルは、やがて、文化的・社会的な文脈は異なるものの、二一世紀の新しいスノーボード文化においても重要な構成要素となるのである。

4 「抵抗」と「セルアウト」

ピエール・ブルデューは、「新しいスポーツの出現は、スポーツ実践の空間の再構成や、さまざまな実践に付与された意味の再定義」を促すと論じている(Bourdieu 1991: 367)。レベッカ・ヘイノが指摘するように、スノーボード文化はスノーリゾートというレジャー空間におけるスポーツの身体や実践の意味の再定義を迫るものだった。「スノーボーディングの発生は、スキーという支配文化やスポーツ全体への抵抗を示したのだ」(Heino 2000: 176)。バートンが製作し、売り歩いたスノーボードという新しい用具とそのスタイルは、最初、多くのスノーリゾートで受け入れられなかった。ヘイノは、この新しいスポーツがスキーの延長として認知されなかったことに、その原因を探っている。それは道具の違いやターンのテクニックの違いというよりも、文化のスタイルやアティテュードの違いによるものだった(Heino 2000)。

ハンフリーズやヘイノは、英国のカルチュラル・スタディーズが展開した若者文化研究の影響を色濃く受けている。彼らはしばしば「儀礼を通じた抵抗」や「意味をめぐる闘争」といった概念を引用し(Clarke, Hall, Jefferson, Roberts 1976; ヘブディッジ 1986)、支配的な制度を保持する主流スポーツへの「抵抗」という観点からスノーボード文化を分析している(Humphreys 1996; Heino 2000)。そこでのスノーボード文化における若者の「抵抗」は、①身体による表現、②スタイルとファッション、③用具、④言語という四つの要素によって構成されている(Heino 2000)。身体による表現は、スノーボーダーたちがパンクやモッズといったサブカルチャーから積極的に引用したものであり、ピアスやノーズリングといった奇抜な表現が、身体を抵抗の場とした。

また、スノーボーダーのバギー(幅広)なウエアは、当時の女性スキーヤーたちのタイトでボディラインを強調するウエアに表わされたジェンダー規範に対して、身体へのまなざしを逸らし、ジェンダー化された身体の構築に抗うことになった。このウエアやファッションは、スケートボーディング文化からの流用でもあった。オリーブグリーンやブラウンといったくすんだ色合いを基調とし、「だらしなく」ダブダブのウエアに身を包むことで、その着こなしのスタイルや身体の象徴性は既存のスノーリゾートの規範や秩序への挑戦という意味を帯びたのである(Heino 2000)。

そして、板自体も重要な抵抗の表現の場を提供した。板は個々人の表現のキャンパスとなり、競争や競技プロフェッショナリズムの道具ではなく、個人の志向が表現される自由でユニークなものとなった(Heino 2000)。また、スノーボード文化特有の言語は、グーフィー(goofy)やシック(sick)などサーフィンやスケートボーディングからの流用も多いが、スイッチ・スタンス(switch stance)など独自の用語を発展させてきた。

ヘイノは「スノーボーディングの実践を通じて、一般的にスポーツに付与されてきた意味の再定義をその転覆的なスタイルが表明し、構成した」と述べている(Heino 2000: 181)。こうしてスノーボードは、記号的、象徴的な抵抗と、個人の表現や充足を重視する姿勢を併せ持ちながら、制度化された近代スポーツの身体、意味、実践空間に対する若者たちの抵抗を醸成したのである。

ある意味ではスノーリゾートからの排除という「不幸なはじまり」を経験したスノーボード文化ではあるが(Anderson 1999)、やがて「もっとも急速に成長したウィンタースポーツ」と呼ばれるようになる。一九八八年に、ダウンヒル・スノースポーツにおいて、約六パーセントの人口を占めるにとどまっていたスノーボーディングは、九二年には飛躍的な増加を見せ、二四パーセントの人口を占めるようになる。だが、この急速な成長と広がりは、九〇年代半ば以降、文化の商品化を促すことになった。スノーボード文化が初期に提示した主流スポーツへの若者の抵抗という価値自体が商品化されて流通することによって、当初のアティテュードは失われ、経済的な意味においても文化的な意味においても、お金を持たない若者たちを遠のかせる結果を招いた(Heino 2000)。

こうした現象をふまえて、スノーボード文化は「セルアウト」(支配者に魂を売り渡すこと)したのかといった議論が展開されることになった(Humphreys 2003)。事実、エスタブリッシュメントへの抵抗を示したこの文化は、やがてオリンピックの正式種目となった。そして先進諸国の中産階級の若者たちに消費されていった側面が強く、資本主義のグローバル化のなかで急速に商業化していったことは否定できない。バートン本人が板を手作りし、手売りしながら始まったバートン・スノーボードは、いまでは多国籍企業となり、安価な労働力を求めて板やウエアやその他のグッズの生産拠点を開発途上国へと移転している。では、スノーボード文化は初期の衝動や象徴的次元での抵抗の身振りをすべて失ってしまったのだろうか。(2)

「儀礼を通じた抵抗」「意味をめぐる闘争」「記号論的な抵抗」といった英国のサブカルチャー研究

が理論的な拠り所としてきた概念や方法は、二一世紀のスノーボード文化を考えていく場合にはそれほど有効ではなくなっていることは認めなければならない。いまやスノーボード文化は巨大な市場を形成し、グローバルな資本主義を部分的には牽引している。このことは、スノーボード文化が生み出してきた「抵抗」の実践やアティテュードとは矛盾することになる。(3) しかし、だからといって「抵抗のスタイルは商品化されている」「メインストリームになった」といったネガティヴな分析は、この文化が生み出す価値や意味の一面を捉えるにすぎない。

例えば、トビー・ミラーが提起する「環境への気づきや個人的な体験と結びついた、新しくて非競争的なスポーツオルタナティヴの発生」という考え方は、現在のスノーボード文化を捉える際に新しい視座を与えてくれる(Miller 1997: 8)。報酬を得る、競争に勝利するといった「何かのため」ではなく、スポーツの実践と自然環境を取り結ぶ楽しみや遊びの経験のなかに、セルアウトした後のスノーボード文化の新しい意味を見つけようとする議論も出てきている。スノーボーディングは、自然の美しさ、身体運動が感知する旋回やライディングのスリル、危険との戯れ、瞬間に生み出される身体のクリエイティヴを融合させる(Heino 2000)。山や自然環境と「共に」という姿勢が、現代のスノーボーダーたちに「抵抗」とは違った意味での多様な分節化の契機を与えている。

こうした議論は、本章が提起する「クリティカル・ライディング」概念にきわめて近い。この概念は、支配的な力や秩序を転覆させるようなものではない。むしろ、ある特定のスポーツ実践を通じた自然環境への気づきや融合に関わる。そこで感知された身体や感覚変容をきっかけにして、日常における生き方やライフスタイルを変容させるという意味での変革の契機を示そうとする概念であり、文配的な力を少しでも弱めていこうとする営為と言い換えることができる。この動きは、従来のサブカルチャー実践が試みてきた記号論的抵抗にとどまらない抵抗のあり方（それを抵抗と呼ぶ必要すらないのかもしれない）へとシフトしている。

5　グリーン・ラボ、ＤＩＹ、オルタナティヴなライフスタイル

ここで再び、本章の冒頭で紹介した菅平・峰の原高原に舞台を移したい。まる文農場で農作業に励む青年たちの何人かはプロのスノーボーダーである。スノーボードブランドから用具やウエアの提供を受け、スノーボード雑誌やＤＶＤに出演することもある。といっても、そうした活動が生活の糧になるほどの金額になるわけではない。菅平・峰の原高原では、このようにレタス畑で働く青年や牧場の後継者が同時にプロのスノーボーダーであることが多い。そして、ここに限らず、後継者不足に悩まされる日本の農業の現場では、横乗り文化の担い手たちが働いていることはめずらしくはない。地元で育った青年たちが、横乗り文化を通じて友人関係をつくる。そうすることで、山を離れて都会や街に出て仕事をするのではなく、地元に残って親世代が続けてきた農業や牧畜、ペンション運営などで生計を立てることが可能となるような、世代を超えた人の繋がりが維持されている。まる文農場の青年たちは、横乗り文化で繋がった仲間たちに声をかけ、農場での仕事を紹介している。

また、関東や関西の都会を離れて長野県の山間地域に移り住み、夏場は農作業や造園の仕事をし、冬になるとスノーボーディングをするという若者たちも多い。都市部からの移住者たちと山に暮らす

地元の青年たちがスノーボード文化を通じて出会い、農業へ関心を持ったり、農場に働き口を得たりすることも横乗り文化が生み出す関係性の特徴である。こうして菅平・峰の原高原の事例を見てみると、若者の消費文化となって「セルアウト」したと揶揄されるスノーボード文化が、まったく別の文化的・社会的文脈を形成していることがわかる。世界的な規模で流行した都市型の若者文化であるスノーボーディングが、そこからもっともかけ離れているように思われる農業の現場に近接しているということは、きわめて興味深い現象である。

まる文農場で働く中山二郎は、農民であり、同時にプロスノーボーダーである。さらに彼はグリーン・ラボのプロジェクトを峰の原高原で実践している。中山が渡辺尚幸、中山一郎、伊藤高らと展開するグリーン・ラボは、「セルアウト」以降の新しいスノーボード文化とライフスタイルを世界に向けて提唱しており、現在における世界のスノーボード・シーンにおいても見逃すことのできない重要なプロジェクトである。

七〇年代にアメリカでジェイク・バートンが、新しいレジャームーヴメントとポスト・フォーディズムへの労働形態の変容が重なり合うなかから、起業家精神と横乗りの哲学を持って喜びや楽しみや個人の表現それ自体を追求するスポーツのオルタナティヴの回路を切り開いた、その衝動と実践哲学とアティテュードは、時代を経て、形を変えて、グリーン・ラボのクリエイティヴなプロジェクトによって引き継がれている。「スノーボード文化はセルアウトした」という単純な議論は、グリーン・ラボの実践によって退けられるだろう。ここで簡潔にではあるが、グリーン・ラボについて紹介しておきたい。

グリーン・ラボに関わるスノーボーダーたちは、夏場は野菜を作り、牧場で働いている。冬になると、ときには雪山登山の装備で半日かけてポイントに辿りつき、奥深い雪山や断崖絶壁の斜面、木々が立ちこむ山林をライディングする。彼らのようなライダーは、バックカントリー・スノーボーダーである。フリースタイラーと呼ぶこともある。

彼らは地元の山林を知り尽くしているため、他県からやってくるフリースタイラーたちのガイド役を務めることもある。天候の変動、雪の状態、山中の地理関係を常に正確にキャッチするのは、雪崩や遭難を防ぐために絶対的に必要な身体的な知識である。この身体的な経験によって裏打ちされた雪山に関する知識は、スノーボードを繰り返す彼らの日常生活から獲得されたものである。

そんな彼らがグリーン・ラボのプロジェクトを立ち上げるに至るのは、山林をスノーボードで滑走する「遊び」のなかの気づきをひとつの契機としている。山林を詳しく探索し、滑走ポイントやルートを見つけ出すという営みが、長野県の山林でいま起きている危機的な自然環境の問題を彼らに発見させたのだ。中山二郎は次のように述べている。

僕らは、子供の頃から山の中を探検してたんですよ。そのときの経験が今も生きていて。だから、峰の原の山の中は、誰よりも詳しいかな。普段から、滑ってみたいと思うスポットを探しているので、山の中の環境や地形にどんどん詳しくなっていくんだよ。雪山を歩いたり、ボードに乗って気持ちよく滑ってると、逆に違和感があるんだよねえ。山で何が起きてるかが見えてくるんですよ。結局、長野の山林って、ほとんどがカラマツとかの針葉樹が植えられていて、そのカラマツの間をターンして滑ったりするんだけど、それをやってるうちに気がついたのは、長野の山林、まあ、長野に限らないんだけど、とにかく生えている木と木の間隔が混み合いすぎてるんですよ。だから滑るコースやルートが限られるんです。それに、木が混み合うと何が起きるかといえば、山林が荒廃するってことです。だって日光が十分に当たらないわけだから、木は十分に育たない。朽ちていて、壊滅的になっている箇所もあるんですよ。

戦後の日本において、林業は衰退の一途を辿ってきた。戦後の植林政策は、戦時期にエネルギー源として使い果たした山林の木材を再供給するために膨大な規模の植林を進めた。だが、やがて主要エネルギーのシフトや安価な輸入材によって、国産木材はコスト高となり、その結果、間伐が立ち遅れ、手つかずとなり、荒廃した山林を生み出し続けた。こうした荒廃をいちはやく摑んだのが、山で遊ぶことを日常とするスノーボーダーたちだったという点は興味深い。グリーン・ラボのメンバーである渡辺尚幸は、間伐の遅れに気がつき、プロジェクトを始めた経緯について次のように教えてくれた。

山の木々は間伐してあげないと朽ちちゃう。県土の八割を占める森林は、人間が整備してあげないといけないんだよね。間伐が不可欠なのよ。間伐して、光が入れば、下草が育ち、いい養土ができる。だから木が成長する。間伐しようにも、いまの日本の木材の需要からすれば、間伐材は利用しようにも価格的に見合わない。だから山に放置された間伐材もある。切捨て間伐というんだけどさ。じゃあ、おれらみたいに、自然のなかでスノーボードやらせてもらってる連中は、その自然に対して何かできないだろうか。それでおれらはプロジェクトを始めたんだけど。いつも山で楽しませてもらってるスノーボーダーができることってなんだろうって考えてさ。信州の山は全体の六割が針葉樹なんだよね。成長の早いスギ、カラマツ。戦中に木材の供給のために伐採があって、戦後に植林が盛んになったんだよね。いま、樹齢が四〇年、五〇年くらいか。でも、植樹したはいいけど、日本の森林は利用価値が少ない木材ばっかりさ。国内産の木材は採算が合わないんさ。安い輸入材とか、コンクリート住宅が主流だから。使い時が来てるんだけど、使い道がないわけ。だから、間伐材を使ってスノーボード作れないかって考えたわけさ。

間伐材を使ったウッド・コアの製作
(撮影：原田岳)

渡辺は、スノーボーダーだからこそ感知し得た山林の荒廃の現状に対して、スノーボーダーとして敏感に応答していく。楽しみや快楽へと開かれた遊びの一形態であるスノーボーディングの身体経験は、それを拒む諸条件と遭遇し、対処しようとすることによって思わぬ形で社会批判の入り口に立つことがあるのだ。前節で述べた「環境への気づきや個人的な体験と結びついた、新しくて非競争的なスポーツオルタナティ

間伐材を使ったウッド・コアの製作
（撮影：原田岳）

ヴの発生」というミラーの議論と、グリーン・ラボの営為は驚くほど響きあっている(Miller 1997: 8)。また、スノーボーディングは、自然の美しさ、身体運動が感知する旋回やライディングのスリル、危険との戯れ、瞬間に生み出される身体のクリエイティヴを融合させるという、ヘイノが提起したスノーボード文化の価値にも重なってくるだろう。

現在日本で発売されているスノーボードの板のほとんどは、輸入材から作られている。バートンの製品のように、開発途上国で生産された板が大量のCO$_2$を吐き出しながら輸入されてくる。中山は「だったら、間伐材を使えばいい。地元の木で作った板に乗って、その木が育った山のなかを滑るのは幸せなんじゃないかな」と語っている。地元のグリーン・ラボは、こうした問題意識によって、長野県の間伐材を使い、地元の木材加工会社や製材会社の協力を得ながら、自分たちの手でスノーボードの板(コア材)を生産し、それを各スノーボードブランドに広げてもらうというプロジェクトを進めた。コア材とは、ウッドコア(芯材)とも呼ばれ、スノーボード板の主要な素材となる。このプロジェクトは、長野産のカラマツやヒノキの間伐材を使用した地場産スノーボード板の商品化と言えるだろう。DIYによるウッドコアが秘めた価値について渡辺は次のように述べている。

これは作り手の顔が見える板なんだよね。地ビールに近い感覚。しかもスノーボーダーたちが手作りで丁寧に作っている。スノーボードという若者文化やサブカルチャーから環境問題に対してアピールできることは大きいよね。スノーボードは若者への間口が広いから関心を持ってもらえるはず。これまでにない形での環境アピールになるでしょ。しかも、若者やスノーボードに関係する人たちのネットワークが作り上げる板だし、この板を使っているということが、ちゃんと自然環境を考えているという付加価値にもなるから、そういう意味で、グローバル企業みたいなブランドとはまったく違うブランドになる。手作りで、年数が経つほど価値が出る板になる。これって大量消費社会とか、資本主義の価値とは違った価値を打ち出せると思う。

グリーン・ラボが生産する手作りの間伐材ウッドコアを使う人たちの間で共有されていく価値や意味が、自然環境や持続可能性を考える「ネットワーク」を形成するのだ。渡辺はこれを「コア繫がり」と呼んでいる。グリーン・ラボのＤＩＹ的なアティテュードと持続可能性への実験に賛同して間伐材ウッドコアを購入し、それを実際に使用することで広がっていくのは、市場が生み出すものとは別の価値を共有する人々の繫がりである。グリーン・ラボは、間伐材ウッドコアをテーマにしてさまざまなイベントを開催している。試乗会や山林ツアー、実際に間伐材で板を作ってみるワークショップなどを通じて、山林の荒廃状況や環境問題、林業が抱える問題、持続可能なライフスタイルの可能

まる文農場のレタス畑(提供：まる文農場)

性といったイシューを共有しつつ、同時にスノーボード文化の楽しさを伝えている。そこには、スノーボーダーのみならず、スポーツブランドの社員、雑誌のライター、生態学者、林業に携わる人、ボードショップの店員、農業関係者、子供など多様な人たちが集う。

このように「コア繋がり」は、複数の職能を繋ぎ合わせ、横乗り文化とエコロジー活動、持続可能なライフスタイルを連携させるオルタナティヴなスノーボード文化を創り出している。したがって間伐材ウッドコアは、流通する商品でありながらも、多様な人々を繋ぎなおすための「エージェンシー」となっているのだ。

また、ウッドコア生産を新しいスポーツ産業と考えるなら、部分的に山間部に暮らす青年たちの労働環境の向上にも繋がりうるだろう。グリーン・ラボの活動は、DIY的な意味でバートンの初期のエネルギーやクリエイティヴを彷彿とさせる。ただし、グリーン・ラボが生み出すウッドコアは商品ではあるが、それは現代社会の諸問題へと切り込み、オルタナティヴな価値やライフスタイルを提起する批評的クリエイティヴとしての商品なのである。

そしてスノーボーダーたちが働くまる文農場でも、数年前から「無農薬、無化学肥料で作る安心野菜」をテーマに「地球にやさしい」農業を展開している。自然との融合を促す横乗りの身体感覚は、「山と共に」という感性を育み、農的なライフスタイルへと近接しはじめている。また、農業の現場における持続可能な土づくりや野菜作りは、スノーボーダーのアティテュードに重なっているようだ。これこそが横乗り文化の新しい動きと言うことができるだろう。

抵抗文化として誕生したスノーボードは、自然との共生やＤＩＹ、持続可能なライフスタイルを提起するオルタナティヴなスポーツへと変容している。私たちは、ここに「ポスト・スポーツ」のひとつの形態を見出したい。支配に抗うという意味でのスノーボーディングの「抵抗」は、「セルアウト」して価値を失ったのではない。むしろ商品化の回路を使いながら、そこに別の価値や回路や人の繋がりを生み出している。したがって、横乗り文化が提起するオルタナティヴは、従来の「抵抗」という概念よりも多様なものとして捉え返すことができる。

もしまだ「抵抗」という概念を捨てずにこの文化を分節化するならば、その概念が指し示すのは、社会を繋ぎなおすエージェンシーの創発であり、ＤＩＹ的で自律的なライフスタイルを日常とする営為それ自体ということになるだろう。

（1） 一九九〇年代以降、世界各地で多くのスポーツ社会学者たちが「オルタナティヴ・スポーツ」「ニュースポーツ」「ポスト・スポーツ」と呼ばれるスポーツ実践の分析に取り組んでいることは偶然ではない(Beal 1995; Rinehart 2000; Rinehart & Sydnor 2003)。ひとつの世界的な動向として、こうした多様なスポーツ実践は、社会変容と結びついて登場している。スノーボーディング、サーフィン、スケートボーディング、ロッククライミング、ウィンドサーフィン、フリスビー、ストリート・スポーツ、エクストリーム・スポーツなど、数々のフリースタイルを標榜する新しい身体的な実践の登場は、スタイルの政治、フェミニズム運動や反人種差別運動や環境運動を含む新しい社会運動、そしてその傍らにあった新しいレジャームーヴメント、さらには「労働の拒否」をスローガンにしたイタリアのアウトノミア運動、近年の反グローバリズム運動といった、多様性、複数性を維持しながら複数のイシューを共有させていこうとする〈六八年以降〉の世界的な運動の余波のなかにあることは、確認しておかねばならない。

（2）何が本当のスノーボーディングの哲学なのかといった真正性をめぐる議論は、この文化が一九九〇年代の初頭から急速な発展を遂げていくプロセスを論じる場合、もしくはスノーボーディング文化の商業化や資本への組み込みといった問題を論じる場合に強調される傾向がある。ダンカン・ハンフリーズの分析には、少なからずある特定のスノーボーディング実践に対して真正性を付与しているふしがあることは否定できない。だからといって彼の先駆的な作業の価値がまったく台無しになるといったようなものではないが、それでもスノーボーディング文化やその実践は、あくまで「アンダーグラウンドなものであり、商業主義に汚されていない」と彼が主張する場合には、やはりある特定の実践のみに真正性を与えてしまう傾向があることは否めないだろう(Humphreys 2003: 403)。ハンフリーズだけではなく、レベッカ・ヘイノの分析のなかにも商業化されるスノーボーディングという問題が設定されるとき、商業化される以前の真正なスノーボーディング実践を想定してしまう場合がある(Heino 2000)。

（3）近年の研究では、商業化以降のスノーボード文化が、主流スポーツのイデオロギーや支配的なスポーツ実践を拒否するよりも、積極的にスノーボード産業や組織に組み込まれていると論じている。抵抗は、拒絶というかたちをとるのではなく、支配や制度の内部において、新しい意味を作り出したり、自分たちの文化を自分たちでコントロールすることに向かっているという報告もある(Coates, Clayton, Humberstone 2010)。

あとがき

本書の原稿執筆が大詰めを迎えた二〇二〇年一月、IOC会長のトーマス・バッハは、七月から開催予定の東京オリンピックにおける「抗議パフォーマンス」の禁止を強調した。それは、本書が論じた「批判的ポスト・スポーツ」の実践者であるコリン・キャパニックやミーガン・ラピノーのように、人種差別や性差別への反対を表明する機会をあらかじめ奪うことに他ならない。また、そこには、IOCと一部の大企業や巨大メディア産業だけが国民の税金を掠めとって私腹を肥やすことに反対する人々の声やアクションを封じるという、それこそ「政治的」な狙いがある。

バッハによれば、オリンピックは、政治的主張や分断の可能性を促進するためのプラットフォームであってはならず、「政治的中立」によって世界を団結させるものだ。IOCが唱えるこのようなオリンピック的世界観において、ナショナリズムは、あらかじめ政治的に透明なものであり、中立とされる。だから、アスリートたちの国旗を背負うという言動や行為は、この価値観のなかでは、政治的なものにカウントされはしない。オリンピックを信奉することは、ナショナリズムに基づく団結のプラットフォームに立つことと同義なのだ。

オリンピックの信奉者は、このスポーツの祭典が唱える偽りの団結によって、かえって世界の人々が、貧富の格差、ジェンダーや人種やセクシュアリティの差別、健常者と障害者の区別といった無数の差別的構造に巻き込まれて分断されていることに気がつかないようだ。オリンピックのナショナリズムやそれがもたらす愛国心は、その内部に無数の不平等を抱えていることを隠蔽し、忘却させる機能を果たす。本書で論じたように、一九六八年のメキシコ・オリンピックの表彰台で、トミー・スミスとジョン・カーロス、そしてピーター・ノーマンが行った政治的パフォーマンスは、国内の人種差別や階級の不平等を見えなくするオリンピックのナショナリズムへの批判であった。世界に離散した黒人ディアスポラたちは、オリンピックをプラットフォームにして、「スポーツの黒い大西洋」を再発見し、奴隷制によって富を拡大した資本主義の祝賀イベントたるオリンピックに異議を申し立てたのだ。IOCは、不平等な社会を変えていこうとするアスリートたちの努力とその歴史を認めず、ひたすら巨大企業の利益と国家の利権構造に忠誠を誓うことこそが正しいスポーツの姿だと暗に訴え続けている。

メキシコ・オリンピックから約五〇年が過ぎ、カーロスらの政治的意義を継承する新しい世代のアスリート(キャパニックやラピノーたち)が登場してきた。SNSによってグローバルに繋がっていく「ソーシャルなアスリート」たちがこの数年の間に、スポーツのあり方を変えはじめている。彼ら／彼女らは、オリンピックに代表される近代スポーツの価値観によって作り出され、固定化される差異や不平等を解きほぐし、多様な人々が多様なままに生きていける世界を見事に提示している。本書が

「ポスト・スポーツ」と呼ぶものは、このような新しいアスリートたちの出現を捉えるための概念である。この新しい概念のなかでスポーツは、熾烈な競争を肥大化させることに特化した社会装置ではなく、既存のアイデンティティや規範を疑い、支配関係を批判し、社会的正義を表現するプラットフォームになろうとする。こうして、ポスト・スポーツの時代におけるアスリートは、社会を編みなおすエージェンシーとなって可視化されはじめているのだ。

このような意味で、「アスリート・ファースト」という国家や行政や主要メディアが打ち出す言説に取り込まれ、なんら政治に対して言葉を発しない日本のアスリートたちは、ポスト・スポーツの時代から完全に取り残されている。彼ら／彼女らは、巨額の税金を横取りし、社会を不安定にし、人々の日常の暮らしを脅かすオリンピックの政治に従順なままでいいと本当に思っているのだろうか。反対意見や違和感を表明する多くの国民や市民がいるにもかかわらず、当の主人公が何も発言しないという姿勢はどうなのか。本書は、同調圧力によって結果的に支配に飲み込まれ、社会を分断することに加担してしまう日本のアスリートやスポーツ関係者たちに、ぜひともポスト・スポーツへの移行を決断してほしいという思いからも書かれている。

この同じ時代に、実は、競技自体がもっとも大きな変容に晒されてきた。本書で論じたように、「データ革命」の波によって、プレーを実践する主体は、もはや個体化された身体に宿るのではなくなりつつある。本書が提示した「前-個体性のスポーツ」の登場は、主体化、同一化された身体が主人公とはならない新しいスポーツの出現を示唆している。ビッグデータや先端テクノロジーと繋がるアスリートは、情動や認知、反射や即興的な判断といった、主体を持たない前-個体性を競技の主役とする。サイバスロンやeスポーツの登場は、そうした兆候と言えるだろう。また、データ分析による「予測」の領野は、競技の新たな主戦場となりつつある。本書は、この現象にもポスト・スポーツという概念を与えた。

データ革命やテクノロジーと身体の融合によって、あらためて重視される前‐個体性の領野と、SNSを通じて繋がっていくソーシャルなスポーツの政治的領野は、一見するとまったく異なる事象のようだが、本書はこの二つを同じフィールド上で考えた。この二つのポスト・スポーツの出現は、どちらも既存の主体や同一性を解体し、次の主体位置までの「間《あいだ》」の時空間を可視化する。本書で論じたポスト・コロニアルの文脈におけるモハメド・アリのボクシング技芸は、データや新しいテクノロジーによって重視されるようになった前‐個体性の領野に属していたものだが、そのことに私たちは長い間、気がつかなかったのだ。アリだけではない。マラドーナの即興的なプレーにも同様のことが言えるだろう。アリやマラドーナによって先取りされた「ポスト・スポーツ」は、近年、データやテクノロジーによって、「見える」ようになったにすぎない。また、多くのアスリートが前‐個体性の領野を人工的に鍛えることができるようにもなった。この潮流をどう捉え、どう評価するのかについては、本書を読んでくださった読者のみなさんとの今後の議論に譲ることにしたい。

いずれにせよ、こうやって姿を現しはじめた複数の「ポスト・スポーツ」は、私たちがこれまで「スポーツ」と呼び慣れ親しんできた概念、理想、実践のあり方が失効しつつあることを示している。既存のスポーツへの決定的な批判をともなった現象としてポスト・スポーツを捉えることが、本書全体をわずかに貫く狙いであったことは、ここで最後に確認しておきたい。

本書のもととなった論考は以下の通りである。ただしいずれも大幅な加筆と改訂を加えてある。

・「ハビトゥスなきハビトゥスの時代――コミュニケーション社会における知と身体」山本敦久編『身体と教養――身体と向き合うアクティブ・ラーニングの探求』ナカニシヤ出版、二〇一六年【第3章】

・「スポーツ観戦のハビトゥス――人種化された視覚の場と方法論的ナショナリズム」橋本純一編『スポーツ観戦学――熱狂のステージの構造と意味』世界思想社、二〇一〇年【第4章】

・「オリンピック、祝賀資本主義、アクティヴィズム」田中東子・山本敦久・安藤丈将編『出来事から学ぶカルチュラル・スタディーズ』ナカニシヤ出版、二〇一七年【第5章】

・「スポーツを通じた抵抗――C・L・R・ジェームズとカルチュラル・スタディーズの抵抗理論」『スポーツ社会学研究』二四巻一号、二〇一六年【第6章】

・「「横乗り文化」と変容するライフスタイル――スノーボード文化の社会学的考察」『成城大学経済研究』第二〇二号、二〇一三年【第7章】

（序章・第1章・第2章は書き下ろし）

執筆の過程では、多くの人との出会いと対話があった。この本はひとつの形を持っている。だが同時に、モハメド・アリのボクシングスタイルのごとく、ひとつの身体が同時に複数の身体であり、多様な部分が多様な部分のままであるかのように、本書も複数の人々の声や考え方から構成されている。

いわば、友人たちやお世話になった方々と分有する作品だと言えるだろう。筑波大学大学院時代の恩師である清水諭先生には、スポーツへの愛こそがスポーツの文化論的研究の入り口だということを教えていただいた。研究者への道を歩くことになったのは、清水先生との出会いによるところがとてつもなく大きい。清水先生に連れられて行った福島県昭和村の廃校になった喰丸校舎で、山口昌男先生がさまざまな文化の仕掛けを演じる場所に出入りしていたことが、本書の起点となった。

小笠原博毅さんには、本書を成立させる批判的思考、態度を鍛えていただいた。本書の理論的な骨子も小笠原さんとの対話から生まれたものである。有元健さんには、いつも私の不安定な研究の内容に的確な理論と枠組みを与えていただいている。ふだんの会話のなかで、多くのアイディアを共有させていただいた。伊藤守さんには、研究に真剣に向き合う姿勢と書くという営為の大切さをいつも教えていただいている。

本書の土台となるものは、院生時代から現在に至るまで読んだ数々の本や論文の著者たちへの憧れによって方向づけられている。今福龍太さん、鵜飼哲さん、上野俊哉さん、酒井隆史さん、本橋哲也さん、吉見俊哉さん、水越伸さん、岩渕功一さん、塚原東吾さん、阿部潔さん、鈴木慎一郎さん、毛利嘉孝さん、岡原正幸さん、イアン・コンドリーさん、ジュールズ・ボイコフさんたちの著書から学んだことや本人たちとの対話のなかから示唆を得たことが本書のいたるところに反映されている。

まだ未来の見通しがたたない院生末期をともに過ごした友人たち、森山裕之さん、麻生征宏さん、挽地康彦さん、井上弘貴さん、森達也さん、石渡雄介さん、安藤丈将さん、そして裏公共圏研究会のみなさんとは、いつも酒を飲み、おおいに議論しながら、本書のアイディアの種のようなものを一緒に育ててもらった。上智大学勤務時代にお世話になった鈴木守先生、大串哲朗先生、そして現在の勤務先である成城大学社会イノベーション学部とグローカル研究センターでお世話になっている先生方、特に西原和久さん、上杉富之さん、小澤正人さん、東谷護さん、青山征彦さん、標葉隆馬さんには、本書を執筆する過程で多くの刺激をいただいた。スポーツウエルネス科の妹尾江里子さん、海老島均さん、國寳真実さんにも感謝したい。友人であり、研究仲間である植松青児さん、二宮雅也さん、栢木清吾さん、堀口剛さん、諫山三武さん、高原太一さん、竹崎一真さんには、まだ形をなさないアイディアや構想を聞いてもらい、励ましてもらった。

本書にも登場するグリーン・ラボのみなさんとの出会いは、「ポスト・スポーツ」という概念を生み出すきっかけそのものだった。渡辺尚幸さん、中山二郎さんとの対話が、本書のアティテュードを導いてくれた。

本書は、成城大学共通教育研究センターの出版助成を受けたものである。現センター長の有田英也さん、前センター長の相澤正彦さん、センターのスタッフにも感謝したい。

そして岩波書店の押川淳さんには、『やっぱりいらない東京オリンピック』に続いて、二冊連続で編集を担当していただいた。思いばかりが先行し、うまく言葉におさまらない雑な文章が、押川さんの的確な朱入れによって形になっていった。岩波書店の地下室に籠り、一緒にゲラを校正した時間はとても有意義な経験となった。

人生のパートナーであり、もっとも信頼する研究者でもある田中東子さんには、いつも浮かんだアイディアや構想のすべてを最初に聞いてもらっている。書き上げた文章も、いつも最初に丁寧に読んでもらうことで仕上がってきた。本書も、長年連れ添ってきた彼女との共同作業といっても過言ではない。

そして最後に、いつも故郷の長野から見守ってくれている父と母に感謝したい。

二〇二〇年二月二二日

山本敦久

参考文献

外国語文献

Albert, J.(2013) *Curve Ball: Baseball, Statistics, And The Role Of Chance In The Game*, Copernicus Books.

Anderson, K. L.(1992)“Snowboarding: The construction of gender in an emerging sport”, *Journal of Sport & Social Issues*, 23.

Barton, J.(2003)“The Essence is Fun” in R. Rinehart, S. Sydnor[ed.] *To the Extreme: Alternative Sports, Inside and Out*, State University of New York Press.

Bass, A.(2002) *Not the triumph but the struggle: The 1968 Olympic and the making of the black athlete*, University of Minnesota Press.

Beal, B.(1995)“Disqualifying the Official: An Exploration of Social Resistance Through the Subculture of Skateboarding”, *Sociology of Sport Journal*, 12.

Bourdieu, P.(1991)“Sport and Social Class”, C. Mohery, W. Schwanson[ed.] *Rethinking popular culture*, University of California Press.

――(1988)“Program for a sociology of sport”, *Sociology of Sport Journal*, 5.(引用部は石崎晴己[訳](1988)を参照，一部訳を変更)

Boycoff, J.(2014) *Celebration capitalism and the Olympic games*, Routledge.

Carlos, J., Zirin, D.(2011) *The John Carlos story: The sports moment that changed the world*, Haymarket books.

Carrington, B.(2002) *‘Race’, Representation and the Sporting Body*, Goldsmiths, University of London.

――(2010) *Race, Sport and Politics: The Sporting Black Diaspora*, Sage.

Clarke, J., S. Hall, T. Jefferson and B. Roberts(1976) *Resistance Through Rituals: Youth Subcultures in Post-War Britain*, Routledge.

Clough, P. T.(2008)“The Affective Turn: Political Economy, Biomedia and Bodies”, Theory, *Culture & Society*, 25.

Coates, E., B. Clayton, and B. Humberstone(2010)“A battle for control: exchanges of power in the subculture of snowboarding”, *Sport in Society*, 13(7/8).

Collins, H. “The Philosophy of Umpiring and the Introduction of Decision-Aid Technology”, *Journal of the Philosophy of Sport*, 37(2).

Dean, J.(2009) *Democracy and other neoliberal fantasies*, Duke University Press.

Donnelly, P.(1988)“Sports as a Site of ‘Popular Resistance’”, R. Gruneau[eds.] *Popular Culture and Political Practices*, Garamond Press.

Edwards, H.(1969) *The revolt of the black athlete*, Free Press.

――(1980) *The struggle that must be: An autobiography*, Macmillan.

Gilroy, P.(1994)"'After the love has gone': Bio-Politics and ethno-poetics in the Black Public Sphere', black public sphere collective", P. Gilroy[eds.] *The black public sphere: A public culture book(Black Literature and Culture)*, The University of Chicago Press.

——(2000) *Against Race: Imagining Political Culture beyond the Color Line,* Harvard University Press.

——(2000) *Between Camps: Nations, Culture and the Allure of Race,* Allen Lane.

Hall, S.(1997)"The local and global: Globalization and ethnicity", A. King[eds.] *Culture, globalization and the world system: Contemporary conditions for the representation of identity,* University of Minnesota Press.

Hartman, D.(1996)"The politics of race and sport: Resistance and domination in the 1968 African Olympic protest movement", *Ethnic and Racial Studies,* 19(3).

——(2003) *Race, Culture and the Revolt of the Black Athlete: The 1968 Olympic Protests and Their Aftermath,* University of Chicago Press.

Heino, R.(2000)"New Sports: What is so Punk about Snowboarding?", *Journal of Sport& Social Issues,* 24(1).

Humphreys, D.(1996)"Snowboarders: Bodies out of control and in conflict", *Sporting Traditions,* 13.

——(1997)"'Shredheads Go Mainstream'?: Snowboarding and Alternative youth", *International review for the sociology of sport,* 32.

——(2003)"Selling Out Snowboarding: The Alternative Response to Commercial Co-optation", R. Rinehart, S. Sydnor[eds.] *To The Extream: Alternative Sports, Inside and Out,* State University of New York Press.

Lenz, F.(1977) *Snowboarding to nirvana,* St. Martin's.

Linebaugh, P., M. Rediker(1990)"The Many-Headed Hydra: Sailors, Slaves, and the Atlantic Working Class in the Eighteeth Century", *Journal of Historical Sociology,* 3(3)

Louis, B.(2000)"Reading Within A Diasporic Boundary: Transatlantic Black Performance And The Poetic Imperative" in B. Hesse[eds.] *Un/settled Multiculturalisms: Diasporas, Entanglements, Transruptions,* Zed Books.

Marqusee, M.(1995)"Sport and stereotype: From role model to Muhammad Ali", *Race and Class,* 36(4).

Miller, T.(1997)"Competing allegories: An introduction", *Social Text,* 50.

Millington, B., R. Millington(2015)"'The Datafication of Everything': Toward a Sociology of Sport and Big Data", *Sociology of Sport Journal,* 32.

Murphy, M.(1995) *In the zone: Transcendent experience in sports,* Penguin.

Parry, J.(2018)"E-sports are Not Sports", *Sport, Ethics and Philosophy,* 13(1).

Pronger, B.(1998)"Post-Sport: Transgressing Boundaries in physical Culture", G. Rail [eds.] *Sport and Postmodern Times,* State University of New York Press.

Rinehart, R., S. Sydnor(2003) *To the Extreme: Alternative Sports, Inside and Out,* State University of New York Press.
Sivanandan, A.(1982) *A different hunger: Writing on black resistance,* Pluto Press.
Spaaij, R., A. Thiel(2017)"Big data: critical Questions for sport and society", *European Journal of Sport and Society,* 14.
Vasili, P.(1998) *The First Black Footballer Arthur Wharton, 1865–1930: An Absence of Memory,* Frank Cass.
Wimmer, A., Glick-Schiller, N.(2002)"Methodological nationalism and beyond: nation-state building, migration and the social sciences", *Global Networks,* 2(4).
hooks, b.(1993)"Feminism Inside: Toward a Black Body Politic", Thelma Golden [eds.], *Black male: Representation of masculinity in contemporary American art,* Whitney Museum of American Art.
——(1995) *Representing the black male body in art on my mind: Visual politics,* The New Press.

邦語文献

Baseball Geeks 編集部／神事努[監修](2019)『新時代の野球データ論——フライボール革命のメカニズム』カンゼン.
有元健(2003)「サッカーと集合的アイデンティティの構築について」『スポーツ社会学研究』11.
アドルノ，T.／大久保健治[訳](1985)『美の理論』河出書房新社.
伊藤守(2004)「規律化した身体の誘惑——ベルリン・オリンピックと『オリンピア』」清水諭[編]『オリンピック・スタディーズ——複数の経験・複数の政治』せりか書房.
——(2019)「デジタルメディア環境の生態系と言説空間の変容」伊藤守[編]『コミュニケーション資本主義と〈コモン〉の探求——ポスト・ヒューマン時代のメディア論』東京大学出版会.
今福龍太(1995)「二〇世紀論としてのスポーツ」『談』(49).
——(1997)『スポーツの汀』紀伊國屋書店.
——(2001)『フットボールの新世紀——美と快楽の身体』廣済堂出版.
イリイチ，I.／金子嗣郎[訳](1979)『脱病院化社会——医療の限界』晶文社.
ヴィルノ，P.／廣瀬純[訳](2004)『マルチチュードの文法』月曜社.
エリアス，N.，E. ダニング／大平章[訳](1995)『スポーツと文明化——興奮の探求』法政大学出版局.
エリアス，N.／赤井慧爾，中村元保，吉田正勝[訳](1977)『文明化の過程〈上〉——ヨーロッパ上流階層の風俗の変遷』法政大学出版局.
小笠原博毅(2002)「サッカーにおけるネイティヴ性，もしくは『人種／国民』のアーキタイプ」『ユリイカ』34(8).
——(2019)『真実を語れ、そのまったき複雑性において——スチュアート・ホー

ルの思考』新泉社.
カイヨワ，R.／多田道太郎，塚崎幹夫[訳](1990)『遊びと人間』講談社.
筧誠一郎(2018)『e スポーツ論——ゲームが体育競技になる日』ゴマブックス.
——(2019)「e スポーツの現在と未来」『現代スポーツ評論』41.
北村小夜(2019)「パラリンピックがもたらすもの」天野恵一，鵜飼哲[編]『で、オリンピックやめませんか？』亜紀書房.
ギルロイ，P.／小笠原博毅[訳](2017)「巻頭辞」小笠原博毅[著]『セルティック・ファンダム——グラスゴーにおけるサッカー文化と人種』せりか書房.
——／上野俊哉，鈴木慎一郎，毛利嘉孝[訳](2006)『ブラック・アトランティック——近代性と二重意識』月曜社.
——／藤永泰政[訳](1997)「どこから来たかじゃねえんだよ、どこにいるかなんだ——ディアスポラ的アイデンティティ形成の弁証法」『現代思想』25(11).
栗田雄一，石原茂和，稲見昌彦(2018)「サイバスロンと人間拡張工学」『通信ソサイエティマガジン』12(2).
クリフォード，J.／毛利嘉孝，有元健，柴山麻妃，島村奈生子，福住廉，遠藤水城[訳](2002)『ルーツ——20 世紀後期の旅と翻訳』月曜社.
斎藤孝(2000)『身体感覚を取り戻す——腰・ハラ文化の再生』NHK ブックス.
ジェイ(2019)「「Twitter リアルタイム分析」という新しいエンターテインメントの形」『月刊フットボリスタ』71.
ジェームズ，C. L. R.／本橋哲也[訳](2015)『境界を越えて』月曜社.
清水諭(1998)『甲子園野球のアルケオロジー——スポーツの「物語」・メディア・身体文化』新評論.
ストリブラス，P.，A. ホワイト／本橋哲也[訳](1995)『境界侵犯——その詩学と政治学』ありな書房.
ソーチック，T.／桑田健[訳](2016)『ビッグデータ・ベースボール——20 年連続負け越し球団ピッツバーグ・パイレーツを甦らせた数学の魔法』KADOKAWA.
ソンタグ，S.／富山太佳夫[訳](2007)『土星の徴しの下に』みすず書房.
大黒岳彦(2014)「ビッグデータの社会哲学的位相」『現代思想』42(9).
多木浩二(1995)『スポーツを考える——身体・資本・ナショナリズム』筑摩書房.
ダグラス，M.／江河徹[訳](1983)『象徴としての身体——コスモロジーの探究』紀伊國屋書店.
田中彰吾(2009)「心理的身体と身体知——身体図式を再考する」『人体科学』18(1).
チクセントミハイ，M.／今村浩明[訳](1996)『フロー体験　喜びの現象学』世界思想社.
データスタジアム株式会社(2015)『野球×統計は最強のバッテリーである——セイバーメトリクスとトラッキングの世界』中央公論新社.
デリダ，J.／高橋允昭[訳](1992)『ポジシオン(増補新版)』青土社(引用部は一部訳を変更).

ドゥルーズ，G.／宮林寛[訳](1992)『記号と事件——1972–1990年の対話』河出書房新社(引用部は一部訳を変更).
ドゥルーズ，G.，F. ガタリ／杉村昌昭[訳](2004)「六八年五月[革命]は起こらなかった」宇野邦一[監修]『狂人の二つの体制 1983–1995』河出書房新社.
ネグリ，A.，M. ハート／幾島幸子[訳]，水嶋一憲，市田良彦[監修](2005)『マルチチュード——〈帝国〉時代の戦争と民主主義』(上・下)NHK出版.
——／水嶋一憲，酒井隆史，浜邦彦，吉田俊実[訳](2003)『〈帝国〉——グローバル化の世界秩序とマルチチュードの可能性』以文社.
橋本純一(1986)「メディア・スポーツに関する研究II——記号論的研究視角とその適用」『筑波大学体育科学系紀要』9.
バック，L.／有元健[訳](2002)「ユニオンジャックの下の黒——アイデンティティの見世物、ワールドカップ、そしてなぜサッカーを真剣に考える必要があるのか」(2002年3月に九州大学で行われたサッカー・ワークショップでの発表資料).
バトラー，J.／吉川純子[訳](1995)「パフォーマティヴ・アクトとジェンダーの構成——現象学とフェミニズム理論」『シアターアーツ』3(2).
——／池田成一[訳](1997)「危険にさらされている／危険にさらす」『現代思想』25(11).
——／竹村和子[訳](2004)『触発する言葉——言語・権力・行為体』岩波書店.
バフチン，M.／川端香男里[訳](1995)『フランソワ・ラブレーの作品と中世・ルネッサンスの民衆文化』せりか書房.
林舞輝(2019)「リアルタイム分析はサッカーをどう変えるのか？」『月刊フットボリスタ』71.
バルディ，R.，片野道郎(2018)『モダンサッカーの教科書——イタリア新世代コーチが教える未来のサッカー』ソル・メディア.
バルト，R.／篠沢秀夫[訳](1967)『神話作用』現代思潮社.
ファノン，F.／海老坂武，加藤晴久[訳](1998)『黒い皮膚・白い仮面』みすず書房.
ブルデュー，P.／今村仁司，港道隆[訳](1988)『実践感覚1』みすず書房.
——／石崎晴己[訳](1988)『構造と実践——ブルデュー自身によるブルデュー』新評論.
ブロンバーガー，C.／有元健[訳](2003)「花火とロバ」『現代スポーツ評論』8.
ベック，U.／島村賢一[訳](2008)『ナショナリズムの超克』NTT出版.
ヘブディッジ，D.／山口淑子[訳](1986)『サブカルチャー——スタイルの意味するもの』未來社.
ベンヤミン，W.／浅井健二郎，久保哲司[訳](1995)『ベンヤミン・コレクション1』筑摩書房.
ホイジンガ，J.／高橋英夫[訳](1973)『ホモ・ルーデンス』中央公論社.
ホール，S.／宇波彰[監訳](2001)「誰がアイデンティティを必要とするのか？」S. ホール，P. ドゥ・ゲイ[編]『カルチュラル・アイデンティティの諸問題

――誰がアイデンティティを必要とするのか？』大村書店.
――／小笠原博毅［訳］(2002)「「ポスト・コロニアル」とはいつだったのか？――境界にて思考すること」『思想』933.
――／浜邦彦［訳］(1998)「C・L・R・ジェイムズの肖像」『現代思想』26(4).
ポニアトウスカ，E.／北條ゆかり［訳］(2005)『トラテロルコの夜――メキシコの1968年』藤原書店.
ホバマン，J.／川島浩平［訳］(2007)『アメリカのスポーツと人種――黒人身体能力の神話と現実』明石書店.
ホルクハイマー，M.，T. アドルノ／徳永恂［訳］(2007)『啓蒙の弁証法』岩波書店.
マークシー，M.／藤永康政［訳］(2001)『モハメド・アリとその時代――グローバル・ヒーローの肖像』未來社.
マーフィー，M.／山本光伸［訳］(1991)『王国のゴルフ』春秋社.
ミア，A.／田総恵子［訳］，稲見昌彦［解説］(2018)『Sport 2.0――進化するｅスポーツ、変容するオリンピック』NTT 出版.
水嶋一憲(2014)「ネットワーク文化の政治経済学――ポストメディア時代における〈共〉のエコロジーにむけて」伊藤守，毛利嘉孝［編］『アフター・テレビジョン・スタディーズ』せりか書房.
メルロ＝ポンティ，M.／竹内芳郎，小木貞孝［訳］(1967)『知覚の現象学 1』みすず書房.
――／竹内芳郎，木田元，宮本忠雄［訳］(1974)『知覚の現象学 2』みすず書房.
毛利嘉孝(2003)『文化＝政治――グローバリゼーション時代の空間叛乱』月曜社.
モース，M.／有地亨，山口俊夫［訳］(1976)『社会学と人類学 II』弘文堂
望月謙(2019)「VR によるスポーツの楽しみ方」『現代スポーツ評論』41.
山口昌男(1978)『知の遠近法』岩波書店.
――(1983)『文化の詩学 II』岩波書店.
山本敦久(2004)「レボルト'68――黒人アスリートたちの闘争とアウターナショナルなスポーツ公共圏」清水諭［編］『オリンピック・スタディーズ――複数の経験・複数の政治』せりか書房.
――(2008)「「遊び」と「労働」の二分法を問い直す――スポーツサブカルチャーの現場から提起する」『上智大学体育』41.
――(2012)「Critical Riding――ヴァナキュラー横乗り文化論(長野編)」『未知の駅』1.
ルイス，M.／中山宥［訳］(2004)『マネー・ボール――奇跡のチームをつくった男』ランダムハウス講談社.

山本敦久
1973年生まれ．長野県長野市出身．成城大学教授．専門はスポーツ社会学．スポーツの権力とアスリートによる支配への抵抗表現を主なテーマとして研究を続けている．主な著書に『やっぱりいらない東京オリンピック』(共著，岩波ブックレット，2019年)，『反東京オリンピック宣言』(共編，航思社，2016年)，『身体と教養』(編著，ナカニシヤ出版，2016年)，『出来事から学ぶカルチュラル・スタディーズ』(共編，ナカニシヤ出版，2017年)，『オリンピック・スタディーズ』(共著，せりか書房，2004年)ほか．

ポスト・スポーツの時代

2020年3月26日　第1刷発行

著　者　山本敦久《やまもとあつひさ》

発行者　岡本　厚

発行所　株式会社 岩波書店
〒101-8002 東京都千代田区一ツ橋2-5-5
電話案内 03-5210-4000
https://www.iwanami.co.jp/

印刷・理想社　カバー・半七印刷　製本・松岳社

ISBN 978-4-00-061398-9　　Printed in Japan